HEYNE BÜCHER
CHBUCH

John Barnes

EVITA PERÓN

Mythos und Macht

Aus dem Englischen übersetzt
von
Egbert von Kleist

Wilhelm Heyne Verlag
München

HEYNE SACHBUCH
19/482

Umwelthinweis:
Dieses Buch wurde auf chlor- und säurefreiem Papier gedruckt.

Titel der englischen Originalausgabe:
EVA PERÓN
Erschienen bei William Collins Sons & Co. Ltd., Glasgow

Dieses Buch erschien bereits in der Reihe
Heyne Biographien unter der Bandnummer 12/120.

Bildnachweis:
Süddeutscher Verlag, Bilderdienst, München (21)
Ullstein Bilderdienst, Berlin (8)
Interfoto, München (3)
Archiv für Kunst und Geschichte, Berlin (3)
Keystone Pressedienst, Hamburg (5)
Marion Schweitzer, München (2)

5. Auflage

Printed in Germany 1997
Umschlagillustration: Ullstein Bilderdienst, Berlin
Umschlaggestaltung: Atelier Adolf Bachmann, Reischach
Erstellung der Zeittafel: Dr. Hubert Fritz
Überarbeitung der Zeittafel und der Bibliographie: Ulrike Bettina Braun
Satz: Schaber Satz- und Datentechnik, Wels
Druck und Verarbeitung: Presse-Druck Augsburg

ISBN 3-453-11779-4

Inhalt

Vorwort

Estas cosas pensé en la Recoleta
en el lugar de mi ceniza.

Diese Gedanken kamen mir in der Recoleta,
dort, wo meine Asche ruhen wird.

JORGE LUIS BORGES

In den frühen Morgenstunden des 22. Oktober 1976 fuhr ein mit schwerbewaffneten Soldaten beladener Lastwagen des argentinischen Heeres durch das Tor der Residenz des Staatspräsidenten in Olivos und nahm Kurs auf das nur wenige Kilometer entfernt liegende Buenos Aires. Dahinter folgte ein Krankenwagen und danach ein weiterer Lastwagen. Die Fahrzeugkolonne fuhr durch die noch dunklen Straßen der Hauptstadt zum Friedhof ›La Recoleta‹, einer kleinen Stadt der Toten. Hier, an von Zypressen gesäumten Avenuen, stehen in langen Reihen die prächtigen, herrenhausgroßen Gruften, in denen die sterblichen Überreste von Präsidenten, Generälen und anderen illustren Argentiniern ruhen. ›La Recoleta‹ ist *der* Friedhof schlechthin, in dem man in Argentinien begraben sein will, die allerfeinste Nekropole eines Landes, in dem die Toten, ähnlich wie die Lebenden, nach ihrem Zuhause beurteilt werden. Dort liegen 13 Staatspräsidenten. Aber auch Luis Angel Firpo, der ›Wilde Stier der Pampa‹, der sich seinen Platz im nationalen Pantheon durch einen Boxhieb errang, mit dem er Jack Dempsey aus dem Ring warf, auch wenn Dempsey in den Ring zurückkletterte und ihn noch besiegte. Vor seiner Gruft steht ein überlebensgroßes Standbild des ›Stieres‹ im Ringmantel und Ringstiefeln. Um ihn herum, in dem öden, graslosen Chaos aus Marmor und Granit, werfen die emporstrebenden Türme und Kuppeln ihre Schatten auf Generäle hoch zu Roß und Politiker, die auf unsichtbare Volksmassen einzureden scheinen. Auf bronzenen Schriftrollen an den Gruften sind die Ehrungen der dort Ruhenden aufgezeichnet. Im Innern liegen die mit Spitzen behangenen, reich verzierten Särge, von Kerzen umgeben und mit Blumen geschmückt. Es befinden sich dort auch Stühle für Besucher. Wendeltreppen führen tiefer hinab in die Erde, wo andere Familienmitglieder begraben liegen. Der Friedhof ist voll belegt. Ein argentinisches Sprichwort besagt: »Es ist leichter in den Himmel zu kommen als nach ›La Recoleta‹.«

Verständlicherweise ist der Friedhof eine sehr beliebte Sehenswürdigkeit in Argentinien. Über tausend Menschen schlendern tagtäglich durch die kalten Straßen der Recoleta – nicht nur alte Frauen, die regelmäßigen Besucher eines jeden Friedhofs, mit ihren Blumensträußen, sondern auch kamerabewehrte Touristengruppen aus den Provinzen und Schulkinder in weißen Kitteln auf Klassenfahrten schauen gebannt auf die Häuser der berühmten Toten.

Aber an diesem kalten Morgen des 22. Oktober liefen keine Besucher herum. Für die alten Frauen war es noch zu früh, und der Friedhof war ohnehin von Polizisten mit Maschinenpistolen umstellt, um Neugierige abzuschrecken, als die aus Armeelastwagen und Krankenwagen bestehende Fahrzeugkolonne vor dem dorischen Portal des Haupteinganges der Recoleta hielt. Zwei für den Sondereinsatz hinzugezogene Friedhofsarbeiter halfen einen Sarg auszuladen, der mit einer Matratze abgedeckt war, so daß niemand, nicht einmal die Soldaten, einen Blick auf das Gesicht der Frau werfen konnten, die in erhabener Ruhe unter dem gläsernen Sargdeckel lag. Vom militärischen Wachkommando umgeben, trugen die Arbeiter den Sarg entlang einer der Alleen, bogen dann in eine enge Seitenstraße ab und hielten vor einer Krypta aus schwarzem Marmor, die laut Inschrift der ›Familia Duarte‹ gehörte. Sie trugen ihn hinein. Es gab keine Zeremonie. Die Arbeiter entfernten die Matratze und eilten hinaus, wobei sie die kunstvoll gearbeitete Stahltür hinter sich zuschlugen. »Die Soldaten waren nervös und in Eile«, sagte einer der Arbeiter später. »Sie wollten sie nur loswerden und verschwinden.«

Die Nervosität der Soldaten war verständlich. Sie waren gerade Eva Perón ›losgeworden‹, die seit langem tote Frau des früheren Präsidenten Juan Perón und für Millionen sie anbetender Argentinier geliebte ›Heilige Evita‹. Es war das zweitemal in knapp einem Vierteljahrhundert, daß die Militärs, die Argentinien so oft regiert haben, in aller Eile sich des Leichnams Evitas entledigt hatten in dem verzweifelten Versuch, ihr Land von den ungestümen Leidenschaften zu säubern, die ihr Name erweckte.

Maria Eva Duarte de Perón war, insbesondere als sie auf dem Höhepunkt ihrer Karriere Ende der 40er Jahre stand, eine der meistgeliebten und -gehaßten, mächtigsten und launenhaftesten Frauen Argentiniens und der Welt.

Nach ihrem Tode im Jahre 1952 ist es ihrem Witwer, Präsident Perón, nicht gelungen, sein Volk davon zu überzeugen, daß nunmehr er das Wesen war und sie der Schatten. Knapp drei Jahre später hat man Perón gestürzt, und er floh an Bord eines paraguayischen Kanonenbootes ins Exil. Die jahrelang unterdrückten Antiperonisten Argentiniens löschten jede physische Spur von Evita aus. Mit Bulldozern wurden ihre Denkmäler niedergerissen. Ihre Bilder, Bücher und persönlichen Papiere wurden öffentlich verbrannt. Selbst ihr Leichnam verschwand aus der Zentrale der Gewerkschaft, wo man ihn aufgebahrt hatte, bis ein zig Millionen teures Mausoleum, das höher hätte werden sollen als die Freiheitsstatue, fertiggestellt sein würde.

16 Jahre lang war der Leichnam Evita Peróns verschwunden. Aber in Argentinien blühte der Kult der Heiligen Evita weiter und verurteilte jeden Versuch der Generalität des Landes, die Regierungsgewalt in die Hand einer stabilen zivilen Macht zurückzugeben, zum Scheitern. Plakate einer ätherischen Evita prangten an den Mauern einer jeden Stadt und eines jeden Dorfes im ganzen Land. Der Präsident, der kurz nach Juan Perón die Macht übernahm, wurde gestürzt und entführt und nach einem fruchtlosen Versuch, aus ihm das Versteck des Leichnams Evitas herauszupressen, ermordet.

Schließlich gab sich die argentinische Armee jedoch geschlagen. In Mailand wurde in der Parzelle 86, Garten 41 des Musocco-Friedhofs die Leiche der Maria Maggi, einer in Argentinien verstorbenen Italienerin, exhumiert. Die hölzerne Umhüllung des Sarges war zum Teil verrottet. Aber der Sarg selbst, der aus Silber bestand und mit einem Glasfenster versehen war, befand sich in einem einwandfreien Zustand. Dasselbe galt für die darin befindliche Leiche. Es handelte sich um den einbalsamierten Leichnam der Evita Perón.

Über zwei Jahrzehnte lang hatte man sie herumgekarrt – eine makabre Odyssee durch fünf Länder auf zwei Kontinenten. Jetzt, da sie auf argentinischem Boden begraben worden ist, werden ihre Landsleute sie vielleicht in Frieden ruhen lassen. Aber das ist zweifelhaft.

In der Seele des argentinischen Volkes schlummert eine makabre, ja fast nekrophile Liebe für die Toten. Berühmte Leichname haben oft für nationale Streitereien herhalten müssen in den Jahren, seit das Land 1810 seine Unabhängigkeit von Spanien errang. Herrschaft über etwas zu haben ist alles; in gewisser Weise ist es so, als besitze man einen Splitter des Kreuzes Christi. Und da ist auch noch die Furcht, der Tote könnte in die Hand des Gegners fallen – die Angst vor einer möglichen Schändung. Als in den Anfangsjahren Argentiniens als Nation ein ländlicher ›caudillo‹ (Diktator) von seinen Feinden erschossen wurde, gruben seine Anhänger die Leiche aus und transportierten sie auf einem Pferd außer Landes nach Bolivien, um sie in Sicherheit zu bringen. Weil sie während der Reise anfing, in Verwesung zu geraten, saß die Eskorte ab, enthäutete und weidete die Leiche aus, verstaute die Überreste in den Satteltaschen und zog weiter. Selbst heute noch geht die Schlacht über die Gebeine eines anderen Diktators aus dem 19. Jahrhundert mit unverminderter Heftigkeit weiter. Plakate an Hausmauern in den Städten verkünden: ›Rosas lebt.‹ Tatsächlich aber ist Juan Manuel de Rosas, ein wilder, mörderischer ›gaucho‹ (Cowboy), seit über hundert Jahren tot. Er schuf die erste Geheimpolizei Südamerikas und schmiedete erbarmungslos die untereinander sich befehdenden Provinzen zu einer Nation zusammen, bevor er gestürzt wurde. Die letzten Jahre seines Lebens verbrachte er in Southampton, wo er auch begraben liegt. Aber in Argentinien löst die Frage, ob seine Gebeine in sein Heimatland zurückgebracht werden sollten, erbitterte Kontroversen zwischen den Pro- und Contra-Rosas-Gruppierungen aus.

Doch Argentinien ist nicht ein nur in heroische Tote verliebtes Land. Der bizarre Tod in jeder nur denkbaren

Gestalt ist etwas ganz Alltägliches in Argentinien, wo linksgerichtete Guerillas entführen, foltern und morden und dann ihrerseits selbst gefangengenommen und gefoltert und oft genug aus ihren Zellen geführt, in Gruppen zusammengetrieben und mit Maschinengewehrsalven niedergemäht oder mit Dynamit in die Luft gesprengt werden. Vielleicht liegt das im Wesen eines Volkes begründet, das dieses abgelegene, menschenleere, trostlose Land von über zweieinhalb Millionen Quadratkilometern – fünfmal so groß wie Frankreich – bewohnt, ein gewaltiges Land, reich an natürlichen Schätzen, das faktisch erst in diesem Jahrhundert bevölkert worden ist. 1850 gab es weniger als eine Million Argentinier, und das Indianergebiet begann knapp 160 km jenseits von Buenos Aires. Jene Argentinier waren die Nachkommen der verwegenen Soldaten und Abenteurer aus Spanien, die als erste das Land zu Beginn des 16. Jahrhunderts kolonisierten. Sie wurden die ›gauchos‹, die Cowboys, die in die endlosen, durch Indianer unsicher gemachten Weidegründe vordrangen, jenes wellige Flachland, das man die Pampas nennt und das sich von den drückend schwülen Dschungeln des Chaco an der bolivianischen Grenze im Norden bis zu den eisigen antarktischen Öden Patagoniens im Süden, von den schneebedeckten Anden im Westen bis zum Atlantik im Osten erstreckt.

»Es war der Gaucho, der Argentinien schuf«, schrieb John White in seinem Buch ›Life Story of a Nation‹. »Zuerst half er den Spaniern das Land den Indianern abzuringen, indem er eine wirkungsvolle Barriere zwischen den zivilisierten Städten und den umherstreifenden Wilden errichtete. Später bildete er berittene Milizen, die die Unabhängigkeit von Spanien erkämpften, und zwar nicht nur für Argentinien, sondern ebenso für Uruguay, Chile, Bolivien und Peru. Dann, nach vielen Jahren

Bürgerkrieg, zwang er schließlich die Stadt und Provinz Buenos Aires der Föderation beizutreten. Erst dann und nur dann wurde Argentinien zur Nation.« So ist also der Gaucho zum Nationalhelden Argentiniens geworden, verewigt in einem langen epischen Gedicht, ›El Gaucho Martín Fierro‹. Die meisten Argentinier können ein paar Verse aus dieser Ballade aufsagen, in dem der Gaucho Freiheit, Männlichkeit und Gerechtigkeit preist. Aber Walter Owen, der den ›Martín Fierro‹ ins Englische übertrug, vertritt in seinem Vorwort eine viel scharfsichtigere Ansicht über den Gaucho, eine Ansicht, die man in vielerlei Hinsicht ebensogut auf das heutige Argentinien anwenden könnte.

Er war, schrieb Owen, eine »eigenartige Mischung aus Tugenden und Lastern, aus Kultiviertheit und Wildheit. Arrogant und voller Selbstachtung, religiös, förmlich innerhalb der Grenzen seines eigenen absonderlichen Kodexes, blieb selbst angesichts einer Ungerechtigkeit dennoch geduldig, ließ sich von einer Autoritätsperson leicht führen und beeindrucken, war grausam, gefühllos, brutal, abergläubisch und unbedacht.« Er war genauso unbarmherzig wie die wilden Guaycurus (Indianer) seiner heimatlichen Pampas, die, wie ein alter Chronist sagt, »die wildesten aller Heiden waren und sich die Wimpern ausrissen, um die Christen desto leichter erspähen zu können und sie zu erschlagen ...« In keinem Land und möglicherweise zu keiner Zeit hat es eine Rasse gegeben, bei der Mut, Unerschrockenheit, Gleichgültigkeit gegenüber Leid und Ausdauer so hoch angesehen waren! Das Gesetz des ›gaucho‹ war sein Messer oder ›facón‹, ein kurzes Schwert mit beidseitig geschliffener, gebogener Klinge. Den Poncho um den linken Arm gewickelt und als Schild benutzt, kämpfte er, indem er mit seinem ›facón‹ herumwirbelte und auf die Gelegenheit wartete, mit einem schwungvollen Hieb seinem Gegner die Kehle durchzuschneiden. Für den Gaucho war das Durchschneiden der Kehle die einzige befriedigende Art, einen Feind zu töten. W. H. Hudson, der englische Naturkundler und Romancier, der zu Beginn des 19. Jahrhunderts in Argentinien geboren wurde und dort aufwuchs, erzählt in seinem Buch ›Far Away and Long Ago‹, wie er als Kind den ›gauchos‹ zuhörte, wenn sie am Ende des Tages in der ›pulperia‹, Dorfladen, Schenke und Treffpunkt in einem, zusammenhockten und ihre Abenteuergeschichten erzählten.

Das Gespräch kam unweigerlich früher oder später auf das Thema des Kehle-Durchschneidens. Es war ein ungeschriebenes Gesetz, daß an Gefangenen kein Pulver vergeudet werden durfte, und für den kampferprobten ›gaucho‹, der so geschickt mit dem Messer umzugehen verstand, war es ein Vergnügen, sich daran zu halten. Hudson erzählt: »Es war immer wie eine Erlösung, hörte ich sie sagen, wenn man nach einem Erlebnis mit alten zähen und dürren alten Kehlen als Opfer einen jungen Mann mit einem schmiegsamen Hals bekam. Bei einem so beschaffenen Menschen hatten sie es nie eilig, die Sache hinter sich zu bringen, sie wurde mit Muße, fast liebevoll erledigt… Er verrichtete sein Geschäft eher wie eine Höllenkreatur, die sich an der eigenen Grausamkeit weidet. Er hörte sich alles an, was sein Gefangener vorbrachte, um sein Herz zu erweichen – alle seine herzzerreißenden Gebete und sein Flehen und antwortete dann: ›Ach, Freund‹ – oder kleiner Freund oder Bruder –, ›deine Worte durchbohren mich bis ins Herz, und ich würde dich gerne verschonen, um deiner armen Mutter willen, die dich mit ihrer Milch ernährt hat und auch um deinetwillen, denn in dieser kurzen Zeit habe ich eine große Zuneigung zu dir gefaßt, aber dein schöner Hals ist dein Verderben, denn wie könnte ich mich selbst je des Vergnügens berauben, solch einen Hals durchzuschneiden – so ebenmäßig, so glatt und weich und so weiß! Denk an den Anblick des warmen roten Blutes, wie es aus dieser weißen Säule entströmt!‹ Und so weiter, begleitet von der hin- und herschwingenden Stahlklinge vor den Augen des Opfers, bis zum Ende.«

Es war ein grausames, erbarmungsloses Land dort draußen in der Pampa, im Niemandsland jenseits der Grenzposten der argentinischen Armee. Für die Siedler, die in ihren Ochsenkarren gen Westen und Süden strebten, bedeuteten die Indianer, die sich erbittert gegen den Übergriff auf die überkommenen Jagdgründe wehrten, die schlimmsten Schrecken. In der nordamerikanischen Prärie, Tausende von Kilometern entfernt, spielte sich natürlich eine ähnliche Geschichte ab. In beiden Ländern betrachteten die vordringenden weißen Siedler die sich wehrenden Indianer als wilde Bestien. »Die schaurig heulenden Horden«, schrieb der Gaucho Martín Fierro.

Die schaurig heulenden Horden
Fallen gleich Schwärmen über Dorf und Hof her
Noch eh' der Christ ergreift sein Gewehr
Sie seh'n die Zeichen, erschnüffeln den Wind
Und eilen heran durch die Wüste geschwind

In des Wilden Credo gilt dies
darüber ist der Indio gewiß
Es ist immer gut zu morden
Und warm' Blut zu saufen bis satt geworden
Und was er nicht trinkt weil sein Bauch gefüllt
Fließen zu seh'n, wie's aus Wunden quillt

Wie gierige Bestien auf blutig' Spur
Stürmen sie an auf weiter Flur
Ihr Heulen erfüllet Tiefen und Höh'n
Und läßt die Haare zu Berge steh'n
Jeder Mutter Kind im wilden Stamm
Ist wie ein Satan, von Gott verdammt.

Im Jahre 1832, als Rosas damit beschäftigt war, die Pampas-Indianer auszurotten, besuchte ihn Charles Darwin in seinem Lager, während der historischen Reise des britischen Naturkundlers an Bord der HMS ›Beagle‹ nach Lateinamerika. In seiner Beschreibung des Lagers sagte Darwin, es habe eher wie das Versteck einer Räuberbande ausgesehen als wie das Hauptquartier des Heeres eines Staates. Kanonen, Wagen und rohe Strohhütten waren zu einer Art von Truppenlager von etwa 400 Metern Seitenlänge zusammengestellt. Mittendrin kampierten die Gauchos des Generals. Der junge Engländer war von ihnen fasziniert – von ihren Schnurrbärten, ihren langen, bis zu den Schultern reichenden schwarzen Haaren, ihren roten Ponchos und weiten Reithosen, von ihren weißen Stiefeln mit riesigen Sporen und den im Hosenbund steckenden Messern. »Sie waren außerordentlich höflich und sahen so aus«, sagte Darwin, »als könnten sie dir die Kehle durchschneiden und sich gleichzeitig vor dir verbeugen.« Er hatte den gleichen Eindruck von ihrem General – außerordentlich höflich, aber durchaus fähig, einen Mann aus einer Laune heraus erschießen zu lassen.

Rosas' Feldzugstrategie gegen die Indianer war simpel. Er trieb sie zusammen, jeweils so an die hundert Leute, und schlachtete sie ohne Bedenken und gnadenlos ab – Männer, Frauen und Kinder. Während sich Darwin im Lager aufhielt, erlebte er tatsächlich, daß eine Kompanie

Gauchos auf Indianerjagd hinausritt. Sie entdeckten einen Trupp über das offene Terrain ziehender Indianer, töteten einige von ihnen, die sich zur Wehr setzten, als sie sich in die Enge getrieben sahen, und dann trieben sie 110 Männer, Frauen und Kinder zusammen. Alle Männer, mit Ausnahme von dreien, die man zur Vernehmung aussonderte, wurden sofort erschossen. Die besser aussehenden Mädchen wurden zur späteren Verteilung unter den Gauchos abseits gestellt. Aber die älteren Frauen und die häßlicheren Mädchen wurden ebenfalls sofort getötet. Die Kinder verschonte man, um sie später als Sklaven verkaufen zu können. Die drei überlebenden Indianer erschoß man anschließend, als sie sich weigerten, den Aufenthalt des übrigen Stammes zu verraten. Bei der Gelegenheit wölbte der dritte Indianer stolz seine Brust, als er seinen Feinden zuschrie: »Schießt, ich bin ein Mann. Ich kann sterben.«

Für den entsetzten Darwin waren die Argentinier die Wilden, nicht die Indianer. Aber schließlich war er ja auch ein wohlerzogener junger Mann aus dem friedlichen Shropshire. Wenn auch seine Reise ihn zu einer umwälzenden Auffassung über die Entwicklung des Lebens führte, war er dennoch unfähig, die grundlegenden Fakten des Lebens in einem rauhen, brutalen Land zu begreifen. Sie lauteten: Gewinn oder stirb! Nach der Schlacht wurde den Gefangenen immer die Kehle durchgeschnitten. Für sie war das nichts Überraschendes. Und was den charmanten Rosas angeht, er regierte mittels Terror und Unterdrückung. Er ließ weder Verfassung noch Parlament zu. Er verbot Bücher und Zeitungen. Aber er genoß die Unterstützung der Volksschicht, die in Argentinien nichts galt – der Armen und der Gauchos, die ihn verehrten. Er konnte die ›bolas‹ werfen, Pferde zureiten und Kehlen durchschneiden wie die Besten von ihnen.

Einmal erzählte er einem Freund, wie er sich an der Macht hielt. Obwohl er ein Landbesitzer sei, sagte er, kenne und begreife er das einfache Volk. »Ich kenne und verstehe auch die Talente vieler der Männer, die das Land regiert haben ... Aber mir scheint, sie alle haben einen großen Fehler begangen: Sie haben sehr gut regiert für die gebildeten Leute, aber das einfache Volk, die Leute auf den Feldern, die die Männer der Tat waren, haben sie verachtet. Ich glaube, daß es wichtig ist, einen größeren Einfluß über diese Schicht zu erlangen, um sie im Zaume zu halten und sie zu leiten, und ich habe diesen Einfluß gewonnen. Ich bin ein Gaucho unter Gauchos. Ich rede so wie sie. Ich bin ihr Anwalt. Ich nehme Anteil an ihren Belangen.«

Die Indianer der argentinischen Pampas waren durch den Haß und die Furcht, die sie erweckten und einflößten, zum Untergang verurteilt. Einen beträchtlichen Teil des letzten Jahrhunderts hindurch hielten sie die weiße Flut durch ihre Überfälle auf einsam liegende Gehöfte und militärische Außenposten zurück. Sie waren mit nichts anderem bewaffnet als mit ihren an der Spitze mit einer 30 cm langen Klinge versehenen, fast sechs Meter langen Lanzen, ihren ›bolas‹, drei an Stricken befestigten schweren Metallkugeln, die sie um den Kopf schwangen und auf den Gegner schleuderten, um ihn zu Fall zu bringen, und mit Pfeil und Bogen. Aber schließlich – und das war vor weniger als hundert Jahren – fegte die argentinische Kavallerie über die Pampas. Anders als in den Vereinigten Staaten, wo man die überlebenden Indianer zusammentrieb und in Reservate steckte, war in Argentinien die Ausrottung total. Indianersiedlungen wurden dem Erdboden gleichgemacht. Die wenigen Überlebenden eines stolzen und handwerklich geschickten Volkes wurden nach Buenos Aires in die Sklaverei verfrachtet. Selbst aufrührerische Gauchos, bekannt als ›montoneros‹, die es mehr als einmal mit der argentinischen Armee in offener Schlacht aufgenommen hatten, wurden ausgelöscht oder in die Knie gezwungen. Die Generäle, die grundbesitzenden Aristokraten kolonialer Abstammung und Spekulanten, rissen sich die riesigen für die Bearbeitung reifen Ländereien unter den Nagel. Die von den Briten gebaute Eisenbahn drang in das leere Gebiet vor und transportierte Tausende von spanischen und italienischen Einwanderern, die das Land als Bauern bearbeiten sollten. Dort hausten sie in Lehm- und Strohhütten, Menschen, die keinerlei Beziehungen zu dem fruchtbaren schwarzen Pampasboden entwickelten, sondern nur davon träumten, genug Geld damit zu verdienen, um mit vollen Taschen in ihre Heimatländer zurückzukehren.

Noch nicht einmal die ›estancieros‹, die reichen Großgrundbesitzer, die Abertausende Hektar Pampasland besaßen, schlugen Wurzeln in diesem trostlosen Land. Für sie war es ein Vermögensgegenstand. Die Eisenbahn transportierte ihr Korn und ihr Vieh zur Hafenstadt Buenos Aires. Von dort wurde der Weizen und das Fleisch zu den blühenden Märkten Europas verschifft. Über Nacht wurde aus den Viehzüchtern Argentiniens die allerneuesten ›nouveau riche‹ der Welt. Sie besaßen herrschaftliche Wohnsitze in Buenos Aires, Paris und London. Auf ihren Ländereien in der Pampa errichteten sie französische ›chateaux‹ und giebelige englische Landsitze, umgeben von Eukalyptushainen, Rasenflächen und Rosengärten, die sie gelegentlich zum Wochenende aufsuchten. Doch der Reichtum des Landes war derartig groß, daß es auch diejenigen ernährte, die es mit solcher Hemmungslosigkeit schröpften. (Es gibt ein altes argentinisches Sprichwort, das nach wie vor seine Gültigkeit bewahrt hat: »Egal, wieviel Mühe sich die Argentinier auch geben, sie werden Argentinien niemals zum Konkurs treiben.«)

Das Land konnte auch die Tausende von Einwanderern ernähren, die Woche für Woche durch den Hafen von Buenos Aires hereinströmten. Sie trafen in solchen Mengen ein, daß die Bevölkerungszahl von annähernd zwei Millionen im Jahre 1869 auf vier Millionen 1895 und acht Millionen 1914 anschwoll. Zu diesem Zeitpunkt war jeder vierte Erwachsene Einwohner Buenos Aires' in Europa geboren. Die überwiegende Mehrheit der Nation besaß keine Bande, die sie aneinander als Volk, mit einem Gefühl und Verständnis für den anderen, hätte verbinden können. Außerhalb der Familie gibt es bei den Argentiniern einen Mangel an Toleranz, der die Nation bis auf den heutigen Tag plagt. Um die Jahrhundertwende, also zum kritischen Zeitpunkt der Volkswerdung, bestand das einzige verbindende Band zwischen den Tausenden von Neu-Argentiniern, die nach Buenos Aires hineinströmten, in der Tatsache, daß alle am Aufbau einer neuen Stadt zwischen dem La Plata-Fluß und der Pampa Zusammenwirkenden – die Arbeiter an den Baustellen, in den Schlachthäusern und auf den Docks und die Zimmerleute, Lebensmittelhändler, Milchmänner, Fleischer, Dienstboten, Hausbesitzer und Hausierer – ihren Lebensunterhalt dem immensen leeren Hinterland jenseits der Stadt verdankten.

Es war ein Land, schrieb der amerikanische Dichter Archibald MacLeish, »in dem die Entfernungen zwischen Haus und Haus für das Gebell von Hunden, selbst in der stillsten Nacht, zu groß sind, ein Land, in dem der Hahn nur zweimal kräht, weil er keine Antwort erhält ... ein Land so flach, daß selbst die Zeit keinen Einfluß darauf hat und ein Jahrhundert wie das andere ist; ein Land so leer, daß die Wachen des Nachts ganz flach über den Boden schauen, um die Wölbung des Horizonts zu sehen; ein Land, in dem der Himmel so gewaltig ist, daß die Menschen Inseln von Eukalyptusbäumen über ihre Häuser bauen, um Schutz vor dem Blau zu finden. Es ist ein Land des Grases, ein Land ohne Stein, ein Land, in dem die Frauen abends immer unter den dunklen Bäumen zusammenhocken und ihre Gesichter mit der Nacht in die Einsamkeit entschwinden.«

Es war in der Pampa, nahe dem Dorf Los Toldos in der Provinz Buenos Aires, rund 240 km westlich der argentinischen Hauptstadt, wo Maria Eva Ibarguren am 7. Mai 1919 in einer baufälligen, aus Lehmziegeln errichteten Kate mit einem Dach aus roten Tonpfannen und Wellblech geboren wurde.

1
Die falsche Straßenseite

»Wenn jemals ein Mensch erfahren will, wie eine Neigung zum Selbstmord entsteht, laß ihn eine Woche in einem Dorf in Argentinien verbringen.«

Dieser Ausspruch stammt von einem ausländischen Besucher der argentinischen Pampas vor langer Zeit, in den 90er Jahren des vorigen Jahrhunderts. Los Toldos ist solch ein Dorf. Es hatte sich nicht verändert seit den Tagen, als es noch ein Grenzposten war, knapp 50 Jahre bevor Eva Ibarguren dort zur Welt kam. Es ist heute noch so – ein trostloser, schmutziger, kleiner ›pueblo‹, der an der Stelle erbaut wurde, an der eine inzwischen längst vergessene Indianersiedlung stand. Staubige, ungepflasterte Straßen führen aus der graslosen, leeren ›Plaza‹ und verlieren sich in der Pampa. Staub bedeckt alles, liegt knöcheltief auf der Erde, wirbelt hoch in gelben Wolken, wenn ein Lastwagen durchfährt oder eine Rinderherde durchzieht, und verfärbt die braunen Lehmwände der Häuser fahlgelb. Wenn der gewaltige Südwestwind, der ›Pampero‹, über die Pampas weht, verschwindet Los Toldos im Staub. Dann stürmen schwarze Wolken vom Horizont heran, verschlingen den Himmel und entfesseln Donner und Blitz und Wolkenbrüche, die den ›pueblo‹ in einem Meer von Schlamm von der Außenwelt abschneiden.

Juana Ibarguren, ein hübsches, molliges Mädchen baskischer Abkunft, lebte am Rande des Dorfes. Ihr Haus machte nicht viel her: ein Raum und ein ›patio‹ (Hof), den sie sich mit den Hühnern, Ziegen und fünf Kindern teilen mußte. Aber schließlich hatte ihr Geliebter, Juan Duarte, ein örtlicher Grundbesitzer, bereits Frau und weitere Kinder in Chivilcoy, einer anderen, etwas größeren Pampas-Ortschaft, nicht weit entfernt, zu versorgen. Dennoch, er war ein mäßig vermögender Mann, und so wurde es als selbstverständlich angesehen, daß er anderswo eine andere Frau hatte. Seine Freunde würden ihn in der Tat scheel angeschaut haben, wenn er keine gehabt hätte.

›Machismo‹ – der Kult der sexuellen Eroberung – war und ist noch immer tief verwurzelt im argentischen ›way of life‹. Frauen wurden, sowohl vom legalen als auch vom sozialen Standpunkt, als Teil des Besitzstandes eines Mannes betrachtet, als Ehefrauen, jungfräuliche Töchter und Geliebte – die ersten beiden als etwas, das vor Entehrung geschützt werden muß, die dritten als jagbare Beute zum eigenen Vergnügen. Eine Ehefrau konnte sich in Argentinien nicht scheiden lassen (sie kann es noch immer nicht), und rein juristisch wurden sie und ihre Kinder als Teil des Besitzes ihres Mannes betrachtet. Sie wußte, daß er untreu sein würde. Vielleicht war es ihr sogar zuwider. Aber sie nahm es hin, solange er sie nicht dadurch in Verlegenheit brachte, daß er sich in ihrem eigenen gesellschaftlichen Kreis mit seiner Geliebten sehen ließ. Wenn er einer reichen Familie angehörte, dann hatte er seine eigene ›garçonnière‹, eine Junggesellenwohnung, in einem diskreten Apartmenthaus in der Stadt. Für diejenigen, die sich einen derartigen Luxus nicht leisten konnten, gab es aber immer noch die ›amueblados‹, Stundenhotels, wie es sie in jeder kleinen und großen Stadt Argentiniens gibt, in denen man die Zimmer stundenweise mieten kann. Auf dem Lande, in den Häusern der wohlhabenden ›estancieros‹ (Großgrundbesitzer) sammelten die Söhne ihre sexuellen Erfahrungen mit den Dienstmädchen oder Töchtern der Landarbeiter auf den ›Estancias‹. Klarer Fall, daß sie nicht mit den Mädchen aus der eigenen gesellschaftlichen Schicht ins Bett gehen konnten. Deren Jungfräulichkeit war der allerwertvollste Besitz der Familie, die nur für den Preis einer guten Partie geopfert werden durfte.

Für das arme Mädchen der Pampas war die Unberührtheit etwas, das mit ziemlicher Sicherheit schon der Vergangenheit angehörte, bevor es 14 Jahre alt geworden war. Nur wenige von ihnen konnten vom Leben viel mehr erwarten als zermürbende Armut. War es jedoch wirklich hübsch, dann bestand durchaus Aussicht, daß es einen begüterten, wenn auch verheirateten Mann fand, der es ernährte. Juana Ibarguren war ganz gewiß in ihrer pausbäckigen, molligen Art hübsch. Außerdem hatte sie eine überschäumende Persönlichkeit, von der Sorte, die für gewöhnlich alles bekommt, was sie will. Auf dem Gut der Duartes, wo sie als Köchin arbeitete, hatte sie schnell ihre dunkel funkelnden Augen auf den Hausherrn geworfen. Es dauerte nicht lange, da ging sie schwanger mit dem ersten ihrer fünf Kinder, die alle in dem Ein-Zimmer-Haus, das Juan Duarte in ihrem Heimatdorf für sie gemietet hatte, zur Welt kamen. Ihr Vater war der Ortskutscher von Los Toldos gewesen und hatte die Familien der reichen Grundbesitzer in seiner leichten, zweirädrigen Kutsche vom und zum Bahnhof gefahren, auf dem Juanas Bruder als Stationsvorsteher arbeitete. Sie entstammte also nicht der untersten Schicht der ländlichen Arbeiter, die oft wegen der damit verbundenen Kosten auf die Formalität einer Eheschließung verzichteten. Vielleicht war es daher verständlich, daß einige ihrer ›respektableren‹ Nachbarn mißbilligend auf Juana Ibarguren und ihre wachsende Zahl unehelicher Kinder herabblickten.

Ihre Beziehungen zu Juan Duarte hatten aber Bestand. Immerhin hielten sie fast fünfzehn Jahre, und wenn er auch nicht mit der Familie zusammenlebte, so besuchte er sie doch oft. Aber obwohl die Kinder nicht auf seine Liebe und Zuneigung verzichten mußten, lernten sie doch in ganz jungen Jahren, was es heißt, als Bastarde gebrandmarkt zu sein. Los Toldos war so klein, daß man es kaum ein Dorf nennen konnte, sondern eher nur eine Haltestelle einer kleinen Eisenbahnlinie, die sich an die 160 Kilometer durch jenen Teil der Pampa hindurchschlängelt und auf halbem Wege zum nächsten Dorf O'Brien plötzlich aufhört.

Alle führten mehr oder minder das gleiche elende, armselige Leben. Dennoch waren die Ibarguren-Kinder Ausgestoßene. Die Nachbarn ließen ihre eigenen Kinder nicht mit ihnen spielen. Und wenn das auch etwas ist, was ein Kind niemals vergessen wird, so gab es in Evas Kindheit – sie war die Jüngste und zu der Zeit fast sieben Jahre alt – eine Erfahrung, die bei ihr die tiefsitzendsten Narben hinterließ, nämlich als ihr Vater starb. Da Juana Ibarguren eine praktisch denkende Frau war, wußte sie, daß sie wegen des bitteren Hasses, den Estela Grisolia, Juan Duartes Frau, gegen sie empfand, nicht zur Beerdigung (die in Argentinien innerhalb von 24 Stunden nach Eintritt des Todes erfolgen muß) gehen konnte. Aber sie wollte, daß die Kinder ihren Vater ein letztes Mal sahen. Daher zogen die Mädchen – Elisa, die Älteste, etwa 16 Jahre alt, Blanca, 14, und Arminda, ein Jahr älter als Eva – Trauerkleidung an, schwarzes Kleid, lange schwarze Strümpfe, während Juan, der 10jährige Junge, eine Trauerbinde aus Krepp am Ärmel trug. Zum ersten

Male in ihrem Leben saßen sie in einem ›sulqui‹ (leichter zweirädriger Pferdewagen), als sie zur ›estancia‹ der Duartes aufbrachen. Aber als sie dort ankamen, ließ man sie nicht ins Haus.

Angesichts der wichtigen Rolle, die Tod und Beerdigung im argentinischen Leben spielen, war Doña Estela entschlossen, nicht zuzulassen, daß die Beweise für die Untreue ihres verstorbenen Mannes in aller Öffentlichkeit um seinen Sarg herum zur Schau gestellt wurden. So saßen also die verwirrten kleinen Mädchen und ihr Bruder im Wagen, weinten sich die Augen aus und wußten nicht, worum es überhaupt ging. Schließlich intervenierte ein Bruder des Verstorbenen zugunsten ›dieser kleinen armen Würmer, die noch einen letzten Blick werfen wollen‹. Es wurde ihnen erlaubt, im Gänsemarsch hinter der Familie dem Sarg zum Friedhof zu folgen.

Für Juana Ibarguren war das Leben während der nächsten Jahre schwer. Juan Duarte war ihre einzige Stütze gewesen. Alles, was er ihr jedoch hinterließ, war eine rechtsgültige Erklärung, daß er der Vater ihrer Kinder war – um ihnen das Führen seines Namens zu ermöglichen. So verdingten sie und die Mädchen sich als Köchinnen auf den Gutshäusern der benachbarten ›estancias‹, um die Miete für ihr Ein-Zimmer-Häuschen bezahlen zu können. Damals kam Eva erstmals in näheren Kontakt mit den reichen und mächtigen Familien, die Argentinien mittels ihres auf Landbesitz basierenden Vermögens kontrollierten. In der Provinz Buenos Aires, zu der Los Toldos gehört und die die größte der Pampas-Provinzen ist, besaßen 15 Familien jeweils rund 405 000 Hektar Land. Weiteren 50 Familien gehörten je ca. 20 000 Hektar. Die ›estancias‹, auf denen Eva oft arbeitete, bildeten praktisch kleine Königreiche. Sie hatten ihre eigenen Schulen, Kapellen und Krankenhäuser. Die Familien der Großgrundbesitzer verbrachten das Jahr teils in Buenos Aires, teils in Paris und besuchten die ›estancia‹ für gewöhnlich zur Weihnachtszeit, d. h. zu Beginn des langen, heißen argentinischen Sommers. Die Fahrt vom oder zum nächsten Bahnhof war denn auch meistens ihre einzige Berührung mit den winzigen Dörfern, die um die Bahnhöfe entstanden waren, welche die im britischen Besitz befindliche Eisenbahngesellschaft gebaut hatte, um die ›estancias‹ zu bedienen. Für die in den Küchen aushelfenden Evas war es eine Welt, auf die man als Kind nur offenen Mundes schauen konnte – die Scharen von Gästen und Kindern, die Nannies, Gouvernanten, Verwalter und der ›Patrón‹, der unweigerlich in einer kostspieligen Imitation der Tracht herumlief, die die verarmten ›Gauchos‹ in der Pampa trugen.

Eva hat niemals jene Jahre oder das staubige, schmutzige kleine Dorf nahe den Eisenbahngleisen vergessen. In ihrer kurz vor ihrem Tode 1952 veröffentlichten Autobiographie, ›La Razón de mi Vida‹ (Der Sinn meines Lebens), schrieb sie über ihre Kindheit: »Ich erinnere mich, daß ich tagelang sehr traurig war, als ich entdeckte, daß es auf der Welt arme Menschen und reiche Menschen gibt. Und das Eigenartige ist, daß die Existenz der Armen mir bei weitem nicht so viel Kummer bereitete, wie das Wissen, daß es zur gleichen Zeit auch Menschen gab, die reich waren … Aus jedem Jahr behielt ich irgendeine Ungerechtigkeit in Erinnerung, die mich zur Rebellion anstachelte.«

Aber das Leben besserte sich ein wenig, als sie zehn Jahre alt war – ihre Mutter hatte schließlich wieder einen Beschützer gefunden. Es hatte eine Weile gedauert. Trotz der fünf Kinder und einer zunehmenden Molligkeit konnte sie noch immer anziehend auf Männer wirken. Sie besaß sexuelle Anziehungskraft, ihr Körper strahlte

Reife aus, und in ihren funkelnden, dunklen Augen lag eine verführerische Erregung. Sie war Ende 30, gereift und sinnlich, und es mangelte ihr nicht an Bewunderern. Nur, den Richtigen zu finden, den Mann, der ›la cuenta‹ (die Rechnung) bezahlen konnte, das war es, was so lange gedauert hatte. Schließlich erschien er in Gestalt eines örtlichen, kleinstädtischen Politikers der Radikalen Partei. Er hatte sie anläßlich eines Besuches in Los Toldos kennengelernt und war prompt ihrem Charme erlegen. Wie sein Vorgänger Juan Duarte war er nicht mehr der Allerjüngste und hatte bereits Familie. Das machte Juana nichts aus. Es war ein Zeichen für Charakterfestigkeit, die den gutaussehenden jungen ›machos‹ abging, welche in Los Toldos um sie und ihre Töchter herumscharwenzelten. Er etablierte sie in einem kleinen Haus in der Straße Julio A. Roca in Junin. Das Haus war nichts Besonderes; gebaut aus weißgetünchten Lehmziegeln um einen Innenhof, hatte es eine Eingangstür, die direkt auf den Bürgersteig führte, was typisch ist für eine argentinische Provinzstadt. Denn obwohl Junin 30 000 Einwohner zählte, war es dennoch in jeder Hinsicht eine Stadt der Pampas – umgeben von endlosem Flachland, Maisfeldern und Viehherden.

Für die Kinder Doña Juanas war der Umzug von ihrem winzigen Dorf nach Junin wie das Umsiedeln in die Großstadt. Dort gab es gepflasterte Straßen, zweigeschossige Häuser, Läden, in denen Kleider verkauft wurden, die aus Buenos Aires kamen, und sogar ein Kino. Der Besuch des Kinos oder der Spaziergang zum Bahnhof, um die Ankunft des Zuges aus Buenos Aires zu erleben, stellte für sie die größte Unterhaltung in ihren schulfreien Stunden dar, wenn auch die Mädchen im Frühling und im Sommer, an warmen Abenden und an faulen Sonntagsnachmittagen zur Plaza marschierten, wo sie Arm in Arm im Schatten der ausladenden, belaubten Ombú-Bäume kichernd schlenderten und den in entgegengesetzter Richtung um die Plaza bummelnden jungen Männern lauschten, die im Vorübergehen die Mädchen mit einem ›piropo‹ bedachten, jenen geflüsterten, seit Generationen unveränderten Komplimenten. Zu dem Mädchen im grünen Kleid: »Du bist ein Wunder, wenn du grün bist, was wirst du sein, wenn du reif bist.« Oder dem Mädchen in Rot: »Schön wie eine Rose – aber ich habe Angst vor den Dornen.«

Es ist zweifelhaft, ob man Eva Duarte viele ›piropos‹ ins Ohr geflüstert hat. In jenen Anfangsjahren ihres Teenager-Daseins war sie noch immer ein ausgesprochen häßliches Entlein. Es gibt ein Bild von ihr aus ihrer Schulzeit – ein Gruppenfoto ihrer Schulklasse, aufgenommen am Ende des Schuljahres, auf dem die Mädchen in frischgestärkten weißen Kitteln, mit Schleifen im Haar, die wie Schmetterlinge aussehen, abgebildet sind. Eva steht im mittleren Hintergrund, ein eher unscheinbares, mürrisch dreinschauendes Kind, mit dunklen, brütenden Augen, die unglücklich aus einem fahlen Gesicht starren. Da ist nichts, was auf die kommende Schönheit hindeutet. Noch nicht einmal ein Anflug jener Rundungen, die argentinische Mädchen in jungen Jahren so reizend entwickeln. Eine ihrer Klassenkameradinnen erinnert sich ihrer als ein Mädchen, das sehr in sich gekehrt war, ein stiller, verträumter Typ. Sie war keine sehr helle Schülerin, und alle Anzeichen deuteten auf eine erbärmliche Zukunft. Aus der ununterbrochenen Folge von ledigen jungen Männern, die in ihrem Haus zur Untermiete wohnten, hatte ihre Mutter bereits Ehemänner für ihre drei ältesten Töchter gefunden. Elisa heiratete einen Heeresoffizier, nachdem sie die Hauptschule beendet und dank der Beziehungen, die Doña

Juanas Wohltäter spielen ließ, eine Anstellung bei der Post gefunden hatte. Blanca war mit einem mühsam sich durchschlagenden jungen Anwalt verheiratet, und Arminda heiratete den Fahrstuhlführer des Rathauses. Sohn Juan hatte eine Anstellung gefunden und verkaufte Seife auf Kommissionsbasis an die örtlichen Geschäfte. Was Eva betraf, so gingen Mutters Pläne nicht weiter, als daß sie die Grundschule beenden und dann als Ganztagskraft in der Pension aushelfen sollte. Doch ihre jüngste Tochter hatte ganz andere Vorstellungen. Im Oktober 1933 erhielt sie eine ganz kleine Rolle in einer Schüleraufführung mit dem Titel ›Arriba Estudiantes‹ (Studenten, erhebt euch), einem rührseligen, patriotischen, fahneschwingenden Melodrama. Von diesem Augenblick an beschloß Eva Duarte, den Pampasstaub von ihren Schuhen zu schütteln. Sie würde eine große Schauspielerin werden.

Sie verlor keine Zeit. Das erste, was sie aus den Filmmagazinen lernte, die sie am Kiosk an der Ecke der ›Plaza‹ erstand, war, daß es in Argentinien nur einen Ort gab, wo ein Mädchen es zum Star bringen konnte – Buenos Aires, die Hauptstadt des Landes. Das bot gewisse Schwierigkeiten. Zunächst einmal lagen mehrere hundert Kilometer Pampas zwischen ihr und der großen Stadt. Sie hatte kein Geld, und ihre Familie hatte ganz bestimmt keinerlei Möglichkeit, ihr zu helfen. Alsdann war da, daß sie noch zur Schule ging und daß sie erst 14 Jahre alt war. Aber wenn Eva sich etwas in den Kopf setzte, kam es selten vor, daß sie es nicht erreichte. Einige Monate später, kurz nach ihrem 15. Geburtstag, kam ein junger, gutaussehender Tangosänger, Agustín Magaldi, nach Junin, wo er ein paar Abende am städtischen Theater auftreten sollte. Juan Duarte hatte einen Freund, der dort arbeitete, und der richtete es so ein, daß Eva während der ersten Abendvorstellung durch eine Seitentür ins Theater schlüpfen konnte. Als Magaldi von der Bühne kam, fand er dieses schmale Handtuch von einem Mädchen in seiner behelfsmäßigen Garderobe im rückwärtigen Teil des Gebäudes auf ihn wartend vor. Am nächsten Abend fuhren sie nach der Vorstellung durch die Nacht in Richtung Buenos Aires.

2
Eine aufstrebende Schauspielerin

Für eine aufstrebende Schauspielerin bot keine andere Stadt Lateinamerikas solch eine kaleidoskopartige Vielfalt an Möglichkeiten. In den 30er Jahren war Buenos Aires *das* kulturelle Mekka schlechthin, der Mittelpunkt der künstlerischen und literarischen Welt dieses Kontinents. Es gab dort 25 Theater, neun Radiosender und drei Filmgesellschaften, alle dicht zusammengedrängt in der kompakten Innenstadt der City mit ihren weiten Avenuen und engen Seitenstraßen. Für die ›porteños‹, die Menschen, die in der großen Hafenstadt am Rio de la Plata lebten, war ihre Hauptstadt das Paris Lateinamerikas, eine Stadt der schönen Parks, eleganten Geschäfte, Restaurants, die bis in die frühen Morgenstunden vollbesetzt waren, der Blumenverkäufer, Buchläden und Straßencafés. Und das Ganze überzogen von einem italienischen Flair, das aus den mit Marmor und Granit verzierten Fassaden und dem geräuschvollen Vibrieren des Straßenlebens gespeist wurde.

Eva zog gleich an ihrem allerersten Tag in der Stadt mitten ins Herz der Theaterlandschaft – sie nahm sich ein Zimmer in einem billigen Hotel ganz in der Nähe der Calle Corrientes, einer Straße, die von Ost nach West quer durch die Mitte der Innenstadt verläuft. Sie ist der Broadway von Buenos Aires, von der die ›porteños‹ sagen, sie sei ›die Straße, die niemals schläft‹. Am Tage strömen die Menschenmassen zu den Banken und Ge-

1
Evita lebt:
Elaine Paige in
dem Erfolgs-
musical ›Evita‹.

2/3
Die Gesichter
einer Frau:
Evita 1947.

4
Evita Perón,
immer am Ball.

schäften, die sie säumen. Des Nachts, wenn die Bankiers und Geschäftsleute schlafen, verändert die Corrientes ihr Aussehen und wird zu einer von Neonlicht durchfluteten Straße der Träume – Theater, Kinos, Kabarets und Tanzlokale –, in der Nervenreiz und Romantik aufglühen, bis die Morgendämmerung den goldenen Schimmer erblassen läßt.

Überlagert von der dringenden Notwendigkeit, Arbeit zu finden, verblaßte für Eva sehr rasch der Zauber der Calle Corrientes. Sie klapperte die Theateragenturen ab. Aber sie hatte weder familiären Hintergrund noch Erfahrung noch Empfehlungen. Überdies kleidete sie sich schlecht, und ihre grobe, ländliche Mundart rief bei den Agenten, die sie gnädigerweise empfingen, allzuoft ein Lächeln und ein Kopfschütteln hervor. Die Miete blieb sie fast drei Monate schuldig und war gezwungen, sich mit Butterbroten und Kaffee über Wasser zu halten. Und selbst dafür hatte sie manchmal noch nicht einmal die paar nötigen ›Centavos‹.

Ihr Bruder Juan, der jetzt in einer Bank in Buenos Aires arbeitete, versuchte sie zu überreden, nach Junin zurückzukehren. »Laß mich in Ruhe«, sagte sie. »Ich weiß, was ich tue.« Sie hatte nicht die Absicht abzureisen. Ihr Wille zu überleben war nicht zu brechen. Jedem, den sie traf, erzählte sie, sie würde die größte Schauspielerin Argentiniens werden – ein Ehrgeiz, der den Agenten, die sie unentwegt bestürmte, ebenso lächerlich vorgekommen sein mag, als wenn sie verkündet hätte, eines Tages würde sie die First Lady Argentiniens sein. Denn ihr mangelte es an Talent, Schönheit und Charme.

In jenen feuchten Frühsommertagen des Jahres 1935 war Eva Duarte ausschließlich von dem Gedanken beherrscht, Arbeit zu bekommen, irgendeine Arbeit. Es mag in der Tat durchaus Augenblicke gegeben haben, da sie gefährlich nahe daran war, in die Fußstapfen so vieler junger Mädchen vom Lande zu treten, die voller Träume und Ambitionen in Buenos Aires ankamen, nur um schließlich in den elenden Bordells im Hafenviertel zu enden. Aber im März, als alles wirklich völlig hoffnungslos schien, bekam Eva ihre erste Chance, eine kleine Rolle in ›La Señora de Perez‹, einer Komödie am Teatro de la Comedia, mit Eva Franco, einer der populärsten Schauspielerinnen Argentiniens, in der Hauptrolle, und Pascual Pelliciota, einem Schauspieler, der den Tango-Sänger Magaldi, der sie aus Junin befreit hatte, sehr schnell in ihrer Gunst ablöste. Das war die erste in einer langen Reihe schlechtbezahlter Nebenrollen und kurzlebiger Liebesaffären. Auch die Bühnenjobs waren nicht von langer Dauer, denn in Buenos Aires kam es selten vor, daß ein Stück mehr als ein paar Wochen lief.

Im Juli erhielt sie eine Rolle in ›En cada Hogar hay un Mundo‹, aber sie wurde aus dem Ensemble entlassen, als man mit dem Stück auf Provinztournee ging. Danach folgte eine Durststrecke, bis sie im Dezember eine Rolle als Wäscherin in ›Madame Sans Gêne‹ bekam, für die sie pro Abend drei Pesos erhielt. Die anderen Mitglieder der Besetzung hänselten sie während der Proben und stellten ihre schauspielerischen Fortschritte auf die Probe, indem sie sie aufforderten, mit einem Buch auf dem Kopf und einer Kerze in der Hand umherzugehen. Einer der Schauspieler in dem Stück erinnerte sich, daß sie ›kindlich, naiv und sehr romantisch‹ war, eine bemerkenswerte Erinnerung an ein Mädchen, dessen Leben ein ständiger Kampf ums Überleben war.

Im Juni 1936 begann Eva ihre erste Provinztournee in einem Stück mit dem Titel ›Der tödliche Kuß‹, das die Gefahren der Promiskuität zum Inhalt hatte. Es wurde von der Argentinischen Prophylaxe-Gesellschaft finanziert, einer Organisation wohlmeinender, reicher Damen, die glaubten, sie könnten die Geburtenrate unehelicher Kinder im Innern Argentiniens durch aufrüttelnde Volksstücke senken. War das auch ein Thema, das tief ins eigene Fleisch schnitt, so hatte das unehelich geborene Mädchen aus Los Toldos das Geld zu bitter nötig, als daß es darüber hätte klagen können. Als die Tournee jedoch etwa zur Hälfte abgewickelt war, erkrankte eine der Darstellerinnen an einer Infektion. Man schaffte sie ins Krankenhaus, wo alle Besuche verboten wurden. Aber Eva war entschlossen, jedem zu beweisen, wie sehr sie die Kollegin mochte, und so schlich sie sich ins Krankenhaus und besuchte sie. Wie nicht anders zu erwarten, steckte sie sich an und verlor ihr Engagement.

Kränklich ist Eva ihr Leben lang gewesen. Aber sie gab nie auf. Das war etwas, worüber sich sowohl ihre Bewunderer als auch ihre Gegner einig waren. Sie kam bald wieder auf die Beine, machte ihre täglichen Runden bei den Theateragenturen und trieb diese und ihre Bekannten zum Wahnsinn mit ihrer Bettelei nach Rollen, egal welche, wobei sie alles mögliche versuchte, um die einflußreichen Größen der Theaterwelt zu bezaubern. Pierina Dealessi, eine ihrer jungen Zeitgenossinnen, erinnert sich noch an den Tag, als ihr Theatermanager ihr sagte, draußen stünde ein Mädchen, das Arbeit suche. »Wir waren gerade dabei, ein neues Stück zu besetzen, und so unterhielt ich mich mit ihr. Evita war ein unscheinbares Mädchen, sehr dünn, mit schwarzen Haaren. Ich fragte sie, ob sie schon mal auf der Bühne gestanden hätte, und sie antwortete, sie käme gerade von einer Provinztournee mit Pepita Muñoz zurück. Wir engagierten sie zu einem miserablen Gehalt – 180 Pesos im Monat. Es gab keine Ruhetage, außerdem gaben wir sonntags vier Vorstellungen.

Nachmittags machten wir immer eine Teepause. Evita trank Mate (ein entspannender paraguayischer Tee, den man durch ein Metallrohr aus einem ausgehöhlten Kürbis trinkt). Sie sah so dünn und zerbrechlich aus, daß ich ihr immer Milch in ihren Mate goß, um ihr ein bißchen Nahrung zu geben. Sie wog so gut wie nichts. Bedingt zum Teil durch Hunger, Armut, Mangel und eine allgemeine Nachlässigkeit, waren ihre Hände immer kalt und feucht. Wir spielten gerade ein Stück von Ricardo Hickens mit dem Titel ›Das Füllhorn‹. Evita spielte die Rolle einer jungen, gut gekleideten Dame. Evita hatte einen schöngeformten, aber nicht sehr straffen Busen, weil sie so mager war. Einmal lieh sie sich meine Strümpfe aus, um ihre Brust ein bißchen auszupolstern – armes Ding. Ich habe ihr immer und immer wieder gesagt: ›Du mußt mehr essen, bleibe nicht so lange auf, du kannst es dir nicht leisten, die halben Nächte durchzumachen!‹ Sie sagte mir, daß sie gezwungen sei, einer Doppelbeschäftigung nachzugehen, um ihrer Mutter 700 Pesos im Monat schicken zu können. Das war damals eine Menge Geld. Arme Evita.«

Wie sie es angestellt hat, dieses Extra-Geld zu verdienen, ist eines der vielen Geheimnisse, die Eva Duartes Schauspieljahre umgeben. Später hat sie diesen Abschnitt ihres Lebens nie erwähnt, außer vage als ihre ›Karriere als Künstlerin‹. Ein Gerücht, das zwar nie bestätigt wurde, aber sich dennoch lange hielt, besagte, daß sie jene langen Nächte in den grellen, geräuschvollen Nachtlokalen wie ›Tabaris‹, ›Gong‹, ›Embassy‹ verbrachte, wo reiche Geschäftsleute an einem Abend mehr Geld für Champagner ausgaben, als eine drittklassige Schauspielerin sich glücklich schätzen konnte, in einem Jahr auf der Bühne zu verdienen. Die Mädchen erhielten einen winzigen Prozentsatz vom Preis der Getränke, die die Männer mit ihnen an der Bar bestellten. Die Würde, die Etikette und das Gesetz Argentiniens machten es unmöglich, daß Pärchen nach der Polizeistunde und der letzten Cabaretvorstellung das Lokal zusammen verließen. So verabredete man sich in einem nahegelegenen ›amueblado‹ (Stundenhotel) oder in der ›garçonnière‹ (Junggesellenwohnung) des Mannes. Frühmorgens nahm sich dann das Mädchen ein Taxi und fuhr, um 50 oder mehr Pesos reicher, nach Hause.

Ob Eva diesen Weg einschlug oder auch nicht, jedenfalls sammelte sie fraglos eine Reihe von Liebhabern, von denen jeder einzelne sorgfältig danach ausgewählt wurde, ob er ihrer Karriere förderlich sein könnte. Eine ihrer frühesten, äußerst ›hilfreichen‹ Romanzen begann, als sie auf der täglichen Arbeitssuche ihre Runden machte. Es war Anfang 1937, und sie war gerade 18 Jahre alt. Sie schaute im Büro des Magazins ›Sintonia‹ herein, das in der typischen Manier des Filmfan-Magazins mit vielen Fotos und atemlosen Berichten über Sterne und Sternchen der argentinischen Bühnen- und Kinowelt, über Theater und Film berichtete. Eva erzählte später einer Freundin, sie habe sich beim allerersten Treffen Hals über Kopf in den Besitzer des ›Sintonia‹, einen harten, ehemaligen Rennfahrer namens Emilio Kartulovic, verliebt. Es war eine Romanze, die ihr nicht schadete. Sofort öffneten sich die Türen. Sie erhielt ihren ersten Filmvertrag, eine kleine Rolle in einem Boxerfilm mit dem Titel ›Segundos fuera del ring‹. Gerüchte wollten wissen, daß sie während der Filmaufnahmen sich eine stille, kurze Liebesaffäre mit dem Hauptdarsteller, Pedro Quartucci, leistete.

Von da an verschwand das Gespenst des Hungers. Es wurde leichter, Rollen zu bekommen, obwohl mittlerweile selbst sie wahrscheinlich erkannt haben muß, daß sie wohl niemals der große Theaterstar ihrer Jugendträume werden würde. Mit kleinen Rollen beim Theater und beim Rundfunk schlug sie sich recht und schlecht durch. Sie wirkte, wenn auch kurz, in einigen fürchterlichen argentinischen Filmen mit – ›El ataque de los bravos‹ (1939), ›El hombre mas infeliz de la ciudad‹ (1940) und ›Un amor en dificultades‹ (1941). Und hin und wieder erwischte sie einen Auftrag als Modell für Modehäuser und Friseure. Sie war dabei zu lernen, auf ihr Äußeres zu achten und eine gutaussehende junge Frau zu werden.

Sie verdiente nun genug, um in ein besseres Hotel umziehen zu können (obwohl sie sich noch immer keine Apartmentwohnung leisten konnte), und sie zog sogar in Betracht, eine Schönheitsoperation zur Vergrößerung ihrer Brüste machen zu lassen (in grober argentinischer Macho-Sprache ausgedrückt, mußte ein Mädchen ›melones‹ [Melonen] und keine ›limones‹ [Zitronen] haben, wenn sie einen Mann halten wollte). Aber als der Tag der Operation kam, erschien sie nicht. Sie hatte anscheinend beschlossen, der Natur nicht ins Handwerk zu pfuschen, wiewohl der Entschluß möglicherweise durch einen unerwarteten Rückschlag in ihren Lebensumständen etwa um diese Zeit zunichte gemacht wurde. Ihr Bruder Juan rief sie an und teilte ihr mit, er sei in der Bank, in der er arbeitete, erwischt worden, als er Geld stahl. Es handele sich zwar um keinen großen Betrag, aber wenn er es nicht sofort zurückerstattete, würde er ins Gefängnis wandern. Eva zögerte keinen Augenblick. Sie scheint eine echte Zuneigung zu ihrem großen Bruder, trotz seiner Playboy-Allüren, empfunden zu haben. Sie verkaufte alles, was sie besaß, gab ihm jeden Peso, den sie hatte, und zog wieder in eine billige Pension um. Diesmal in der Boca, dem alten italienischen Bezirk unten beim Hafen, wo die Häuser sich windschief über gewundene, enge, zu den Kaianlagen führenden Gassen neigen.

Eva besaß den eisernen Willen eines Überlebenden. Das Leben in der Boca kann keine sehr erfreuliche Erfahrung für eine unverheiratete, alleinstehende junge Frau gewesen sein. In jenen Tagen wurde in den großen Städten Argentiniens ein Mädchen ohne Beschützer als Freiwild betrachtet. In den engen Straßen des Hafenviertels mußte sie sich der ›chirripos‹, der Dandies aus der Nachbarschaft in ihren engsitzenden schwarzen Anzügen, pomadisierten Haaren und auf Hochglanz gewienerten Schuhen, erwehren, die in den Eckkneipen den lieben langen Tag herumlungerten und jedem vorbeikommenden Mädchen lüsterne Bemerkungen zuriefen. Aber sie lernten bald die scharfen Antworten des Bauernmädchens aus Los Toldos kennen. »Sie hatte eine rasiermesserscharfe Zunge«, erinnerte sich voller Bewunderung einer jener Männer Jahre später. Nach dem Spießrutenlaufen bei den ›chirripos‹ bestieg Eva eines der ›colectivos‹ – die gedrungenen, kleinen Busse, die zum Bersten überfüllt durch Buenos Aires rumpeln (der frühere Automobilweltmeister Juan Manuel Fangio entwickelte seine blitzschnellen Reflexe als Fahrer eines ›colectivos‹). Eva überstand selten solche Fahrten ohne ein paar dunkler Kneifflecken auf dem Po. »Jeder versucht mich anzumachen«, brummte sie, sobald sie sich durch die Theatertür in Sicherheit gebracht hatte.

Im Verlauf der Jahre besserten sich allmählich ihre Lebensumstände. Einer der Gründe dafür war der zunehmende Wohlstand in Buenos Aires. Denn während Ende der 30er Jahre, Anfang der 40er Jahre Gewitterwolken über Europa und dem Pazifik grollten, heimste Argentinien beträchtliche Profite aus dem Verkauf von Rindfleisch und Getreide an die Länder ein, die ihre Pflugscharen zu Schwertern umfunktioniert hatten. In Buenos Aires brannten die Lichter bis spät in die Nacht, und der Champagner floß in Strömen. Der sinnliche Tango drang stadteinwärts aus den Bars des Hafenviertels und kam zur Blüte in den Tanzlokalen entlang der Calle Corrientes. Die Theater waren ausverkauft, und die Rundfunksender der Stadt gediehen prächtig durch Werbeprogramme der reichen ausländischen Gesellschaften wie Cinzano, General Electric, Johnson and Johnson, Harrods, Ford, RCA und viele andere, deren Produkte das tägliche Leben eines jeden Argentiniers zunehmend beeinflußten. In dieser Zeit, als Eva Anfang Zwanzig war, verliebte sich ein wohlhabender Seifenfabrikant in sie und gab ihr ein eigenes Radioprogramm.

Cesar Marino, Programmleiter bei Radio Argentina, erinnert sich, daß Anfang 1942 ihn sein Chef, Roberto Gill, dem der Sender gehörte, in sein Büro rief, wo er ihm Eva Duarte vorstellte. »Sie hatte die Unterstützung der Seifengesellschaft Radical erhalten und war auf der Suche nach einem Sender, über den sie ihr Programm ausstrahlen konnte. Gill war mehr an der Werbeträgerin denn an der Schauspielerin interessiert, da auch er die Duarte noch gar nicht kannte. ›Von nun an‹, sagte er zu mir, ›wird sie unser führender Star sein.‹ Ich wußte nicht, wie ich die Sache anpacken sollte, da die Kleine eine ganz, ganz schlechte Schauspielerin war. Aber sie war folgsam, gesittet, brav und ernst. Zu den Proben erschien sie immer eine Stunde früher und ging sofort nach der Sendung. Sie sprach nie mit irgend jemand.«

Das mag daher rühren, daß Eva dabei war, eine sehr beschäftigte junge Dame zu werden. Neben Radio Argentina war auch Radio El Mundo in den Genuß ihrer von der Seifenfirma geförderten Talente gekommen.

Dort brachte sie rührselige Hörspiele heraus, wie etwa ›El amor comenzó cuando te encontré‹ (Die Liebe erblühte, als ich dich traf) und ›Promesas de amor‹ (Liebesschwüre). Später begann sie auch über Radio Belgrano Sendungen auszustrahlen, wo sie im Januar 1943 eine Serie herausbrachte, die sie in ganz Argentinien bekannt machte. Die Sendung hatte den Titel ›Mi reino del amor‹ (Mein Königreich der Liebe) und bestand aus wöchentlich ausgestrahlten, von einem Studenten der Philosophie verfaßten Hörspielen. In ihnen übernahm Eva die Rolle berühmter Frauen der Geschichte – Lady Hamilton, Königin Elizabeth I., Kaiserin Josephine, Madame Chiang Kai-shek, Zarin Alexandra von Rußland.

Die Sendung lief über ein Jahr lang und war so erfolgreich, daß Evas Bild zweimal auf der Titelseite von ›Antena‹, einer wöchentlich erscheinenden Rundfunkzeitung mit einer der höchsten Auflagen aller Zeitschriften des Landes, erschien. Die argentinischen Familien kauften sie hauptsächlich wegen der Radioprogramme. Aus den affektierten Titelgeschichten über Eva erfuhren sie, daß sie gefühlvolle Walzer und Filme mit Greer Garson liebte. Sie bekannte, sie sei ›eine ruhige Frau, eine gute Hausfrau, eine, die das Familienleben liebe‹. Was sie allerdings nicht erfuhren, war, daß die ruhige Hausfrau eifrig darangegangen war, sich mächtige Freunde höheren Orts anzulachen.

Im Juni 1943 hatte ein Staatsstreich eine Gruppe von Heeresgenerälen in Argentinien an die Macht gebracht. Einen Monat später nahm Eva eines Abends das Telefon in der Garderobe, die sie sich bei Radio Belgrano mit anderen Schauspielerinnen teilte. »Kinder, hört mal gut zu«, sagte sie, während sie eine Nummer wählte. »Hallo, ist dort das Regierungsgebäude? Verbinden Sie mich mit Präsident Ramirez.« Und dann, während die anderen mit weitaufgerissenen Augen sie anstarrten: »Hallo, Herr Präsident. Hier spricht Eva ... Ja, ich würde sehr gerne mit Ihnen morgen abend essen. Um 10 Uhr. Gut. Bis dann. *Chau*, Pedro.«

Jaime Yankelevich, der Eigentümer von Radio Belgrano, erfuhr sehr bald von dieser Unterhaltung. Er war ein gerissener, dicker Mann, der den Grundstein zu seinem Vermögen 1923 dadurch gelegt hatte, daß er den Markt für die Kristalle, die damals für die primitiven Rundfunkempfänger notwendig waren, leerkaufte. Das war unmittelbar vor der Boxweltmeisterschaft im Schwergewicht zwischen dem Titelverteidiger Jack Dempsey und Argentiniens Volksheld Luis Firpo (Der Wilde Stier der Pampas), so daß die Argentinier wie besessen Radios kauften, um die Übertragung des Kampfes hören zu können. Auf diese Weise machte Yankelevich ein Vermögen. Evas Verabredung zum Abendessen veranlaßte ihn erneut zu einer Geldanlage. Er erhöhte ihr Gehalt von 150 auf 5000 Pesos monatlich. Aber solch eine, seinem Wesen widersprechende Großzügigkeit, war nicht durch den wie immer begründeten Optimismus ausgelöst, ein Verhältnis zwischen seiner jungen Schauspielerin und dem Staatspräsidenten könnte ihm nützlich sein. Er wußte, daß dem nicht so sein würde.

Präsident Pedro Ramirez, dessen Frau eine völlig unargentinische Herrschaft über ihn ausübte, stand in dem Ruf, ein Pantoffelheld zu sein. Überdies hatten ihm seine Steifheit und seine reaktionäre Art den Spitznamen ›Kleine Gerte‹ eingebracht. Yankelevich war sich also ziemlich sicher, daß Eva es mit dem Präsidenten nicht sehr weit bringen würde. Aber er wußte etwas, was die übrigen Mädchen seines Rundfunksenders nicht wußten: nämlich, daß Eva sich bereits ein Mitglied der Militärregierung geangelt hatte, das für ihn sehr viel nützlicher war. Es handelte sich um Oberst Anibal Imbert, Minister für das Fernmeldewesen, der die Rundfunksender des Landes kontrollierte. Der Oberst, ein stämmiger kleiner Mann, hatte bereits seine junge, hübsche Geliebte aus der Boca in eine komfortable Etagenwohnung in der Calle Posadas umquartiert, einer stillen, baumbeschatteten Seitenstraße der Avenida Alvear in einem hocheleganten Viertel von Buenos Aires. Was Jaime Yankelevich anging, war jede Freundin des Mannes, der über Leben und Tod seines Unternehmens gebot, durchaus eine beträchtliche Gehaltserhöhung wert, auch wenn sie eine miserable Schauspielerin war.

Als die anderen Schauspielerinnen bei Radio Belgrano von der plötzlichen Gehaltserhöhung ihrer Kollegin erfuhren, waren sie eher amüsiert als verärgert. Da sie den Grund dafür kannten, nannten sie dieses rasante Tempo Evas ›amtsverordnete Geschwindigkeit‹, und sie erwarteten, sie würde mit der gleichen Schnelligkeit wieder auf die Erde zurückfallen, sobald der Oberst ihrer überdrüssig wurde. Und da sie das Leben der Halbwelt kannten, in der die meisten von ihnen selber lebten, wußten sie, daß das früher oder später geschehen würde. Sie hätten mit ihrer Annahme nicht mehr danebenliegen können. Eva war auf dem Wege zu schwindelerregenden Höhen, und der rundliche Oberst war es, der durch eine Reihe von Veranstaltungen, die er – ironischerweise – das Pech hatte, selbst arrangiert zu haben, am Wegesrand liegenblieb.

Ein Erdbeben am 15. Januar 1944 zerstörte fast vollständig die alte spanische Kolonialstadt San Juan, rund 800 Kilometer westlich von Buenos Aires. Tausende von Menschen kamen dabei ums Leben. In der gewaltigen Woge von Anteilnahme, die über das Land schwappte, zogen Schauspieler und Schauspielerinnen durch die

Straßen und sammelten Geld, um den Opfern zu helfen. Eva überredete ihren Liebhaber, als Teil dieser Sammelaktion eine Riesenshow im Luna Park, einem großen Freiluft-Boxring im Zentrum von Buenos Aires, zu organisieren. Führende Theater- und Rundfunkstars erschienen und traten auf vor einer dichtgedrängten Zuhörerschaft; die Show wurde über eine das ganze Land überspannende Sendekette ausgestrahlt, an der alle Radiostationen des Landes angeschlossen waren.

Als die Stars auf der Bühne agierten und nacheinander an die Mikrophone traten, erblickte Eva, die am Arm von Oberst Imbert erschienen war, Libertad Lamarque, eine der schönsten Schauspielerinnen Argentiniens. Sie sprach gerade mit einem hochgewachsenen, gutaussehenden Heeresoffizier. Eva wußte, wer das war – Oberst Juan Domingo Perón. Man munkelte, er sei der starke Mann unter den Obristen, die die Militärregierung beherrschten. Sie ging hinüber zu Libertad, die sie nur flüchtig kannte, und bat vorgestellt zu werden. Dann, als der Star an der Reihe war, vor das Mikrophon zu treten, ergriff sie die Gelegenheit und setzte sich auf den leeren Stuhl neben dem Oberst.

3
Ein ehrgeiziger Offizier

> *»Ich stellte mich an seine Seite.*
> *Das hat vielleicht seine Aufmerksamkeit auf mich gelenkt, und als er Zeit hatte,*
> *mir zuzuhören, sprach ich, so gut ich es vermochte: Wenn Sie, wie Sie sagen,*
> *die Sache des Volkes zu Ihrer eigenen Sache gemacht haben, dann werde ich, wie groß das Opfer auch immer sein mag, nie von Ihrer Seite weichen, bis ich sterbe!«*

Diese bombastische Passage aus ›La Razón de mi Vida‹ ist Evas Beschreibung des ›wundervollen Tages‹, als sie Juan Perón kennenlernte. Sie klingt eher wie aus einem der kitschigen Liebesromane, die sie so gerne las. Ganz bestimmt wahr ist jedoch, daß sie an jenem ersten Abend keine Zeit verlor. Es war ein warmer Frühlingsabend. Die beiden schlichen sich heimlich aus der Großveranstaltung und fuhren hinaus aus der Stadt nach Tigre, einem Vorstadt-Erholungsort voller Wasserläufe, kleiner Inseln, Ruderklubs, Moskitos und abgeschiedenen Wochenendhäusern, gegen neugierige Blicke durch die purpur- und orangefarbenen Blüten der Jacarandabäume geschützt. Am nächsten Morgen fuhr Eva in einem Wagen des Kriegsministeriums zur Arbeit bei Radio Belgrano vor.

Trotz des Altersunterschiedes – mit 48 war Perón genau doppelt so alt wie Eva – hatten sie vieles gemein.

Denn er war ein Landjunge, geboren am 8. Oktober 1895, auf einem kleinen Pampasgut, das sein Vater bei der Stadt Lobos, rund 100 Kilometer südlich von Buenos Aires, besaß. Wie so viele Argentinier entstammte er südeuropäischen Bauern, die Mitte des 19. Jahrhunderts in Massen nach Argentinien geströmt waren. Er behauptete, sein Familienname habe ursprünglich Peroni gelautet, und sein Urgroßvater sei ein sizilianischer Senator gewesen. Seine Mutter war das, was man in Argentinien als ›chinita‹ bezeichnet – ein kleines Mädchen vom Lande mit indianischem Blut in den Adern, was sich bei ihrem Sohn durch die hohen Backenknochen, den rötlichen Teint und die schwarzen Augen deutlich zeigte.

Als er fünf Jahre alt war, zog die Familie nach Patagonien, weit im Süden des Landes, um. Es ist eine trostlose, kalte und windgepeitschte, nur für Schafe wirtliche Gegend. Juan Perón wuchs heran zu einem starken und zähen Mann, da er das Leben eines ›Gauchos‹ führte, wilde Pferde zuritt, Pampasstrauße mit den ›bolas‹ einfing, eisige Wasserläufe bei Temperaturen unter dem Null-Punkt durchwatete, mit an den nackten Füßen geschnallten Sporen und im Winde flatterndem Poncho über die steinige ›mesa‹ ritt. Als sein Vater starb, führte seine Mutter den Hof weiter und steckte ihn, als er sechzehn geworden war, in die Kadettenanstalt in Buenos Aires, wo er zwar ein mittelmäßiger Schüler, dafür aber ein zäher Soldat und hervorragender Sportler wurde. (Er war einer der besten Schützen der Armee, sechzehn Jahre lang ihr Fechtchampion und während seiner Studienjahre ein in den Kneipen des Hafenviertels von Buenos Aires sehr gefürchteter Kämpfer – der ehemalige Box-Weltmeister im Schwergewicht, Gene Tunney, erkannte an einem Knochengelenkshöcker an der rechten

Hand Peróns, daß er die Hand eines Mannes schüttelte, der seine Fäuste gebraucht hatte.)

Er war ein stattlicher, athletisch gebauter Mann, über ein Meter achtzig groß, mit dichtem, nach hinten gekämmtem pechschwarzem Haar, schwarz-braunen Augen von aufblitzender Intensität und einem Teint, der durch ein lebhaftes Labyrinth von Äderchen auf beiden Wangen überraschend frisch wirkte. Aber es war nicht nur seine imponierende äußere Erscheinung, die ihn zum Mittelpunkt gleich welcher Gesellschaft werden ließ. Er sprach Deutsch, Italienisch und etwas Englisch und war sehr belesen, was für jemand, der das Militär zu seinem Lebensinhalt auserkoren hatte, schon überraschend war. Er besaß Persönlichkeit und Charme – ein rasches Lächeln und einen spontanen Witz, was Menschen anzog, lange bevor er die Art Macht besaß, die automatisch respektvolle Aufmerksamkeit gebot. »Man setzt sich zu Perón, und in ein paar Minuten hatte er einen für seine Welt gewonnen«, erinnerte sich einer seiner alten Armeefreunde. »Unterhielt er sich beispielsweise mit einem jungen Hauptmann, legte er ihm den Arm um die Schulter und erzählte ihm, was dieser hören wollte. Er konnte einen Sozialisten überzeugen, daß auch er ein Sozialist sei. Aber dann sprach ein Faschist mit ihm und verließ ihn in der Überzeugung, auch Perón sei ein Faschist.«

Peróns Überredungskunst hatte in der ländlichen Einsamkeit der Gebirgsgarnison in den Anden, wo er im Sommer 1940 stationiert gewesen war, Wunder gewirkt. Er hatte nicht viele Monate gebraucht, um seine Offizierskameraden herumzukriegen, mit ihm zusammen eine politische Organisation zu gründen, die ihren Bestrebungen Richtung geben sollte. Unter der Bezeichnung GOU, die sowohl für ›Grupo de Oficiales Unidos‹

(Vereinigte Offiziersgruppe) als auch für deren Slogan ›Gobierno!/Orden!/Unidad!‹ (Regierung/Ordnung/Einigkeit) stand, bekundeten die Offiziere ihren Abscheu über die Korruptheit der konservativen Regierung des Landes und beschlossen, ein größeres Mitspracherecht in den Staatsgeschäften zu erzwingen. Als Vorsitzender des Geheimbundes reiste Perón kreuz und quer durchs Land von Garnison zu Garnison, predigte seine Botschaft den jungen Armeeoffizieren, für die Gespräche über das Schicksal der Nation das Lieblingsthema war.

Bis zum (argentinischen) Winter 1943, als Tausende von Faschisten in braunen Hemden fast täglich unter den Rufen ›Tod den Juden!‹ und ›Tod den britischen Schweinen!‹ durch die Straßen von Buenos Aires marschierten, hatte Perón bis auf ein paar hundert alle 3600 Offiziere des argentinischen Heeres angeworben. Er war bereit loszuschlagen. Am 4. Juni stürzte die Regierung des Präsidenten Ramón S. Castillo unter dem Ansturm eines von Offizieren der GOU inszenierten militärischen Staatsstreichs. Der einzige Widerstand, auf den das Heer stieß, als es mit seinen Panzern und gepanzerten Transportfahrzeugen in die Stadt eindrang, kam von der Marineschule in einem Vorort von Buenos Aires, wo fast 100 Offiziere und Seekadetten bei einem vergeblichen Verteidigungsversuch fielen. Es gab einen weiteren, ganz kurzen Rückschlag für die GOU, als der falsche Mann, nämlich General Arturo Rawson, der die Truppen befehligt hatte, in einem Augenblick des Überschwangs sich selbst vom Balkon der ›Casa Rosada‹ (Rosa-Haus), dem Präsidentenpalast im Zentrum Buenos Aires, zum Präsidenten ausrief. Aber in einer eilig durchgeführten Stuhlpolonaise nach Art der Opera buffa wurde General Rawson schnell und energisch durch die Hintertür des Präsidentenpalastes hinausbugsiert. Seinen Platz auf dem Balkon nahm der von der GOU auserwählte Präsident ein: General Pedro P. Ramirez, der in der Regierung Castillo Kriegsminister gewesen war.

Als General Ramirez sich die präsidiale Amtsschärpe umhing, sagte er in einem Augenblick ehrlicher Offenheit: »Die Streitkräfte haben mich zu ihrem ersten Offizier designiert.« Es waren natürlich die Obristen, die das Designieren besorgten. Sie ernannten einen der Ihren, Oberst Edelmiro Farrell, zum Kriegsminister und gaben ihm damit den mit der größten Machtfülle ausgestatteten Posten im Kabinett. Oberst Perón, noch immer eine unbekannte Größe im Land, übernahm den Posten des Staatssekretärs im Kriegsministerium. Aber als Vorsitzender der GOU war er die eigentliche Macht hinter dem Thron.

Präsident Ramirez war eine schwache ›Kleine Gerte‹ und fand sich hin- und hergestoßen zwischen den verschiedenen, um die Übernahme der Macht innerhalb der Armee kämpfenden Fraktionen. Für die ›porteños‹, die Einwohner Buenos Aires', die sehr bald erkannten, daß ihr Präsident der Faustpfand anderer war, wurde er zur Witzfigur.

In einer der damals von Mund zu Mund kursierenden Geschichten wurden die vielen Regierungsverordnungen aufs Korn genommen, die sich in einem endlosen Strom aus der Casa Rosada ergossen: Wie es schien, hatte ein im Badezimmer sitzender Mann gelangweilt Meter um Meter Toilettenpapier abgerissen, das dann aus dem Fenster und zur nahegelegenen Plaza de Mayo* davonschwebte. Ein Trupp Soldaten erschien und donnerte an seine Haustür; ihr Offizier verlangte zu wissen, ob der Mann für das papierne Sperrfeuer verantwortlich

* auf der sich der Präsidentenpalast befindet – *Anm. d. Übers.*

sei. Er gab es zu. »Dann ab ins Konzentrationslager mit Ihnen«, wurde ihm eröffnet. »Aber warum denn?« fragte der verblüffte ›porteño‹, als er abgeführt wurde. »Weil das ganze Papier durch ein Fenster in die Casa Rosada geflattert ist, und der Präsident hat alles unterschrieben.«

Ramirez wußte um die Witze. Er war kein Dummkopf und versuchte zurückzutreten. Aber Perón wies ihn grob zurecht: »Sie können erst dann zurücktreten, wenn wir soweit sind, Sie gehen zu lassen.« Seine politische Machtlosigkeit war bereits von den in Buenos Aires akkreditierten ausländischen Zeitungskorrespondenten bemerkt worden. Am 31. Oktober, gerade vier Monate nach der Revolution, kabelte John W. White von der ›New York Herald Tribune‹ aus Santiago, Chile (wegen der Pressezensur konnte er es nicht von Buenos Aires aus tun): »Die treibende Kraft hinter der Regierung Ramirez ist ein intelligenter und rücksichtsloser, aber fast unbekannter junger Oberst namens Juan Perón.«

Zu dem Zeitpunkt war Präsident Ramirez bereits klar geworden, daß er entweder Perón unschädlich machen oder seine Marionette bleiben mußte. Aber in seiner Machtlosigkeit hatte er nicht zu verhindern vermocht, daß der Oberst sich als Chef eines völlig neuen Ministeriums, ›Secretaría de Trabajo y Salud Pública‹ (Ministerium für Arbeit und Wohlfahrt), eine neue Machtbasis schuf. Das war zwar kein Kabinettsposten, denn die argentinische Verfassung beschränkt die Anzahl der Ministerien auf acht, und die Quote war bereits erfüllt, aber Perón machte sofort unmißverständlich deutlich, daß er große Pläne für das Ministerium habe. Aufgabe des neuen Ministeriums, so verkündete er, sei es, »die nationale Einheit durch Sicherstellung einer größeren sozialen Sicherheit und Verbesserung des Lebensstandards in Argentinien zu stärken«. Viele Jahre später sagte er zurückblickend: »Der Tag, an dem wir das Ministerium für Arbeit und Wohlfahrt schufen, war für mich der erste Tag unserer Bewegung. Von dem Augenblick an gewann die Revolution eine neue Bedeutung und begann auf einer Straße zu marschieren, von der es kein Zurück gab.«

Der erste Schritt auf dieser Straße führte ihn in die Zentrale der Gewerkschaften des Landes. Deren Führer lernten sehr bald, daß sie ins Gefängnis wanderten, wenn sie nicht die gebührende Begeisterung für Perón an den Tag legten. Um sicherzustellen, daß sie auch alle die Botschaft empfingen, wurde ein Exempel an José Tesorieri, dem Vorsitzenden der Gewerkschaft der Regierungsangestellten, statuiert. Er wurde ins Gefängnis geworfen, weil er eine Petition unterschrieb, mit der die Regierung gebeten wurde, die diplomatischen Beziehungen zu Deutschland abzubrechen, eine Haltung, die für Perón natürlich verabscheuungswürdig war. Nach fünf Monaten brutaler Zermürbung im Gefängnis Villa Devoto in Buenos Aires wurde Tesorieri entlassen und unter der Bedingung – die er annahm – in sein altes Amt wieder eingesetzt, daß er sich öffentlich zu Perón bekannte. Er hatte tatsächlich keine andere Wahl. Seine Frau und Kinder waren gezwungen gewesen, von Almosen zu leben, solange er einsaß. Die Gewerkschaftsführer des ganzen Landes organisierten schon bald ›spontane‹ Kundgebungen zugunsten Peróns, was nicht überraschen konnte. »Er hat sich mit derartigem Eifer auf seine Arbeit gestürzt«, berichtete der Korrespondent der ›New York Times‹, Arnold Cortesi, »daß er unter seinen Kollegen, die ihn verdächtigen, seine eigene Popularität anzukurbeln, nicht wenig Mißgunst ausgelöst hat.«

Präsident Ramirez hatte nicht nur einen Verdacht. Er war sogar überzeugt, recht zu haben. Mit Rückendekkung hoher Marineoffiziere, die Perón verabscheuten, weil sie meinten, er sei für das Massaker an den jungen Seekadetten zu Beginn der Revolution verantwortlich, unterschrieb der Präsident am 26. Januar 1944 ein Dekret, durch den die diplomatischen Beziehungen zu Deutschland abgebrochen wurden, obwohl er sehr genau wußte, daß er damit eine Krise auf Biegen oder Brechen mit Perón heraufbeschwor. Aber ein paar Wochen lang geschah nichts. Der Grund dafür mag darin gelegen haben, daß der Oberst gerade die zauberhafte Eva Duarte kennengelernt hatte, und möglicherweise fiel es ihm schwer, seine Gedanken auf Staatsgeschäfte zu konzentrieren. Indessen, er wußte auch, wo die Macht lag, und das war nicht in der Casa Rosada, dem Amtssitz des Staatspräsidenten. Er versammelte eine Gruppe freundlich gesinnter Reporter in seinem Büro im Arbeitsministerium und sagte ihnen: »Das hier ist die Schaltstelle der GOU, und die GOU bin ich. In meinem Schreibtisch habe ich die unterschriebenen, undatierten Entlassungsurkunden für 3300 der insgesamt 5600 Heeresoffiziere, und die übrigen spielen keine Rolle.«

Dennoch kursierten in Buenos Aires fast täglich Gerüchte über Coups und Gegen-Coups. Dann, am 15. Februar, machte der Präsident seinen nächsten Schritt. Er ließ durchsickern, daß er im Begriff sei, Deutschland den Krieg zu erklären. Das ließ Perón zur Tat schreiten. Den ganzen Vormittag kamen und gingen Scharen von Offizieren zum und aus dem Arbeitsministerium, um mit ihrem unbestrittenen Anführer die Krise zu besprechen. Als eine Entscheidung gefallen war, marschierte ein Dutzend jüngerer Heeresoffiziere, Leutnants und Hauptleute hinüber zum Außenministerium, zogen ihre Degen und jagten den Außenminister und seinen Staatssekretär aus dem Gebäude. Bei dieser Sachlage gab Präsident Ramirez prompt seinen Plan auf, Deutschland den Krieg zu erklären, und während der nächsten Tage geschah nichts. Die ›porteños‹, mittlerweile an solche Dinge gewöhnt, gingen ihren Alltagsgeschäften nach und tauschten untereinander Gerücht um Gerücht aus. Am 24. Februar spielte Ramirez schließlich seine letzte Karte aus. Er schickte einen Boten zum Büro Peróns mit der Forderung, er solle zurücktreten. Der stämmige Oberst fixierte den Boten mit einem kalten Blick und sagte ihm: »Unterrichte die Lumpen, die dich geschickt haben, daß sie mich lebend niemals hier herausholen werden.«

In dieser Nacht besetzten Soldaten die Telefonzentrale von Buenos Aires. Alle Fernsprechverbindungen mit dem Ausland wurden sofort unterbrochen. Eine andere Militäreinheit besetzte die Hauptpost. Ein motorisiertes Infanterieregiment in voller Mannschaftsstärke besetzte das Polizeipräsidium und entwaffnete die Polizei, die erst wenige Stunden zuvor mit Karabinern und Munition ausgerüstet worden war. Weitere Lkw-Kolonnen mit Truppen rollten durch die Vororte zur Residenz des Präsidenten in Olivos, wo Wachposten um das Gebäude postiert wurden. In den frühen Morgenstunden erschienen Juan Perón und fünf weitere Obristen in der Residenz, stürmten ins Arbeitszimmer des Präsidenten und zwangen ihn mit vorgehaltener Pistole zum Rücktritt. Dann kehrte Perón in die Stadt zurück und begab sich ins Kriegsministerium, wo er und sein Freund, Vize-Präsident Farrell, ihr Stabsquartier eingerichtet hatten. Es war drei Uhr morgens. Dennoch waren Reporter anwesend, beobachteten die Aufregung und das Durcheinander und versuchten herauszufinden, was da los sei. Perón heuchelte Überraschung, als er sie sah. »No pasa nada« (Nichts ist los), sagte er ihnen leutselig. Aber dann schlich sich ein Hauch von Sorge in seine Stimme. »Der arme Präsident ist erschöpft, sehr erschöpft.« Wenige

Stunden später verkündete ein Kommunique, daß Präsident Ramirez zu erschöpft sei, die aufreibenden Geschäfte der Präsidentschaft weiterzuführen, seine Amtspflichten auf Vize-Präsident Farrell übertragen habe.

Der neue Präsident war ebensowenig sein eigener Herr, wie es Ramirez gewesen war. Er war in der Tat so offensichtlich Peróns Strohmann, daß er zur Zielscheibe noch respektloserer Witze seitens der Bevölkerung wurde als sein Amtsvorgänger. In einem der Witze heißt es, der glücklose Präsident habe bei einer Truppenparade sein Taschentuch verloren. Als er es aufhob, habe er einem anderen General zugeflüstert: »Sie wissen gar nicht, wie viel mir dieses Taschentuch bedeutet, es ist die einzige Sache, in die mir Perón erlaubt, meine Nase hineinzustecken.« Mit dem Spitznamen ›das Phantom‹ bedacht, weil der Hollywood-Film ›Das Phantom in der Oper‹ am Tage seiner Amtseinführung Premiere in Buenos Aires hatte, verschwand er ganz schnell im Hintergrund, derweil sich Perón aggressiv in die vorderste Reihe der politischen Bühne Argentiniens schob.

Die Mehrzahl der gehässigen Geschichten drang bis zum Präsident vor. »Man sagt, Oberst Perón und ich stritten uns jeden Tag«, sagte er murrend zu einem Freund, »und daß ich mich nicht getraue, mein Büro zu verlassen, weil jemand auf meinem Stuhl sitzen könnte, wenn ich zurückkehre. Aber das sind alles Lügen.« Und dem war wahrscheinlich auch so. Denn Perón war ganz zufrieden, wenn sich der Präsident zum Gespött der Massen machen ließ, derweil er selber weiter am Aufbau seiner eigenen Machtbasis arbeitete. In einer denkwürdigen Rede, die annähernd drei Jahrzehnte später ein amerikanischer Offizier mit unbewegtem Gesicht in Vietnam sinngemäß wiederholte – »Wir mußten das Dorf zerstören, um es zu retten« –, hatte Präsident Farrell dem argentinischen Volk verkündet: »Wir müssen Tyrannen sein, um das Volk freier zu machen.«

Freiheit für das Volk war mit Sicherheit das letzte, woran Perón zu der Zeit dachte. Als 17 Generäle im Juli 1944 ein Memorandum unterzeichneten, in dem die Regierung aufgefordert wurde, eine durch Wahlen gebildete verfassungsmäßige Regierung wieder einzusetzen, den seit der Revolution über das Land verhängten Belagerungszustand aufzuheben und alle Offiziere anzuweisen, ihre Regierungsämter aufzuheben und in ihre Kasernen zurückzukehren, beförderte Perón sofort 17 Obristen zu Generälen und verschaffte sich damit die unumschränkte Kontrolle über das argentinische Militär. Kurz danach veranlaßte er Präsident Farrell, ihn zum Vize-Präsidenten zu ernennen, ein Amt, das er neben denen des Kriegs- und des Arbeitsministers ausübte. Den auf der Plaza de Mayo jubelnden Arbeitermassen rief Perón vom Balkon der Casa Rosada zu: »Ich schmücke mich nur mit drei Ehrentiteln: den, Soldat zu sein; den, für den ersten argentinischen Arbeiter angesehen zu werden, und den, ein Patriot zu sein.« Unten auf der Plaza schrien die Bescheidensten, die Ärmsten des ganzen Volkes, die ohne Hut, ohne Mantel, ohne Schlips, deren dunkle Hautfarbe und hohen Wangenknochen ihr indianisches Blut verriet: »Perón, Perón«, ein Schlachtruf, der in den kommenden Jahren noch durch das ganze Land widerhallen sollte.

Sie hatten den Ruf ›Evita‹ noch nicht aufgenommen. Die Beziehungen Eva Duartes zum Vize-Präsidenten waren noch nicht öffentlich bekannt. Regierungsleute und die Gesellschaft wußten natürlich darüber Bescheid. Aber es war keine Sache, über die man sich viele Gedanken machte. »Eine Liebesaffäre könnte einen amerikanischen Politiker ruinieren«, bemerkte der frühere US-Botschafter in Argentinien, James Bruce, der damals dort Dienst tat. »Aber keine zu haben, könnte einen lateinamerikanischen Politiker verdächtig erscheinen lassen. Die Namen der hoch in der Gunst stehenden Geliebten wichtiger Argentinier sind im allgemeinen offene Geheimnisse, und keiner findet das im geringsten ungewöhnlich.« Es gab jedoch einige Entrüstung, als eine Geschichte die Runde machte, wonach Eva einige Tage, nachdem sie Perón kennengelernt hatte, in dessen Wohnung eindrang und seine minderjährige Geliebte hinauswarf. Diese war ein Mädchen aus einem der nördlichen Landesteile, der Perón liebevoll den Kosenamen ›Piranha‹ gegeben hatte, in Anlehnung an die wilden kleinen Fische mit rasiermesserscharfen Zähnen, die einige der Inlandsflüsse Argentiniens bevölkern. Wie sich zeigte, war ›Piranha‹ der älteren Frau nicht gewachsen.

Da Eva seinen Ruf als Schürzenjäger kannte, verfrachtete sie ihn eilends in ein Apartment direkt neben ihrem eigenen in der Calla Posadas, so daß sie ein wachsames Auge auf ihn werfen konnte. Jeden Morgen erschien ein Rekrut aus einer nahegelegenen Kaserne mit einer Kanne frischer Milch, und es war für gewöhnlich Perón, der im Morgenmantel die Tür öffnete, um sie in Empfang zu nehmen. Das rief weitere Entrüstung hervor, insbesondere bei den Ehefrauen hoher Offiziere. Denn in der vornehmen argentinischen Gesellschaft lebt ein Mann nicht bei seiner Geliebten. Sie überredeten ihre Männer, bei Perón wegen der Unschicklichkeit, dem Mangel an Dekorum, daß der Vize-Präsident der Nation offen mit einer Schauspielerin zusammenlebte, vorstellig zu werden. Er lachte sie aus. Er sei, so sagte er ihnen, ein Mann mit normalen Veranlagungen und fügte mit zynischem Humor hinzu: »Wie viel besser ist das, als wenn man von mir, wie von manchen mir bekannten Offizieren, sagen könnte, man habe mich mit einem Schauspieler gesehen.«

Wenn das auch nur eine Andeutung war, daß diese Verbindung der Karriere Peróns schaden könnte, so brachte sie für Evas Karriere nur Gutes. Zwar hatten ihre einflußreichen Freunde nichts unternommen, um ihre schauspielerische Leistung zu verbessern – »sie war entsetzlich, kalt wie ein Eisberg, unfähig, das Publikum mitzureißen«, erinnert sich Pierina Dealessi, eine ihrer alten Theaterkolleginnen –, aber ihren Marktwert hatte die Liaison erheblich gesteigert. Jaime Yankelevich von Radio Belgrano erhöhte erneut ihr Gehalt in der Meinung, Evas Wechsel von ihrem alten Liebhaber, Oberst Imbert, zu dem neuen, Oberst Perón, sei schon ein paar tausend Pesos zusätzlich im Monat wert. Auf diese Weise verdiente Eva um die Jahresmitte 1944 durch Radio Belgrano, Radio El Mundo und Radio El Estado den Gegenwert von 1800 Pfund Sterling, was nach argentinischen Maßstäben ein Vermögen darstellte.

Pierina, die mit ihr bei Radio Belgrano gearbeitet hat, berichtete, daß Yankelevich große Anforderungen an seinen Star stellte und versuchte, aus ihr den allerletzten Tropfen ihrer nicht sehr üppigen Talente herauszupressen. Eines Tages ging er zu weit, und Eva weigerte sich zurückzukehren. Voller Angst, ihre mächtigen Freunde könnten seinen Sender dichtmachen, flehte Yankelevich Pierina an: »Bitte deinen Gott um Hilfe. Von meinem bekomme ich keine.« Doch am Ende wurde der Friede wieder hergestellt, und Eva kehrte zurück. Ihre Kolleginnen waren voller Neid ob ihres vertrauten Umgangs mit Perón. Wie Pierina sich erinnert, sagte Malisa Zini, eine damals beim Rundfunk populäre Schauspielerin, zu ihr: »Ich habe gerade Perón auf der Straße gesehen. Wenn

Evita ihn mir nur leihen würde – nur für fünfzehn Minuten.«

Aber Eva hatte andere Pläne mit Perón. Ihre ganze Erfahrung sagte ihr, daß ihre Lage als Geliebte des mächtigsten Mannes im Lande prekär war, denn in Argentinien heiratete ein Mann selten seine Geliebte. Andererseits kannte sie sich selbst gut genug, um zu wissen, daß ihr Interesse an ihm nur so lange vorhalten würde, wie er die mächtige Gestalt blieb, die er war. Und in dieser Hinsicht standen die Chancen ebenfalls nicht sonderlich gut: In den vorangegangenen 18 Monaten hatte es drei Präsidenten und 40 Minister gegeben. Folglich beschloß sie ganz einfach, sich seine Liebe dadurch zu erhalten, indem sie dafür sorgte, daß er an der Macht blieb.

Kurz nachdem Perón in Apartment ›B‹ in der Calle Posadas einzog, nahm Apartment ›A‹ die Stellung des Präsidentenpalastes als Zentrale der Macht in Argentinien ein. Sein Küchenkabinett – Kumpel aus dem Heer und Männer, die er in Schlüsselpositionen in den Gewerkschaften befördert hatte – traf sich dort täglich, und Evas Beteiligung an diesen Sitzungen ging ein ganzes Stück weiter als lediglich Mate zu kochen und Whisky einzuschenken.

Als Kind des Volkes wußte sie, daß es im Lande eine Quelle der Macht gab, die seit den Tagen des ›blutigen‹ Rosas nicht mehr angezapft worden war. Er war der erste ›Gaucho‹ unter den ›Gauchos‹ gewesen. Aber nun waren die Männer aus den Pampas in die Städte geströmt. Anfang der 40er Jahre lebte fast ein Drittel der insgesamt fast 14 Millionen Einwohner Argentiniens in und um Buenos Aires. Weit über 60 Prozent dieser Menschen waren arm und viele davon hausten in den ›Villas miseria‹, den ›Städten des Elends‹ aus schmutzstarrenden Bruchbuden, die in den Außenbezirken der Hauptstadt aus dem Boden geschossen waren. Jahrelang hatten Wahlbetrügereien ihnen ein Mitspracherecht in der Führung des Landes vorenthalten. Was Perón tun mußte, sagte Eva mit Nachdruck, war ihr Anführer zu werden, im Stile Rosas', der erste Arbeiter unter den Arbeitern zu werden.

Beide zusammen zogen sie kreuz und quer durch das Land. Sie veranstalteten Massenversammlungen in den großen Getreidezentren wie Rosario und Santa Fé, in der neuen Industriestadt Córdoba, den Weinanbaugebieten von Mendoza und auch in den weitentlegenen landwirtschaftlichen Regionen, Provinzen wie Salta und Corrientes, in denen dunkelhäutige Halbblut-Bauern ein Leben in Armut lebten, das sich in hundert Jahren kaum verändert hatte. In Buenos Aires verbrachten sie ganze Abende damit, die ›barrios‹, die Bezirke der Arbeiterklasse, zu besuchen – das alte Hafenviertel von La Boca, das Eva so gut kannte, und den Bezirk der Schlachthöfe von Avellaneda, aber auch einige der schlimmsten und finstersten ›villas miseria‹. Nach vom Rücken-Klopfen begleiteten ›abrazos‹ (Umarmungen) mit neugewonnenen Freunden in den ›boliches‹ (Pinten) tranken sie ›vino común‹, billigen, scharfen Rotwein, und sprachen und debattierten über Politik bis in die frühen Morgenstunden. Industriearbeiter, von denen viele vierzehn Stunden am Tag verzweifelt schufteten, um ihre Familien ernähren und einkleiden zu können, fanden plötzlich, zum ersten Male in ihrem Leben, mächtige Leute, die ihnen nicht nur zuhörten, sondern auch tatsächlich etwas tun wollten.

Von seinem Arbeitsministerium aus dekretierte Perón Mindestlöhne und anständige Lebensbedingungen für die Landarbeiter und befreite sie mit einem Federstrich aus ihrer feudalistischen Leibeigenschaft. Das rief natürlich ein empörtes Geheule bei den wohlhabenden ›estancieros‹ hervor, die die Lohnerhöhungen aus der eigenen Tasche zahlen mußten. Aber Perón blieb ungerührt. Später schrieb er: »Das ungehemmte Streben der konservativen Klasse, alles für sich selbst zu behalten, machte sie blind für die Erkenntnis: Wer alles behalten will, wird alles verlieren.« Aus seinem Büro flossen weitere Dekrete. Büroangestellte, Verkäufer und Fabrikarbeiter bekamen Lohnerhöhungen, manche bis zu 50 Prozent und mehr. Er verschaffte ihnen vier Wochen Urlaub, Krankenurlaub, Schutz vor willkürlicher Entlassung, alles bis dahin in Argentinien unbekannte Dinge. Und er erfand die populärste aller Sozialleistungen, den ›aguinaldo‹, das dreizehnte Monatsgehalt, das jedem Beschäftigten kurz vor Weihnachten ausgezahlt wurde. Die Arbeitgeber klagten bitterlich. Aber sie standen nicht kurz vor dem Bankrott, wie Perón sehr wohl wußte. Ganz davon abgesehen, daß sie ihre Arbeitnehmer schon viel zu lange ausgebeutet hatten, gingen sowohl sie als auch das Land insgesamt durch eine noch nie dagewesene Periode des Wohlstands. Der Außenhandel hatte Hochkonjunktur, da das Nachkriegseuropa bereit war, jeden Preis für Rindfleisch und Getreide aus Argentinien zu bezahlen. Weil das Guthabensaldo von Monat zu Monat immer weiter anwuchs, wurde der Peso zu einer der härtesten Währungen der Welt, und der Wohlstand spiegelte sich wider in der Überflußatmosphäre von Buenos Aires, mit seinen zum Bersten vollen Geschäften, Restaurants, Theatern und Nachtclubs. Im Ferienort Mar del Plata drehten sich die Rouletteräder des größten Spielkasinos der Welt (56 Roulettetische) Tag und Nacht ohne Unterlaß und verschlangen das Geld der wohlhabenden, freigebigen Argentinier.

Aber dank Perón begann dieser Reichtum zum ersten

Male bis zu den einfachen Arbeitnehmern durchzuschlagen. Verständlicherweise strömten Busfahrer, Lkw-Fahrer, Weinbergarbeiter, Zuckerfabrikarbeiter, Metallarbeiter, Straßenbauarbeiter den von Perón unter einer gewaltigen Dachorganisation, der ›Confederación General de Trabajo‹ (CGT), gebildeten Einzelgewerkschaften zu. Gewerkschaftsführer, die aus der Reihe tanzten, wurden ohne viel Federlesens nach Patagonien in Konzentrationslager verfrachtet. Mindestens 130 sozialistische und kommunistische Gewerkschaftsbosse wurden eingesperrt, und Gewerkschaftsmitgliedern, die aus Protest demonstrierten oder streikten, sagte Perón klipp und klar, sie würden ihren Führern Gesellschaft leisten, wenn sie sich nicht besserten. Das taten sie ganz schnell. Bereits Mitte 1945 konnte Perón ohne Übertreibung prahlen, er habe eine Armee von vier Millionen Arbeitnehmern hinter sich.

Selbst die widerspenstigen Arbeiter der Schlachthäuser schlossen Perón in ihr Herz. Ihr Fall war einer der schlimmsten unter den unterdrückten Armen Argentiniens. Seit Jahrzehnten hatten sie um eine Verbesserung ihrer Hungerlöhne und der abscheulichen Arbeitsbedingungen im Gestank der Schlachthöfe gekämpft. Sie hatten gehofft, daß die nationalistische Militärregierung sie in ihrem Kampf mit den britischen und amerikanischen Arbeitgebern unterstützen würde. Aber selbst das Militär war nicht bereit, sich mit einem Industriezweig anzulegen, der in der Wirtschaft des Landes eine so lebenswichtige Rolle spielte. Er war bei weitem der größte industrielle Arbeitgeber im Staate. Dennoch besaßen seine 60 000 Arbeiter weder wirtschaftliche noch politische Macht.

Der Gewerkschaftsführer der Arbeiter der Fleischwarenfabrikanten, José Peter, ein brillanter und wortgewaltiger Kommunist, prangerte voller Zorn die Konservenhersteller an, die die spärlich vorhandenen Arbeitsgesetze ignorierten und Arbeiter willkürlich entließen. Gewerkschaftsfunktionäre wurden auf die schwarze Liste gesetzt und zusammengeschlagen. Aber was die Arbeiter am meisten aufbrachte, war die Methode, nach der die Gesellschaften sie entlohnten. Sie wurde als ›Standard-System‹ bezeichnet; demnach mußten die Arbeiter eine bestimmte Arbeitsleistung erbringen, oder sie wurden entlassen. Hatten sie einmal den Tages-Standard erreicht, wurden sie nach einer degressiven Tabelle bezahlt. Wenn die Produktivität stieg, was sie unweigerlich tat, weil die Arbeiter sich verzweifelt anstrengten, um genug für den Lebensunterhalt ihrer Familien zu verdienen, hoben die Gesellschaften schlicht die für den entsprechenden Lohn festgesetzte Mindestarbeitsnorm. Es war die typische Tretmühle – gleichgültig, wie sehr sie sich abrackerten, am Ende brachte ihnen das nichts ein.

Vielleicht erklärt dieser ›Standard‹ mehr als alles andere, warum es den Peróns gelang, die Fantasie, die Unterstützung und die glühende Loyalität der arbeitenden Bevölkerung Argentiniens zu fesseln und zu gewinnen. Er verkörperte in vielerlei Hinsicht ein wesentliches Element der argentinischen Gesellschaft – die Gleichgültigkeit, der erschütternde Mangel an Mitgefühl des Arbeitgebers gegenüber dem Arbeitnehmer. José Peter beschrieb die Schrecken des ›Standards‹ so: »Er verwandelt den Arbeiter in viel weniger als eine Maschine, denn einer Maschine gibt man Rast, sie wird geölt, sie wird gewartet und instandgesetzt, während dem Arbeiter nur Krankheit und Arbeitslosigkeit bleibt, wenn der ›Standard‹ ... den letzten Tropfen Energie aus ihm ausgesaugt und seine Gesundheit ruiniert hat. Das ›Standard-System‹ hat es geschafft, daß der Arbeiter selbst die Fähigkeit des Denkens verloren hat. Daß er nicht mehr lesen kann, außer mit großen Mühen. Daß ihm das Interesse am Leben vergangen ist. Daß er nicht einmal mehr ins Kino oder spazierengehen möchte. Daß er voller Seelenqualen der Stunde des Arbeitsbeginns entgegensieht. Daß er den Augenblick der Lohnauszahlung herbeifleht. Daß er die Fähigkeit zu schlafen verliert, weil der barbarische Rhythmus des Standards sich der Nerven bemächtigt… Der Arbeiter wird zu einem Schatten seines früheren Selbst. Tuberkulose, Rheumatismus, Schlaflosigkeit, seelischer Ruin, ein permanentes Bild des Elends und der Hilflosigkeit, eine Mietskaserne, hungrige Kinder, eine schwindsüchtige Frau. Das ist es, was der ›Standard‹ bedeutet.«

Die Arbeiter der Fleischkonservenfabriken schlugen also los, und Menschenblut floß durch die Gossen im Schlachthof-Bezirk auf der Südseite des Riachuelo-Flusses, als Polizei und Arbeitgeber sich zusammenschlossen, um den Streik niederzuschlagen. Dann geschah etwas, das die Arbeiter kaum glauben konnten. Inmitten des Kampfes und der Schüsse aus dem Hinterhalt spazierte Oberst Juan Perón, der Vize-Präsident des Landes, durch die Straßen von Avellaneda, Arm in Arm mit seiner hübschen Freundin Eva Duarte, die sie alle im Radio gehört hatten, und ihrem eigenen Cipriano Reyes, einem stämmigen, jungen Gewerkschaftsfunktionär. Im ganzen Stadtbezirk ging das Wort um: »Perón ist auf unserer Seite.« Am nächsten Tag machte er dem Streik ein Ende, zwang die Konservenfabriken jeden Arbeiter, den sie entlassen hatten, wieder einzustellen und die Löhne um 30 Prozent zu erhöhen mit einer garantierten Arbeitszeit von 60 Stunden alle zwei Wochen, wodurch er dem verhaßten ›Standard‹ ein Ende setzte. Die Arbeiter zeigten ihre Dankbarkeit dadurch, daß sie ihren kommunistischen Führer José Peter im Stich ließen und zu Peróns Freund, Cipriano Reyes und seiner neuen Gewerkschaft ›Federación de Sindicatos de la Industria de la Carne‹ (Gewerkschaftsbund der Fleischwarenindustrie) überliefen, die zum erstenmal alle Arbeitnehmer dieses Industriezweiges zu einer einzigen Pro-Perón-Organisation zusammenfaßte.

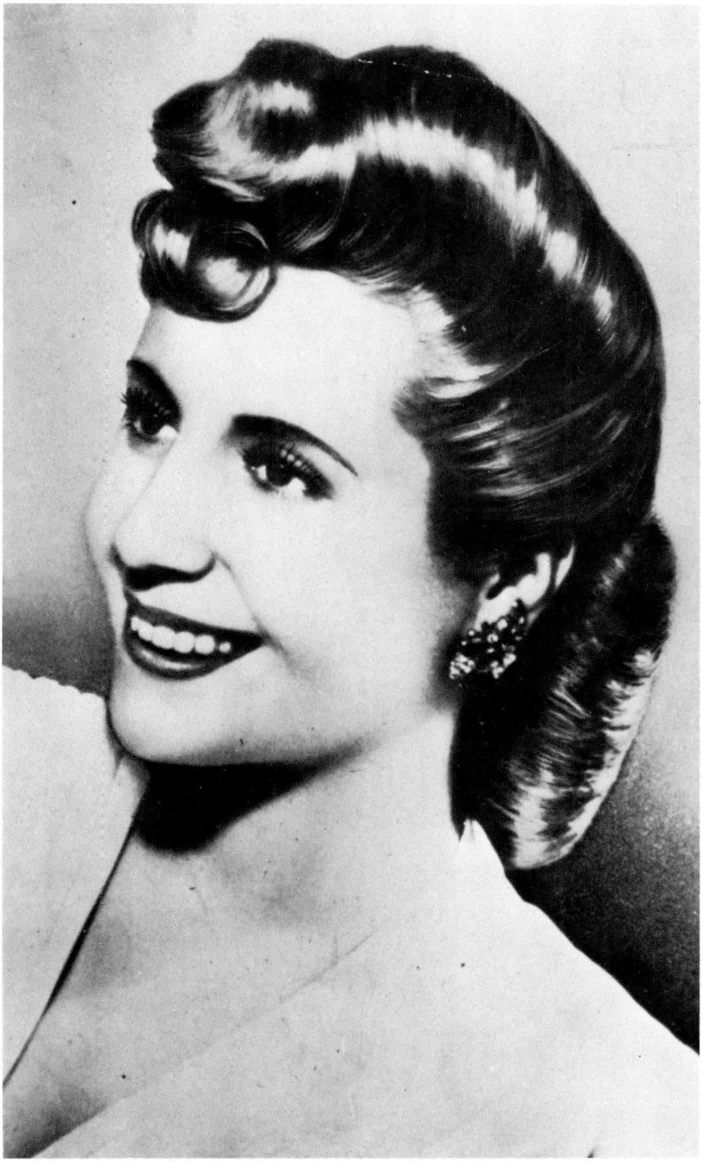

5
Portrait von
Evita Perón aus
den frühen
50er Jahren.

6
Evita Perón
auf einem
Europa-Besuch
im Juli 1947.

7
Evita Perón wird
in Einzelaudienz
von Papst Pius
XII. empfangen.

8
Evita Perón,
umgeben von
hohen Würden-
trägern der
Kirche und
Soldaten der
Schweizer Garde
während einer
Messe im
Vatikan.

9
Schnappschuß in
einem Restaurant
in Mailand im
Jahre 1947.

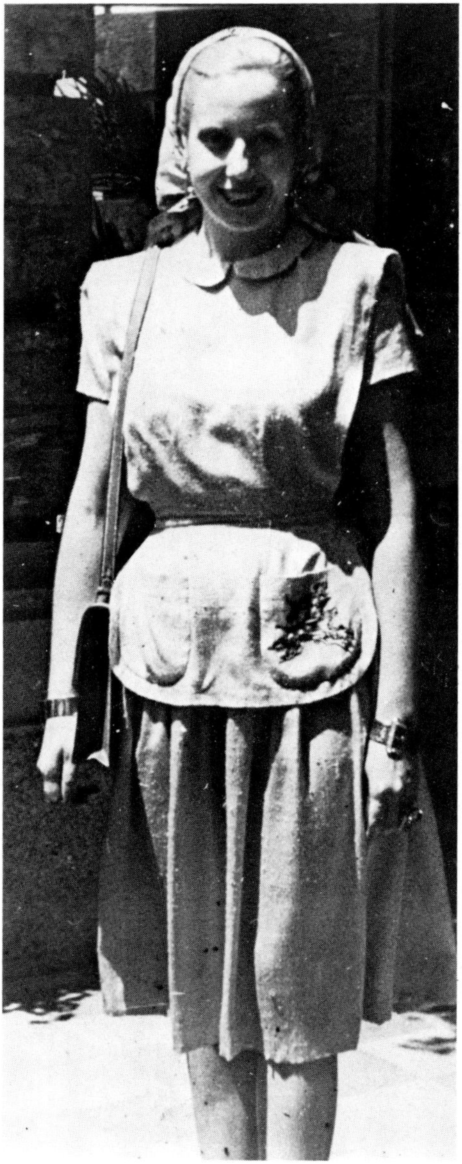

7

8

9

4
Eva, der rettende Engel

Die ersten Monate des Jahres 1945 waren für Perón und Eva nicht gut. Schließlich erkannten sie, daß sie mit dem nationalsozialistischen Deutschland auf das falsche Pferd gesetzt hatten, und Winston Churchill trat ihre Niederlage noch breit mit dem Kommentar: »Sie haben mit dem Teufel gespielt und nicht nur mit dem Teufel, sondern mit der unterlegenen Partei.« Ihr Land stand ohne einen Freund in der Welt da. Und das Verhältnis zu den Amerikanern war, verständlicherweise, so schlecht wie nie zuvor. Präsident Franklin D. Roosevelt äußerte sich angelegentlich über »das seltsame Paradoxon eines wachsenden nazistisch-faschistischen Einflusses und die zunehmende Anwendung nazistisch-faschistischer Methoden in einem Land dieser Hemisphäre gerade zu einem Zeitpunkt, da diese Mächte der Aggression und der Unterdrückung sich immer mehr der Stunde der Niederlage nähern«. Der amerikanische Botschafter in Argentinien, Spruille Braden, bezeichnete, in undiplomatischer Offenheit, die Militärregierung als etwas, was man »aufrichtigerweise nicht anders als faschistisch und typisch faschistisch nennen kann«. Wütend erwiderte Perón: »Manche Leute behaupten, was ich täte, folge der politischen Linie des Nazismus. Alles, was ich darauf sage, ist: Wenn die Nazis das getan haben, dann hatten sie die richtige Idee.« Nach der Hinrichtung seines Vorbilds Benito Mussolini durch italienische Partisanen pries er ihn herausfordernd: »Mussolini war der größte Mann dieses Jahrhunderts, aber er beging gewisse verhängnisvolle Fehler. Ich, der den Vorteil habe, seinen Präzedenzfall vor Augen haben zu können, werde in seine Fußstapfen treten, aber seine Fehler vermeiden.« Um sicherzugehen, daß dieser eine Präzedenzfall nicht Gedankenassoziationen bei den Argentiniern auslöste, verbot Perón die Vorführung aller Wochenschauen, in denen der an den Füßen hängende Leichnam Mussolinis neben dem seiner Geliebten gezeigt wurde.

Die Sympathien des allein in Buenos Aires mindestens fünf Millionen Menschen zählenden Mittelstandes gehörten überwiegend den Alliierten, und zwar ohne Zweifel aufgrund der historischen Bande des Landes mit Großbritannien und Frankreich, die sich als zu stark erwiesen, als daß die Pro-Nazi-Propaganda der Regierung sie hätte zerstören können. Und in der Tat löste das Ende des Krieges eine derart heftige Welle der demokratischen Gesinnung bei der Presse, in den Universitäten und auf den Straßen aus, daß sie drohte, Perón davonzuschwemmen.

Am Tage der Kapitulation Japans, dem Ende des Zweiten Weltkrieges, zogen Tausende von Argentiniern jubelnd durch die City, wurden aber von mehreren hundert bewaffneten Soldaten unter den Rufen »Lang lebe Perón!«, »Nieder mit der Demokratie!« und »Tod den Juden!« abgefangen. Zwei Studenten kamen bei den Zusammenstößen ums Leben, die Perón prompt der völlig unbedeutenden Kommunistischen Partei des Landes in die Schuhe schob.

Der Widerstand im Volk jedoch schien zuzunehmen. Tausende junger Studenten verbarrikadierten sich in ihren Universitäten in Buenos Aires, Córdoba, La Plata und Tucumán und wehrten über eine Woche lang die

Tränengasangriffe der Polizei ab. Während der Erstürmung der einzelnen Universitätskomplexe setzten sich die jungen Leute unter Verwendung von Stühlen und Schreibtischen als Waffen Raum für Raum zur Wehr. In Buenos Aires wurden die männlichen Studenten in Vernehmungszentren verfrachtet und die weiblichen in das Gefängnis San Miguel gesteckt, das normalerweise für Prostituierte reserviert war. Bereits Anfang Oktober befanden sich über 4000 politische Gefangene in Haft, und die Zahl stieg ständig, da täglich ganze Busladungen von Verhafteten ins Villa Devoto-Gefängnis von Buenos Aires, in die Militärhaftanstalt auf der Insel Martín García auf dem La Plata-Fluß und ins trostlose Gefängnis Neuquén am Fuße der Anden eingeliefert wurden. Als die Gefängnisse überquollen, so daß sie keinen mehr aufnehmen konnten, requirierte die Polizei Privathäuser und belegte streng abgeriegelte Villen in den Vororten mit Verhafteten.

Die Gefahr eines Bürgerkrieges lag nach wie vor in der Luft. Eva Duarte gewöhnte sich an, eine Handgranate in ihrer Tasche zu tragen, indessen ihr Liebhaber trotzig hinausposaunte: »Jedermann verlangt meinen Kopf, aber bisher ist keiner gekommen, sich ihn zu holen.«

Das war voreilig gesprochen. Einige seiner Offizierskameraden hatten schließlich genug. Aber ironischerweise war es nicht Peróns bedrückende Diktatur, die sie dazu veranlaßte, seinen Sturz zu planen. Sie konnten seine Freundin einfach nicht mehr ertragen. Sie hatten mit zunehmender Bestürzung und Wut beobachtet, wie Perón sich immer mehr an Eva Duarte um politischen Rat wandte. Eigentlich sollten sie, als Soldaten, diejenigen sein, die in einer Militärdiktatur das Sagen hatten. Und doch war es eine Frau, die die Fäden in der Hand hielt. Ihr Ehrgeiz und ihr männlicher Stolz waren verletzt. Natürlich wagte es kein Argentinier, sie auszulachen, zumindest nicht direkt. Aber sie waren peinlich berührt, daß in Zeitungen des benachbarten Auslandes freche Karikaturen erschienen waren, die ihre Autorität untergruben.

Das Maß der Demütigungen war voll, was sie betraf, als Eva es einfädelte, daß der neueste Freund ihrer Mutter, ein Postangestellter namens Oscar Nicolini, Direktor für das Post- und Fernmeldewesen wurde, eine Position, die ihr erster Geliebter aus den Reihen des Militärs, Oberst Imbert, einst innegehabt hatte. Kaum hatte Nicolini sein neues Amt übernommen, da belegte Eva das Büro direkt neben seinem. Für die hohen Militärs bestand kein Zweifel, daß die Geliebte des Obersten Perón geschickt die Kontrolle über das gesamte Fernmeldewesen an sich gerissen habe. Das waren sie nicht bereit zu tolerieren. Sie mußte weg.

Am 9. Oktober erschienen zwei hohe Generäle kurz vor Mittag in seinem Büro im Kriegsministerium. Einer von ihnen, Carlos von der Becke, war ein alter Freund Peróns, welcher ihn zum Chef des Stabes des Heeres ernannt und vom Brigadegeneral zum Divisionsgeneral befördert hatte. Aber an diesem Vormittag hatte Perón keine Zeit für die üblichen Höflichkeitsfloskeln zwischen Freunden. Geradeheraus fragte er ihn, welche Entscheidung gefallen sei. Von der Becke stotterte, schlurfte herum, machte plötzlich kehrt und schritt aus dem Büro. Er überließ es seinem Kameraden, General Juan Pistarini, dem Minister für öffentliche Arbeiten, die schlechte Nachricht zu überbringen, daß schließlich doch noch jemand gekommen sei, seinen Kopf zu fordern, daß sein Freund, den er in die Casa Rosada gebracht, ihn verraten habe und zum Feind übergelaufen sei.

»Der Präsident ist der Ansicht, Sie sollten zurücktreten«, sagte Pistarini nervös. Perón blinzelte nicht einmal, auch wenn der Schock beachtlich gewesen sein muß. Dann rief er seinen Adjutanten herbei. »Bringen Sie mir ein Blatt Papier, damit ich meine Rücktrittserklärung schreibe.« Dann schrieb er: »Seiner Exzellenz, dem Herrn Staatspräsidenten: Hiermit trete ich von meinen Ämtern als Vize-Präsident, als Kriegsminister und als Minister für Arbeit und Wohlfahrt, mit denen Euer Exzellenz mich zu ehren geruht haben, zurück.« Er unterschrieb und gab sie Pistarini. »Ich habe sie eigenhändig geschrieben«, sagte er, »damit jeder sehen kann, daß meine Hand nicht gezittert hat.«

Die Nachricht ging in Blitzeseile um die Welt. »Nach Militär-Coup in Argentinien tritt Perón alle Macht ab«, lautete die Schlagzeile der ›New York Times‹. In Washington verweigerte das Außenministerium jeden Kommentar, ›bis zur Bestätigung‹. Aber in Buenos Aires gaben Tausende von ›porteños‹ ihren Kommentar ab, als sie durch die Straßen des Zentrums strömten und lauthals riefen: »Wir wollen seinen Kopf.« Im Marine-Oberkommando, wo der Haß auf Perón noch viel tiefer saß als beim Heer, floß der Champagner in Strömen. Der dienstälteste Offizier, Vize-Admiral Hector Vernengo Lima, Oberbefehlshaber der Flotte, war der festen Überzeugung, Peróns Sturz liefere eine günstige Gelegenheit für die Militärs, aus der Politik auszuscheiden. Aber das Heer hatte darüber seine Zweifel.

Während sich die höchsten militärischen Führer in nicht abreißenden Sitzungen in der Residenz der Präsidenten in Olivos trafen, um über die Zukunft des Landes zu befinden, wurde es schnell klar, daß die Generäle panische Angst vor dem hatten, was mit ihnen geschehen könnte, falls Zivilisten wieder die politische Macht erlangten. Sie befürchteten, die Armee könnte Repressalien oder zumindest Maßnahmen ausgesetzt sein, die darauf abzielten sicherzustellen, daß Militärrevolten, wie die von 1943, sich niemals mehr wiederholten. Der Anführer des Coups gegen Perón, General Avalos, erachtete es als notwendig, daß der nächste Präsident ein Mann aus dem Heer sein müsse. Da er sich gerade selbst anstelle von Perón zum Kriegsminister ernannt hatte und eindeutig der Mann am Machthebel war, befanden seine Heeres-Kollegen, er solle der nächste Präsident sein. Sie schoben die Vorschläge der Marine beiseite, wonach bis zur Wahl eines zivilen Präsidenten die Regierungsgewalt dem Obersten Gerichtshof übertragen werden sollte. Aber über ihren Streit um die Siegesbeute vergaßen sie völlig auf den Mann aufzupassen, den sie von der Macht vertrieben hatten.

Perón verließ das Kriegsministerium unmittelbar nach den Generälen von der Becke und Pistarini und eilte heim zu Evas Apartment in der Calle Posadas, wo er zu seiner Überraschung feststellte, daß sie dort bereits auf ihn wartete. Sie wußte schon, was geschehen war. Denn in Buenos Aires verbreiten sich Neuigkeiten sehr schnell, manchmal schneller noch als das Ereignis selbst. Sie hatte es in der Tat auf eine äußerst unangenehme Art erfahren. Als sie in Radio Belgrano zur Arbeit erschien, war sie in das Büro eines zufrieden dreinschauenden Jaime Yankelevich gerufen worden.

»Dein Freund ist gefeuert worden«, sagte dieser und strich mit brutaler Geste den Zeigefinger über die Gurgel. »Du bist auch draußen«, fügte er hinzu. Eva wartete nicht darauf, noch mehr zu erfahren. Sie floh. Sie schäumte noch, als Perón eintraf.

»Dieser Hurensohn«, sagte sie immer wieder. »Und nach allem, was ich für ihn getan habe.« Aber sie wandte schnell ihre Aufmerksamkeit dem wahren Grund ihrer

Krise zu – dem Sturz ihres Liebhabers. »Was wirst du nun tun?« fragte sie. Perón zuckte mit den Schultern. Da sei nicht viel, was er tun könne, sagte er ihr. Er wolle ganz gewiß nicht einen Bürgerkrieg beginnen, selbst wenn seine Freunde in der Armee bereit seien, für ihn zu kämpfen, und dessen sei er sich nicht mehr so sicher, nachdem einige dieser Freunde, wie Becke und Farrell, ihn bereits im Stich gelassen hätten. Perón war bereit aufzugeben. Eva aber war nicht bereit, das zuzulassen.

Zuerst schrie sie ihn an und sagte ihm, er solle sich zusammenreißen und wie ein Mann handeln. Dann machte sie sich an die Arbeit und griff zum Telefon. Innerhalb einer Stunde begannen Dutzende von jungen Hauptleuten und Obristen – alles Männer, die Perón befördert hatten – zum Apartment zu strömen, vorbei an den starken Wachen, die eine loyale Abteilung Offiziersanwärter aus der Militärakademie um das Gebäude aufgestellt hatte. Eva hatte sich überlegt, daß, da die Loyalitäten innerhalb der Armee gespalten waren und die militärische Befehlskette ganz oben völlig durcheinander war, die Subalternoffiziere, die Männer also, die die Truppen tatsächlich führten, diejenigen waren, auf die es ankam. Sie erinnerte sie daran, daß sie ihre Karrieren Perón zu verdanken hätten und es nun an der Zeit sei, ihre Treue unter Beweis zu stellen, und zwar nicht nur Perón, sondern dem Volk Argentiniens gegenüber, das endlich jemand gefunden habe, der bereit sei zu arbeiten, um es aus seiner Armut und seinem Elend herauszuführen. Sie sprach die Themen an, bei denen das Herz eines jungen Offiziers anfängt, wie rasend zu schlagen – Heldentum, Vaterlandsliebe. Nichts Geringeres als das Schicksal der Nation läge in ihren Händen, sagte sie ihnen. Es war eine Vorstellung voller Können, innerer Bewegung und Wärme – alle Qualitäten, an denen es ihr auf der Bühne so gemangelt hatte – von einer schönen, leidenschaftlich bewegten Frau. Nicht ein einziger Offizier verließ das Apartment, ohne vorher in wohlklingenden Tönen Treue geschworen zu haben.

So ging es die ganze Nacht und den größten Teil des nächsten Tages. Das kleine Apartment füllte und leerte sich immer wieder mit Gruppen von Offizieren, die verwirrt und wütend ankamen und eine halbe Stunde später verschwanden, vollgepumpt mit Eva Duartes Adrenalin. Früh am Abend des 10. schickte sie Perón ins Ministerium für Arbeit und Wohlfahrt unter dem Vorwand, Privatpapiere aus seinem Büro holen zu wollen. Während er dort war, durch das Gebäude wanderte und voller Bewegung Abschied nahm von Büroangestellten, Schreibdamen und auch höchsten Ministerialbürokraten, hing Eva wieder einmal am Telefon – diesmal sprach sie mit Gewerkschaftsfunktionären und flehte sie an, so viele ihrer Mitglieder so schnell wie möglich beim Arbeitsministerium zu versammeln. Ihr geliebter Führer sei dort. Jetzt, da er aus seinem Amt verjagt worden sei, weil er so viel für die Arbeiter getan habe, würde er ein letztes Mal zu ihnen sprechen, bevor er in den Ruhestand ginge.

Als nächstes rief sie den Geliebten ihrer Mutter, Oscar Nicolini, an, der verängstigt in seinem Büro im Hauptpostamt saß und darauf wartete, gefeuert zu werden. Ohne Umschweife sagte sie ihm, daß er, wenn er in seinem Amt bleiben wolle, gut daran täte, ihren Anweisungen genau zuzuhören und sie sofort in die Tat umzusetzen. Ihr Juan sei im Arbeitsministerium. Draußen versammle sich eine große Menge Arbeiter. Er würde wahrscheinlich zu ihnen sprechen, wenn er das Ministerium zum letzten Mal verlasse. Der staatliche Rundfunk müsse die Ansprache übertragen, sagte sie zu Nicolini, und zwar live in ganz Argentinien durch Aufschaltung auf jede Rundfunkstation des Landes.

Schließlich rief sie das Präsidium der Bundespolizei an. Ihr Freund, Oberst Velazco, der Polizeipräsident, war wenige Minuten nach Peróns Rücktritt entlassen worden. Aber die gesamte Polizeitruppe war pro-Perón. Man hörte Eva respektvoll zu, als sie vorschlug, alle Zeitungen von Buenos Aires, die begeistert Peróns Rücktritt gemeldet hätten – es waren fast alle –, sollten geschlossen werden, weil sie Truppenbewegungen erwähnten, obwohl das Land unter Belagerungszustand stünde.

An diesem Abend erhielt Argentinien die erste Demonstration der Macht Eva Duartes, auch wenn dies damals nur wenige Menschen realisierten. Polizeitrupps durchsuchten und schlossen Zeitungsredaktionen in jeder größeren Stadt des Landes. Alle Abendzeitungen in Buenos Aires wurden verboten. Große Volksmassen begannen sich um das Arbeitsministerium zu versammeln. Als nahezu 30 000 Menschen nicht nur auf den Seitenstraßen, sondern auch auf der großen Avenue vor dem Gebäude dicht an dicht wartend standen, spazierte Perón auf die Straße, wo, nicht eben durch Zufall, Mikrofone aufgestellt worden waren. In Zivil und barhäuptig sagte er den riesigen, dicht um ihn gedrängten Massen, er sei nun ein einfacher Zivilist, worauf ein tobendes Gebrüll einsetzte: »Nein, nein, nein. Wir wollen dich wiederhaben!«

Er habe jedoch eine Erklärung abzugeben, sagte Perón. Bevor er sein Büro verlassen habe, habe er ein Dekret unterzeichnet, durch das allen argentinischen Arbeitnehmern eine Lohn- und Gehaltserhöhung sowie eine Beteiligung an den Gewinnen der sie beschäftigenden Firmen zugesprochen wurde. Darauf ertönten laute Jubelschreie. Aber dann trat eine große Stille ein, als er sie aufrief, sich auf Krieg einzustellen. »Wenn ihr, die Arbeiter, entschlossen seid, eure Errungenschaften zu verteidigen, dann werde ich euch verteidigen gegen die Oligarchie kapitalistischer Interessen. Folgt meiner Führung, und der Sieg wird unser sein.« Es gab noch mehr Jubelgeschrei, und unter den Rufen »Wir wollen Perón als Präsident« setzten sich die Massen in Bewegung durch die Straßen. Berittene Polizisten, die noch am Tage zuvor gegen Menschen vorgegangen waren, die ihre Freude über Peróns Rücktritt lauthals hinausposaunt hatten, jagten nun jeden davon, der versuchte, die marschierenden Arbeiter zu stören. Was aber noch bedeutsamer war: Peróns Rede war, wie Eva es geplant hatte, von jedem Rundfunksender Argentiniens live übertragen worden. Das klang kaum nach dem letzten Lebewohl eines gestürzten Diktators.

Draußen auf dem Campo de Mayo, einer Heeres-Garnison außerhalb von Buenos Aires, hörten sich Offiziere die Rede Peróns zuerst voller Verwunderung, danach voller Wut an. Die Unverschämtheit des Kerls! Der hatte doch ausgespielt. Sie hielten seine Rücktrittserklärung in Händen. Der militärische Machtapparat kontrollierte das Land, und dennoch benahm der Kerl sich, als wenn er das Sagen hätte. 300 von ihnen marschierten zur Unterkunft von General Avalos und verlangten ihn zu sprechen, obwohl er sich bereits schlafen gelegt hatte. Sie holten ihn aus dem Bett und erklärten ihm, sie würden nach Buenos Aires marschieren und General Farrell aus der Casa Rosada werfen. Sie würden auch Perón ergreifen und ihn ins Gefängnis werfen, falls sie ihn nicht zuerst am nächstbesten Laternenpfahl aufknüpften. Sie waren darüber aufgebracht, daß man ihm erlaubt habe, über den staatlichen Rundfunk zu sprechen, und noch mehr erzürnt, daß man Zeitungen wegen der Berichterstattung über militärische Einzelheiten des Coups, die sie selber geliefert hätten, vorübergehend verboten habe.

General Avalos beruhigte sie schließlich mit dem Versprechen, er würde Peróns Verhaftung anordnen, sobald er am nächsten Morgen als neuer Kriegsminister vereidigt worden sei. Aber das war leichter gesagt als getan. Denn nach der Radiosendung am Abend des 11. war Juan mit Eva aus der Stadt entwischt und hatte sich zum Tigre, dem Erholungsort an der Deltamündung des La Plata-Flusses, begeben. Dort nahmen die beiden ein Motorboot und kreuzten durch die engen, dicht mit Schilf bewachsenen Wasserwege zu der kleinen Insel mit dem Häuschen, wo sie sich am Abend ihrer ersten Begegnung geliebt hatten. Am nächsten Tag genossen sie ungestört den warmen Sonnenschein und hörten im Radio über das Chaos, das sie in der Stadt hinterlassen hatten.

An diesem Vormittag war Argentiniens Regierung für eine Weile auf drei Mann zusammengeschrumpft: Präsident Farrell, General Avalos und Admiral Vernengo Lima, der das Amt des Marine-Ministers übernommen hatte. Der Rest des Kabinetts war zurückgetreten, und auch Präsident Farrell hatte seinen Rücktritt angeboten. Aber die Garnison in Campo de Mayo lehnte es ab, ihn gehenzulassen. Denn durch seinen Abgang hätte das Land weder einen Staatspräsidenten noch einen Vize-Präsidenten gehabt, und das wäre gemäß der Verfassung gleichbedeutend gewesen mit der Übergabe der Regierungsgewalt an das Oberste Gericht, d. h. ein ziviles Gremium. Das war das letzte, was die Offiziere der Garnison wollten. Sie waren entschlossen, die Regierung in der Hand der Militärs zu halten, und sie waren überzeugt, genügend Feuerkraft außerhalb der Stadttore zu haben, um das zu kriegen, was sie haben wollten.

Das aber war nicht, was Präsident Farrell wollte. In seiner Residenz in Olivos von der Außenwelt abgeschnitten, war er noch immer darum bemüht zu verhindern, daß sein guter Freund Juan Perón verhaftet wurde. Daher war er nicht bereit, neue Minister zu ernennen, bis Peróns Sicherheit garantiert werden konnte. Im Círculo Militar, dem Offiziersclub, der sich in einem imposanten barocken hochherrschaftlichen Gebäude mit Blick auf die Plaza San Martin befindet, hatten jedoch die höchsten Generäle und Admirale des Landes entschieden, daß die einzige vernünftige politische Lösung im Rücktritt des Präsidenten Farrell und der Übertragung seiner Amtsbefugnisse an das Oberste Gericht lag.

Während Offiziere zum und aus dem Club eilten, versammelte sich eine große Menschenmenge auf der anderen Straßenseite im Schatten der Akazienbäume auf der Plaza. Es ist ein eleganter Stadtteil im alten Kern von Buenos Aires, auf einem Hügel errichtet, wo sich einst ein Sklavenmarkt befand, mit Blick auf den La Plata-Fluß. Zwei der elegantesten Straßen der City, die Avenida Santa Fé und die Calle Florida, stoßen in der Plaza San Martin aufeinander, die durch die grauen umfunktionierten ›palacios‹, die Paläste der oberen Zehntausend, wie es das Gebäude des Círculo Militar ja auch einst war, ein Flair des etablierten Reichtums ausstrahlt.

Die Menschen auf dem Platz paßten in diese Umgebung. Sie gehörten in ihrer Mehrzahl dem Mittelstand an – Geschäftsleute, Anwälte, Ärzte, Hausfrauen, respektable Angestellte aus dem nur ein paar Häuserblocks entfernten Bankenviertel der Stadt –, alle gut angezogen und ganz anders als die Arbeiter, die am Abend zuvor Perón vor dem Arbeitsministerium zugejubelt hatten. Aber sie waren genauso lautstark wie diese und sangen die gleichen Lieder und brüllten die gleichen Schlagworte, die in den vergangenen Monaten des Widerstandes gegen die Militärregierung so en vogue gewesen waren. Es gab allerdings so etwas wie einen Augenblick der Panik, als die gefürchtete berittene Polizei auf der Bildfläche erschien und die Menge aufforderte, auseinanderzugehen oder die Folgen selbst zu tragen. Aber, um die Sache noch dramatischer zu machen, erschien ein junger Offizier in Uniform auf dem Balkon des Clubs und warnte den Führer der Polizeieinheit, daß, wenn er Befehl geben sollte, gegen die Menge vorzugehen, sämtliche im Club befindlichen Offiziere die Menschenmenge in einem Angriff gegen die Polizei anführen würden. Die berittenen Polizisten machten auf dem Absatz kehrt und trotteten von dem Platz und in die engen, hügeligen Seitenstraßen. Einige Minuten später erschien Admiral Lima auf dem Balkon, um der Menschenansammlung, die mittlerweile auf fast 50 000 angeschwollen war, mitzuteilen, daß das Militär die Idee aufgegeben habe, die Regierungsgewalt an das Oberste Gericht abzutreten. Aber er versprach, daß Argentinien bald eine zivile Regierung bekommen würde. Es gab laute Buhrufe und Rufe wie: »Wir haben solche Versprechungen auch schon von Perón gehört.« Der Admiral erwiderte mit einstudierter Würde: »Ich bin nicht Perón. Ich bin Admiral Vernengo Lima.«

Doch das beruhigte die Gemüter keineswegs, die sich auf dem Platz immer mehr erregten, als klar ersichtlich wurde, daß die Militärs keinerlei Intentionen zeigten, die Macht abzutreten. Offiziere wurden herumgestoßen und beschimpft, als sie versuchten, sich durch die Menge zum Club durchzukämpfen, und sie wurden ausgebuht, wann immer sie sich an einem Fenster zeigten. Irgend jemand schmierte mit roter Farbe die Worte ›Zu vermieten‹ an die Mauer des Clubs. Ein anderer fügte hinzu:

›An den Galgen mit Perón.‹ Als die Abenddämmerung hereinbrach, ertönte aus einer der Seitenstraßen ein Trompetensignal. Plötzlich war die verhaßte Polizei wieder da und ging säbelschwingend und Platzpatronen feuernd gegen die Menge vor. In der entstehenden Panik suchten Männer und Frauen Deckung unter den marmornen Bänken auf dem Platz, hinter den Akazienbäumen und im Sanktuarium des luxuriösen Foyers des Plaza Hotels. Dann begannen die Straßenschlachten, als Zivilisten anfingen, auf die Polizei zu schießen, und diese ihre Pferde und Säbel zugunsten von gepanzerten Fahrzeugen, Gewehren und Maschinenpistolen aufgaben. Wie durch ein Wunder gab es trotz der ganzen Schießerei nur zwei Tote, obwohl annähernd 100 Menschen verletzt wurden, manche sogar schwer. Erneut lag die Verantwortung für diese Gewalttätigkeiten bei den höheren, pro-Perón eingestellten Polizeioffizieren, die die Abwesenheit ihres neuen Polizeipräsidenten ausnutzten. Dieser hatte sich aufgrund eines Hinweises, Perón hielte sich auf den Inseln des Tigre versteckt, dorthin begeben.

Der von Marineoffizieren begleitete neue Polizeipräsident fand schließlich um ein Uhr morgens den in dem Häuschen neben Eva schlafenden Perón. Der Oberst fing an zu zittern, als man ihm eröffnete, man werde ihn auf ein Kanonenboot auf den La Plata-Fluß schaffen. Er war zu Tode erschrocken. Die Marine haßte ihn, das wußte er. Man hatte ihm niemals das Massaker an den jungen Marinekadetten während der Revolution zwei Jahre zuvor vergeben. Er war überzeugt, daß man ihn töten würde, und er bettelte um Gnade. Eva dagegen geriet in eine nicht zu bremsende Wut. Sie brüllte Unflätigkeiten, schleuderte Beleidigungen und spuckte den drei schockierten Marineoffizieren ins Gesicht. Mit Perón konnten sie fertig werden. Sie sagten ihm, daß sie ihn nicht umbringen würden. Aber der zitterte weiter. Darum ließen sie ihn sich hinsetzen und boten ihm einen Whisky an, derweil Eva sie weiter beschimpfte. Sie hatten den Auftrag, auch sie zu verhaften. Aber sie wußten nicht, wie sie sich verhalten sollten. Sie waren an die Etikette von Gentlemen gewöhnt. Daher hatten sie keine Ahnung, wie sie sich der hysterischen Blondine gegenüber benehmen sollten, die ihnen physische Gewaltanwendung androhte, falls sie nicht verschwanden. Sie gingen hinaus, schoben einen stolpernden, verwirrten Perón vor sich her und ließen Eva zurück. Das war ein Ermessensirrtum, der den Lauf der argentinischen Geschichte noch verändern sollte.

Eva vergeudete keine Zeit mehr mit Tränen. Sie eilte zurück nach Buenos Aires und begann die Gewerkschaftsfreunde anzurufen, die sie und Perón so eifrig gepflegt hatten. Aber der 13. und 14. Oktober waren Sonnabend und Sonntag, was mit ziemlicher Sicherheit bedeutet, daß sie an diesen beiden Tagen wenig erreicht haben kann. Argentinier machen an Wochenenden keine Revolution oder während der Zeit der Sommerferien – von Weihnachten bis Ende Februar. Sie sind zu beschäftigt damit, sich zu amüsieren. Für sie sind Revolutionen, wie die Arbeit, etwas, was man während der Wochentage erledigt. So wurde es also Montag, der 15., bis Eva beginnen konnte, Unterstützung für ihre Gegenrevolution zusammenzutrommeln. In ihrer Autobiographie behauptet sie: »Ich begab mich auf die Straße auf der Suche nach Freunden, die ihm noch hätten helfen können... Als ich von den Bezirken der Stolzen und Reichen zu denen der Armen und Gedemütigten hinabstieg, öffnete man mir die Türen großzügiger und mit mehr Wärme. Oben fand ich nur kalte und berechnende Herzen, die

›besonnenen‹ Herzen ›gewöhnlicher‹ Menschen, die unfähig sind, etwas Ungewöhnliches zu denken oder zu tun, Herzen, deren Berührung einem Übelkeit, Scham und Abscheu verursachten.«

Das hatte sie gewiß ihr Leben lang bezüglich der Reichen empfunden. Aber es ist wahrscheinlicher, daß sie an jenem Montagmorgen nach Avellandeda, auf der anderen Seite des Baches Riachuelo, hinauseilte, um Cipriano Reyes aufzusuchen, der, auf Peróns Geheiß, die Kontrolle über die Gewerkschaft der Fleischkonserven-Arbeiter an sich gerissen hatte. Mit barscher Direktheit sagte sie Reyes, sie habe eine Schuld einzutreiben. Am nächsten Morgen machte sich die erste Arbeitergruppe auf den Weg aus den Slums von Avellaneda, über die Riachuelo-Brücke und hinein nach Buenos Aires. Der neue Präsident der Bundespolizei hatte Befehl erhalten, sie zurückzuschicken, aber seine Männer, deren Sympathien entschieden Perón galten, überanstrengten sich nicht sonderlich bei der Ausführung des Befehls. Ungefähr 400 Arbeiter, in ihrer Mehrzahl junge Männer und Teenager, erreichten die Innenstadt und begannen nach Perón zu rufen. Die Polizei behandelte sie mit Nachsicht und beschränkte sich die meiste Zeit darauf, ihnen mit einem Trupp zu folgen, der mit Tränengaswerfern bewaffnet war. Als die Demonstrationen drohten, außer Kontrolle zu geraten, griff die Polizei ein und löste sie mittels einiger Tränengasbomben auf. Aber die Arbeiter strömten schnell wieder zusammen, und ihre Rufe waren den ganzen Nachmittag und bis spät in die Nacht im Herzen der Stadt zu hören.

Die beiden Generäle und ein Admiral, die zu dem Zeitpunkt all das darstellten, was Argentinien an Regierung aufzuweisen hatte, konferierten den ganzen Vormittag über in der Casa Rosada in dem Versuch, eine für die unterschiedlichen Gruppierungen innerhalb der Streitkräfte annehmbare politische Lösung der Krise zu finden. Vom Fenster des Präsidentenbüros aus konnten sie beobachten, wie auf der Plaza de Mayo Offiziere von den Anti-Perón-Parolen schreienden Menschenmassen angegriffen wurden. Aus der Ferne hörten sie den Singsang »Viva Perón«, der immer lauter wurde, je mehr der Tag sich neigte.

Für General Farrell und Avalos schien ganz eindeutig festzustehen, daß der Sturz Peróns durch das Militär aus irgendeinem Grund sich zu einem gegen die Armee gerichteten Volksaufstand entwickelt hatte. Wenn man nach dem ging, was sie vom Fenster aus beobachtet hatten, dann hatte die Jagdsaison auf Heeresoffiziere angefangen. Sie kamen zu der Überzeugung, daß es nur eine Lösung gab, wenn das Heer überleben wollte – Perón mußte zurückkommen. Man könne nicht zulassen, daß er in seiner Gefängniszelle in Sicherheit saß, während seine Offizierskollegen vom Mob mißhandelt wurden. Solle er doch die Suppe auslöffeln, die er sich eingebrockt habe. Die Casa Rosada erließ eine offizielle Verlautbarung des Inhalts, daß Oberst Juan Perón nicht unter Arrest stand und auch niemals gestanden habe. Gemäß General Avalos sei er im Marinegefängnis auf der Insel Martín García in Schutzhaft gehalten worden, weil sein Leben während der Unruhen und der Erregung im Zusammenhang mit den Ereignissen der vergangenen Woche durch undisziplinierte Elemente bedroht gewesen sei.

Das war eine verblüffende Erklärung, wenn man bedenkt, daß die Nachricht von der Verhaftung Peróns von allen argentinischen Zeitungen mit einer Fülle von Details veröffentlicht worden war und daß sowohl General Avalos als auch Admiral Lima es sich selber als Verdienst anrechneten, ihn hinter Schloß und Riegel gebracht zu haben. Mit Sicherheit war keiner so überrascht wie Perón selbst. Von zwei Matrosen bewacht, hatte er in seiner Zelle gesessen, als er im Radio hörte, wie sein Nachfolger im Kriegsministerium in sanftem Ton verneinte, er, Perón, stünde unter Arrest. Perón hatte bereits an Avalos geschrieben und gefordert, man solle entweder Anklage erheben oder ihn freilassen. Auch hatte er darum gebeten, ihn in ein Krankenhaus in Buenos Aires zu verlegen, da er an Rippenfellentzündung erkrankt sei. Beide Forderungen waren ignoriert worden. Diesmal schickte er Avalos ein Telegramm, in dem er sarkastisch vorschlug, da er nicht unter Arrest stünde, möge man doch die Wachen entfernen, denn er sei durchaus in der Lage, sich selbst zu schützen. Am Morgen des 17. um 3.30 Uhr erhielt er eine Antwort in Gestalt eines Polizeitrupps, der ihn zu einem Polizeiboot eskortierte, zum Festland brachte und dann in einem Krankenwagen zum Zentrallazarett in Buenos Aires fuhr.

Eine starke Militäreinheit hatte das Lazarett nach allen Seiten drei Häuserblocks tief abgeriegelt. Aber das konnte die Arbeiter nicht aufhalten, die an diesem Morgen zu Tausenden über die Riachuelo-Brücke geströmt waren. Die meisten von ihnen trugen kein Jackett – ein schockierender Anblick im gesitteten Buenos Aires, wo ein Mann ins Gefängnis wandern konnte, wenn er seine Jacke in einem öffentlichen Park auszog. Einige hatten gar in der wärmenden Frühlingssonne das Hemd ausgezogen, als sie zum Lazarett marschierten, es umstellten und den hämmernden, rhythmischen Ruf »Pe-rón! Perón!« anstimmten.

Den ganzen Tag über strömten weitere Arbeiter mit Bussen und Lastwagen aus den Slums – den ›villas miseria‹ – der Vorstädte nach Buenos Aires, und während die

Polizei tatenlos zuschaute und das Heer sich zurückhielt, übernahmen sie die Kontrolle über die City, sangen, brüllten Schlagworte und schwenkten Bilder von Perón. Inmitten dieses Chaos blieben die mittelständischen ›porteños‹, die sich erst vier Tage zuvor auf der Plaza San Martin versammelt hatten, hinter herabgelassenen Jalousien in ihren Häusern; der Gewerkschaftsverband CGT – Peróns Dachorganisation aller Gewerkschafren – erklärte den Generalstreik, und eine Abordnung der Arbeiter wurde ins Lazarett vorgelassen, wo sie von einem der führenden Gefolgsleute Peróns, Oberst Domingo A. Mercante, empfangen wurde. Dann, am späten Nachmittag, bahnte sich ein müder, verkniffen dreinschauender General Avalos einen Weg durch die Menschenmenge vor dem Lazaretteingang und ging hinein zu Perón. Sie waren über zwei Stunden zusammen, aber was bei diesem Treffen gesagt wurde, ist nie durchgesickert. Danach jedoch fuhr Avalos hinaus zum Campo de Mayo und nahm seinen Abschied.

Innerhalb einer Stunde, nachdem Avalos das Lazarett verlassen hatte, befanden sich Perón und Eva auf dem Weg zur Casa Rosada. Im Wagen zeigte sie ihm die Ausgabe einer Bonarenser Nachmittagszeitung mit Bildern von den Demonstrationsteilnehmern und der höhnischen Überschrift: »Die Hemdenlosen (›descamisados‹), die durch unsere Straßen stromern.« Eva drückte ihm die Zeitung in die Hand. »Da hast du deine gute Sache und deinen Slogan«, sagte sie ihm mit vor Erregung blitzenden Augen. Als sie im Präsidialamt ankamen, fanden sie die meisten Mitglieder des letzten Kabinetts Peróns (vor seinem Rücktritt) schon dort im Gespräch mit Abordnungen der Gewerkschaften. Präsident Farrell hatte bereits General Avalos und Admiral Lima aus ihren Ministerämtern entlassen. Eine aus Perón treu ergebenen

Männern zusammengesetzte Regierung war schnell gebildet. Er selbst hatte sich nicht ins Kabinett aufnehmen lassen, da er andere Pläne hatte. Die riesige, lautstark auf der Plaza de Mayo wartende Menschenmenge wußte ganz gewiß, welches Amt sie für ihn wollte. Denn der Singsang, schriller als je zuvor, lautete jetzt: »Perón für die Präsidentschaft.«

Die Menschenmasse vor den Balkonen der Casa Rosada war von Stunde zu Stunde angewachsen, als Tausende aus der kopfsteingepflasterten, vom Hafenviertel führenden Avenue in den Platz strömten. Es waren vielleicht an die 200 000 Menschen, die meisten jung, einige von ihnen sogar Jugendliche, aber alle waren sie ›obreros‹, Arbeiter, dunkelhäutig, mit groben Händen und in billiger Kleidung. Vielleicht waren sie die Ärmsten der Armen. Aber sie kannten den Namen des Mannes, der als einziger je etwas für sie getan hatte. Das psalmodierende Gebrüll »Pe-rón« erschallte den ganzen Abend und erstarb für ein paar Minuten, als gegen 20 Uhr die zum Hauptbalkon führenden Fenster aufgestoßen wurden und man bekanntgab, Perón werde in wenigen Minuten zu den Massen sprechen. Aber tatsächlich war es bereits 23.10 Uhr, als er zusammen mit Präsident Farrell auf den Balkon hinaustrat. Ein tosendes Geheul setzte ein, das zehn Minuten ununterbrochen anhielt. Die beiden Männer umarmten sich und klopften sich gegenseitig auf die Schultern. »Hier«, rief Farrell, »steht der Mann, den wir alle lieben – Juan Perón –, der Mann, der die Herzen aller Argentinier erobert hat.«

Danach sprach Perón. Er sagte ihnen, daß er krank sei und leidend, obwohl seine kräftige, mesmerische Stimme keinerlei Zeichen von Schwäche verriet, als sie über den dichtbesetzten Platz donnerte. Mit dramatischer Geste löste er sein Säbelkoppel und überreichte es Präsident

Farrell. »Ich lege die ehrenvolle und geheiligte Uniform meines Landes ab, um das Kleid des Zivilisten anzuziehen und mich unter die leidenden und mächtigen Massen zu mischen, die mit ihrer Arbeit die Größe unseres Vaterlandes aufbauen. Hiermit sage ich der Institution, welche die Stütze des Landes ist, der Armee, ein letztes Lebewohl! Ich sage auch zu dieser großen Menschenmasse, die die Synthese eines Gefühls darstellt, das in der Republik ausgestorben schien, dem wahren Bürgertum des argentinischen Volkes, ein erstes Willkommen!«

Dann erinnerte sich Perón an die Worte Evitas. Indem er die Arme den unten stehenden Massen entgegenstreckte, rief er: »Als einfacher Bürger unter meinen ›descamisados‹ möchte ich euch alle an mein Herz drücken.« Hinter ihm, im großen Saal des Präsidialamtes, lächelte Eva ihr eigentümliches Lächeln, das die Mundwinkel hochzog. Noch riefen sie nicht ›Evita‹ – kleine Eva. Aber das konnte warten. Ihr Mann war wieder an der Macht. Und sie war es, die ihn dorthin gebracht hatte.

5

Macht Perón zum Präsidenten!

Buenos Aires, 9. November (AP) –
Wie ein Freund von Oberst Juan D. Perón heute mitteilte, hat der frühere Vize-Präsident Argentiniens Eva Duarte, eine groß gewachsene und attraktive Blondine, am 18. Oktober geheiratet. Der Informant, dessen Name nicht genannt werden darf, berichtete, daß die Eheschließung in einer Apartmentwohnung in Buenos Aires stattgefunden habe und daß ein Standesamtregister dorthin gebracht worden sei, um die Eheschließung einzutragen.

Das war am Morgen nach Peróns triumphaler Rückkehr an die Macht. Die Stadt war durch einen Generalstreik lahmgelegt. »Es wäre schwierig gewesen, in Buenos Aires auch nur ein Glas Wasser zu bekommen«, bemängelte der Korrespondent der ›New York Times‹, Arnaldo Cortesi, der auch beklagte, daß »Buenos Aires einen weiteren Tag vom Pöbel beherrscht wurde und von Gruppen verantwortungsloser und rowdyhafter junger Männer, die nie müde zu werden schienen, durch die Hauptverkehrsstraßen zu marschieren und den Namen des Obersten Juan Perón zu brüllen«. Oberst J. Filomeno Velazco war wieder als Polizeipräsident eingesetzt worden. Admiral Hector Vernengo Lima – der vom Balkon des ›Círculo Militar‹ voller Stolz verkündet hatte: »Ich bin nicht Perón. Ich bin

Admiral Vernengo Lima.« – stand nun auf der Verliererseite und war mit drei Schiffseinheiten des argentinischen Flußgeschwaders aus der Stadt geflohen. Man drohte ihm mit drakonischen Maßnahmen, einschließlich Bombenangriffen auf seine Schiffe aus der Luft, falls er nicht zurückkehrte. Schließlich entschloß er sich dazu und wurde unmittelbar nach seiner Ankunft in Buenos Aires unter Arrest gestellt.

Eine frohlockende Señora Maria Eva Duarte de Perón erschien wieder in den Studios von Radio Belgrano, wo sie von Jaime Yankelevich überschwenglich begrüßt wurde. Er verdoppelte ihr Gehalt und griff sogar noch tiefer in die Tasche, als sie für die zehn Tage, die sie von der Gehaltsliste gestrichen worden war, eine Entschädigung forderte. Zu der Zeit spielte sie überdies noch in der Filmproduktion eines der Top-Filmemacher Argentiniens, Miguel Marchiniendorena, ›Die Verschwenderin‹, eine tragende Rolle. Er hatte ihr bereits früher im Jahr eine Hauptrolle in einem Film mit dem Titel ›Zirkus-Kavalkade‹ gegeben. Die Rolle war zwar einer weit bekannteren argentinischen Schauspielerin, Alita Roman, versprochen worden, aber Marchiniendorena war verzweifelt darum bemüht, sich die Gunst Peróns zu erschmeicheln, um auf diese Weise wieder in den Besitz des Spielcasinos, das er in Mar del Plata besessen hatte und das von der Regierung enteignet worden war, zu gelangen.

Die ›Kavalkade‹ hat seiner Sache nicht im geringsten geholfen. Vom Anfang bis zum Ende war dieser Film ein einziges Desaster. Die Hauptrolle spielte Libertad Lemarque, die noch immer vor Wut auf Eva kochte, weil diese ihr auf dem Wohltätigkeitskonzert im Luna Park ein Jahr zuvor Perón geradezu aus ihren Armen gestohlen hatte. Da Eva nicht gerade zu den zurückhaltenden jungen Damen gehörte, stellte sie ihre Position als Geliebte des starken Mannes des Landes groß zur Schau. Sie sorgte dafür, daß Perón sie jeden Tag in seinem Dienstwagen des Kriegsministeriums mit Fahrer von der Arbeit abholte, und im Aufnahmestudio benahm sie sich so, als sei sie der Star und nicht Libertad. Der unvermeidliche Knall kam, als Eva sich in den Stuhl setzte, der Libertads Namen trug. Der Star schlenderte herüber und gab der jungen Frau eine schallende Ohrfeige. Bei derartigen Spannungen im Studio konnte es nicht überraschen, daß der Film ein Fiasko wurde. Alle waren sich darüber einig (auch wenn es keiner öffentlich zugab), daß Eva katastrophal war, als Schauspielerin ein völliger Versager. Was die wunderschöne Libertad Lemarque anbelangt, so wurden ihre Filme nach dem 17. Oktober 1945 in Argentinien verboten. Sie war gezwungen, nach Mexico City ins Exil zu gehen, um sich ihren Lebensunterhalt zu verdienen. Wie viele Argentinier mußte sie entdecken, daß Eva Perón absolut unfähig war, ihren Feinden zu vergeben.

Marchiniendorena wollte ganz gewiß nicht auf diese Liste kommen. Daher gab er Eva in ›Die Verschwenderin‹ noch eine Chance, diesmal die Hauptrolle. Der männliche Star war Juan José Miguez, der Eva ihre allererste Anstellung bei Radio Belgrano verschaffte. Kurz danach hatte er die Rundfunkarbeit aufgegeben und sich rasch einen Namen gemacht als einer der führenden Stars des argentinischen Films, der in jenen Tagen hauptsächlich schlimme Rührstücke produzierte. Anfangs hat Miguez Eva einen Korb gegeben, als sie ihn bat, mit ihr zusammen die Hauptrolle in ›Die Verschwenderin‹ zu spielen. »Wer war sie denn schon, daß sie mich bat, ihr Partner zu sein?« sagte er verächtlich Jahre später, als er über die Dreharbeiten zu diesem Film sprach. »Welchen Hintergrund hatte sie? Damals lebte sie mit Perón zusammen und konnte sich jedes Stück nach Belieben aussuchen, einschließlich Besetzung, Gage, einfach alles. Aber ich war da ganz offen. ›Du bist wütend auf mich‹, sagte sie. ›Natürlich‹, erwiderte ich. ›Wenn du in meinen Schuhen stecken würdest, würdest du genauso empfinden. Im Augenblick bin ich das größte Zugpferd des argentinischen Films. Du hast überhaupt keine Erfahrung. Mit dir zusammenzuarbeiten, würde meinem Ansehen schaden.‹ Alle, die mich das sagen hörten, zitterten um mich. Ich fügte hinzu: ›Ich möchte dich nicht hindern, weiterhin zu schauspielern. Nur möchte ich eben nicht mit dir zusammen auftreten.‹ Sie wurde sehr böse. Aber wir blieben Freunde, und am Ende habe ich natürlich den Film gedreht. Die Aufnahmen brauchten sechs Monate, hauptsächlich weil Eva sich dauernd freinahm, um Politik zu machen. Natürlich traute sich keiner, sie rauszuwerfen. Und um die Wahrheit zu sagen, wir hätten uns schwer getan, den Film ohne sie zu drehen. Negativfilm war in jenen Tagen schwer zu bekommen. Aber ich sah oft Perón mit mehreren Filmrollen unter dem Arm im Aufnahmestudio erscheinen. Wir mußten uns also damit abfinden, daß sie jeden tyrannisierte. Sie war diejenige, die die Befehle gab, darüber gibt es keinen Zweifel. Aber ich stritt mich mit ihr so oft, daß Mario Soficci, der Regisseur, zu mir sagte: ›Miguez, hör um Gottes willen auf, ihr zu widersprechen. Einmal gehst du zu weit.‹ Zu mir war sie eigentlich sehr gut. Sie gab mir Bezugsscheine, als Benzin und Reifen rationiert waren. Ein anderes Mal fand sie heraus, daß ich knapp bei Kasse war. Sie fragte mich, wie das käme, und ich mußte schließlich eingestehen, daß ich schwere Verluste bei Glücksspielen erlitten habe. Sie schickte mir 10 000 Pesos (damals rund 12 400 RM) von ihrem eigenen Geld und hat niemals eine Rückzahlung akzeptiert.«

Es gab also doch eine weiche Stelle in dieser zähen, adretten Gestalt. Aber diejenigen, die sie kennenlernten, waren hauptsächlich Freunde aus alten Tagen, die sich genauso hatten durchschlagen müssen wie sie. Selbst der arme, fette Jaime Yankelevich schaffte es zu überleben, auch wenn er ständig die Zielscheibe ihrer scharfen Zunge wurde. Er beging immer wieder Entscheidungsfehler, die ihm stets Geld in Form von Gagenerhöhungen für Eva kosteten. Ein paar Monate nach seiner kostspieligen Fehleinschätzung im Oktober trat Eva mit der Forderung an ihn heran, den Sender für die Präsidentschaftskandidatur ihres Mannes einzusetzen. Dieser hatte am 15. Dezember offiziell seine Absicht erklärt, bei den für den 24. Februar angesetzten Wahlen zu kandidieren. Jaime stellte ein paar rasche Berechnungen an und kam wieder zum falschen Ergebnis. Er sagte nein. Zum einen, weil alle gut unterrichteten politischen Beobachter davon überzeugt waren, daß Perón von allen ›Demokraten‹ des Landes – Radikalen, Konservativen, Sozialisten und selbst Kommunisten – bei der Wahl geschlagen werden würde. Aber was Yankelevich anging, war noch wichtiger, daß Perón keinerlei erkennbare Anstalten gemacht hatte, seine Geliebte zu heiraten.

Aus irgendeinem Grunde, den sie selber wohl am besten kennen mochten, hatten die Peróns es nicht für nötig befunden, ihren Landsleuten Kenntnis zu geben von der Legalisierung ihres Verhältnisses. Vielleicht meinte Perón, er dürfe seine Generäle, nachdem er sie schon durch seine Gegenrevolution im Oktober gedemütigt hatte, nicht noch mehr dadurch in Verlegenheit bringen, daß er so kurz danach ihre Ehefrauen schockierte mit der öffentlichen Bekanntmachung, er habe seine Geliebte geheiratet. Er wußte, daß jede Ehefrau in der aristokratischen Avenida Alvear entsetzt sein würde. ›Diese Frau‹ verkörperte das, was sie haßten und verabscheuten – die Geliebte, die es im Leben fast eines jeden wohlgeborenen argentinischen Mannes gab. Wenn ein Mann so vernarrt in seine Geliebte war, daß er sie ehelichte, *sie* würden sie niemals akzeptieren.

Eva war es natürlich völlig egal, wie sehr sie diese spezielle Damengruppe aus der Fassung brachte. Aber augenscheinlich fühlte sie, daß ihr Schweigen in dieser Angelegenheit ein geringer Preis war im Vergleich zu der Heiratsurkunde. Doch die Ablehnung Jaime Yankelevichs, Eva zu erlauben, den Sender für den Präsidentschaftswahlkampf zu benutzen – und der eindeutige Grund für seine Ablehnung –, waren zu viel für ihr schnell entzündbares Temperament. »Du dreckiger russischer Hurensohn«, kreischte sie. »Du wirst schon sehen, was passiert.« Und als Jaime zusammenzuckte, fuchtelte sie mit ihrer Heiratsurkunde vor seiner Nase herum. »Ich sage dir das als First Lady Argentiniens.« Das war sie nicht. Aber sie war dem so nahe, daß Yankelevich es nicht wagte, darüber zu streiten.

Nebenbei bemerkt, war das Dokument erst ein paar Tage alt. Es war tatsächlich Evas kirchliche Heiratsurkunde. Denn, obwohl die Peróns nach dem Gesetz seit dem Tage der Ziviltrauung im Oktober offiziell verheiratet waren, zählt im katholischen Argentinien in Wirklichkeit nur die kirchliche Eheschließung. Bei Argentiniern aus dem Mittelstand und der Oberschicht erweckt das Wort Hochzeit die Vorstellung von weißen Spitzen und jungfräulichen Bräuten. Der Gedanke, daß Eva Duarte – unehelich Geborene, Schauspielerin, Geliebte – in der Kirche heiratete, war für viele von ihnen die reinste Gotteslästerung. Dennoch, am frühen Morgen des

9. Dezember fuhren drei Wagen vor Peróns Apartmenthaus in der Calle Posadas vor. Wenige Minuten später erschien Oberst Perón in der Haustür, trotz seines Abschieds in Heeresuniform, Arm in Arm mit einer unter einem modischen Schlapphut strahlend lächelnden Eva. Sie trug ein einfaches weißes Kleid. Dann stiegen sie in den Fond von Peróns Packard, und der Konvoy setzte sich Richtung La Plata, der modernen Hauptstadt der Provinz Buenos Aires, in Bewegung. In der dortigen Kathedrale heiratete der verwitwete Juan Perón die ledige Maria Eva Duarte. Die Rolle des Brautvaters übernahm ihr Bruder Juan, während Oberst Mercante, Peróns bester Freund, der in der Regierung Farrell gerade das Arbeitsministerium übernommen hatte, sein Trauzeuge war.

Für Flitterwochen war keine Zeit. Am Tag vor der Hochzeit hielt die oppositionelle Demokratische Union, eine Koalition der gegen Perón opponierenden Parteien, eine Wahlversammlung auf der Plaza del Congreso in der Innenstadt von Buenos Aires ab. Geschätzte 200 000 ›porteños‹ nahmen daran teil. Aber sie erfuhren sehr schnell, wie gefährlich es war, sich aktiv gegen Juan Perón zu stellen. Bewaffnete Männer eröffneten das Feuer auf die Menschenmassen, die dann noch von der Bundespolizei angegriffen wurden. Vier Menschen wurden getötet und 35 verletzt. Am darauffolgenden Freitag trat Perón zum erstenmal seit seinem Comeback am 17. Oktober vor die Öffentlichkeit und stellte sich als Präsidentschaftskandidat seiner eigenen politischen Partei vor, der Arbeiterpartei, die er eigens dazu gegründet hatte, die ›descamisados‹ zu vertreten, die an jenem Tag im Oktober die Stadt im Sturm genommen hatten. Zwischen 100 000 und 150 000 Menschen strömten erneut in die Innenstadt, um dabei zu sein, wenn ihr Held seinen

Platz auf der hellerleuchteten Rednerbühne am Fuße eines hochaufragenden, nadelförimgen Obelisken einnahm, der in der Mitte der Avenida Nueve de Julio steht, von der die Argentinier zu Recht behaupten, sie sei die breiteste Avenue der Welt.

Um sicherzustellen, daß Peróns Gegner keine Rache nehmen konnten für die Toten der vorangegangenen Woche auf der Plaza del Congreso, traf die Bundespolizei umfangreiche Vorkehrungen. Polizei zu Pferd, motorisiert und zu Fuß, verstärkt durch Einheiten der Bereitschaftspolizei und Trupps mit Tränengaswerfern, patrouillierte in großer Anzahl durch die Straßen. Menschen auf dem Weg zur Versammlung mußten eine dreifache Polizeisperre passieren. Alle Gebäude der Nachbarschaft wurden durchsucht und Polizisten mit Gewehren auf den Dächern postiert. Die Besitzer der Häuser direkt an der Avenida Nueve de Julio, mit Sicherheit alles Angehörige des Mittelstandes und der Oberschicht, wurden von der Polizei gewarnt, daß sie die Verantwortung trugen für das Verhalten derjenigen, die von ihren Fenstern oder Balkonen aus zuschauten. Aber es gab keinen Ärger. Es war eine glückliche, lautstarke Menschenmenge, die so laut jubelte, als Perón mit seiner kleinen schlanken Frau auf der Tribüne erschien, daß fast 15 Minuten vergingen, bis er sich Gehör verschaffen konnte.

Seine Stimme dröhnte aus den Lautsprechern entlang der breiten Avenue und rollte über die schwankende, fahnenschwingende Masse. »Zur Stärkung unserer Zukunft schließe ich mich den Reihen der ›descamisados‹ an«, rief er aus, zog sein Jackett aus und krempelte die Ärmel seines weißen Hemdes hoch, um seine haarigen Unterarme zu zeigen. Das war genau das, was seine Hemdenlosen hören wollten, die dazu aus den Elendsvierteln gekommen waren. Sie brüllten ihre Zustimmung hinaus, ein Brüllen, das zu einem sanften Gesumm erstarb, als Perón seine Pläne für die Zukunft erläuterte. Er versprach ihnen, falls er gewählt würde, kürzere Arbeitszeit, einen Anteil am Gewinn ihrer Firmen, ein staatliches Wohnungsbauprogramm und, unter der Führung seiner Frau, politische Rechte für die Frauen, was sie in Argentinien noch nie gehabt hatten.

Nach argentinischen Maßstäben war das revolutionäres Gerede. Politiker hatten niemals um die Wahlstimmen der arbeitenden Masse geworben. In der Vergangenheit waren Wahlen, außer während der kurzen Regierungszeit der mittelständischen Radikalen Partei in den 20er Jahren, stets von den Konservativen durch Stimmzettelfälschungen manipuliert worden. Aber nun stand da ein Mann, der nicht nur versprach, sich um die Interessen der Arbeiterklasse des Landes zu kümmern, sondern der schon in seiner Amtszeit als Arbeitsminister bereits mehr für sie getan hatte, als je einer zuvor. Er war ihr Mann, und so beruhte die Bewunderung auf Gegenseitigkeit. Als die Stunden vorrückten und Peróns lange Rede schließlich zu Ende war, schwenkten er und seine Frau langsam eine argentinische Fahne, an deren Stange das verschwitzte Hemd eines Arbeiters hing. Aus der riesigen Menschenmenge vor ihnen erscholl die donnernde Antwort: »Pe-rón! Pe-rón!«

Im Verlauf des folgenden zehnwöchigen Wahlkampfes entwickelte sich aus diesem skandierten Namen ein Schlachtruf. Für viele Argentinier wurde er zu einem furchtauslösenden Ruf. Da sowohl die Armee als auch die Bundespolizei ihre Unterstützung für Perón offen bekundete, gab es weder für seine Gegner noch für deren Anhänger irgendeinen Schutz. Gewalttätige Auseinandersetzungen waren fast tägliche Ereignisse, wenn pro-peronistische Schlägertrupps durch die Hauptstadt streiften. Die in der City lebenden Juden – 400 000 an der Zahl, die größte jüdische Gemeinde in Südamerika – waren eines ihrer bevorzugten Ziele, und das war eine Nachricht, die Schaudern in einer Welt auslöste, die noch immer die Schrecken von Buchenwald zu verdauen hatte. ›Sei ein Patriot, töte einen Juden‹, war nur eine der vielen, in roter Farbe an die Hauswände im jüdischen Viertel der Stadt geschmierten antisemitischen Parolen. Nach einer pro-peronistischen Demonstration stürmten Massen von Jung-Perónisten das Viertel und plünderten jüdische Geschäfte, wobei sie jeden brutal zusammenschlugen, der versuchte, sie aufzuhalten. Es waren Szenen, die an das Hitler-Deutschland der 30er Jahre erinnerten, wenn die Polizei tatenlos zusah, wie Juden zu Boden geschlagen und getreten wurden. Wenn sie überhaupt in Aktion trat, so gewöhnlich nur, um die Opfer zu verhaften.

»Angst und sogar Schrecken beginnen sich im jüdischen Viertel auszubreiten«, berichtete Cortesi von der ›New York Times‹ und fügte hinzu: »Es ist kaum noch zu bezweifeln, daß Anti-Semitismus Teil des politischen Rüstzeugs von Oberst Perón bildet.« Die Angriffe auf den jüdischen Bevölkerungsteil des Landes hätten in der Tat nicht ohne Peróns stillschweigende Zustimmung erfolgen können. Als starker Mann im Lande hätte er sie jederzeit zu unterbinden vermocht. Schließlich tat er es dann doch. Vielleicht ging ihm am Ende ein Licht auf, daß sein Land Gefahr lief, zum internationalen Paria der Nachkriegswelt abgestempelt zu werden. Daher verdammte er öffentlich noch vor Ablauf des Dezembers diejenigen seiner Anhänger, die sich an Übergriffen gegen Juden beteiligt hatten. »Alle, die derartiges tun«, sagte er, »stehen außerhalb aller demokratischen Regeln und können nicht ordentliche Mitglieder einer argentinischen parteipolitischen Gruppierung sein.«

Aber Peróns Geste an die Juden Argentiniens erstreckte sich nicht auf seine sonstigen politischen Gegner. Den ganzen Januar 1946 über waren die Straßen von Buenos Aires ständig mit Tränengaswolken verhangen, weil die Polizei eingreifen mußte, um die Kämpfe zwischen den sich bekriegenden Fraktionen zu beenden, aus denen die Gegner Peróns fast immer als zweite Sieger hervorgingen. Der Grund dafür wurde vom Sub-Inspektor der Bundespolizei, Alejandro Jorge Gallardo, mit einfachen Worten erläutert, als er, voller Abscheu über das Verhalten seiner Kollegen, seinen Abschied nahm. In seinem Abschiedsgesuch schrieb er: »In den Straßen von Buenos Aires und mehrerer Städte im Innern bin ich Zeuge geworden, wie Banden von peronistischen Rowdys unsere Frauen angegriffen und unsere Brüder mißhandelt haben, weil sie auf die Passivität der Beamten rechnen konnten, die mit der Aufrechterhaltung der Ordnung beauftragt sind.« Aber Gallardos Geste bewirkte nichts. Die Übergriffe gingen weiter.

Als der Präsidentschaftskandidat der Demokratischen Union, Dr. José P. Tamborini, und der Kandidat für das Amt des Vize-Präsidenten, Dr. Enrique M. Mosca, sich Ende Januar in einem Sonderzug auf eine Wahlreise durch das Landesinnere begaben, wurde ihr Zug verschiedentlich mit Steinen beworfen, als er über Land fuhr. Wo immer er hielt, wurden die Wahlversammlungen der Kandidaten fast regelmäßig durch kleine Banden von Perónisten gesprengt, derweil die Polizei tatenlos zusah. In Entre Rios, der Provinz nördlich von Buenos Aires, verboten die Beamten der Bundespolizei alle öffentlichen Wahlversammlungen und erlaubten dem Zug lediglich einen Zwischenstop zur Brennstoffaufnahme.

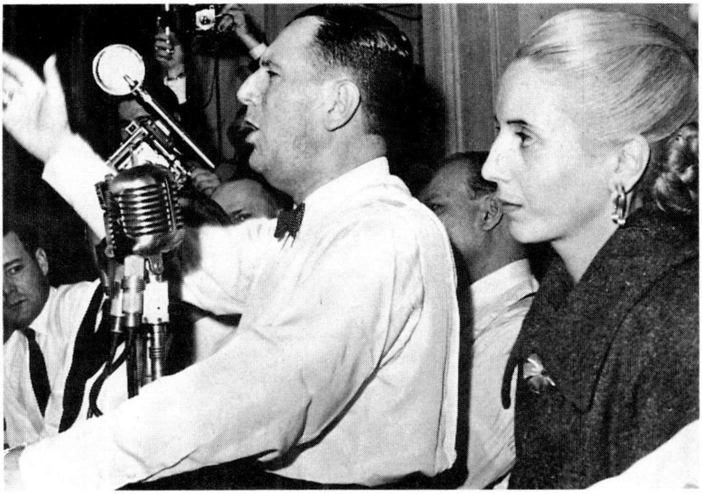

10

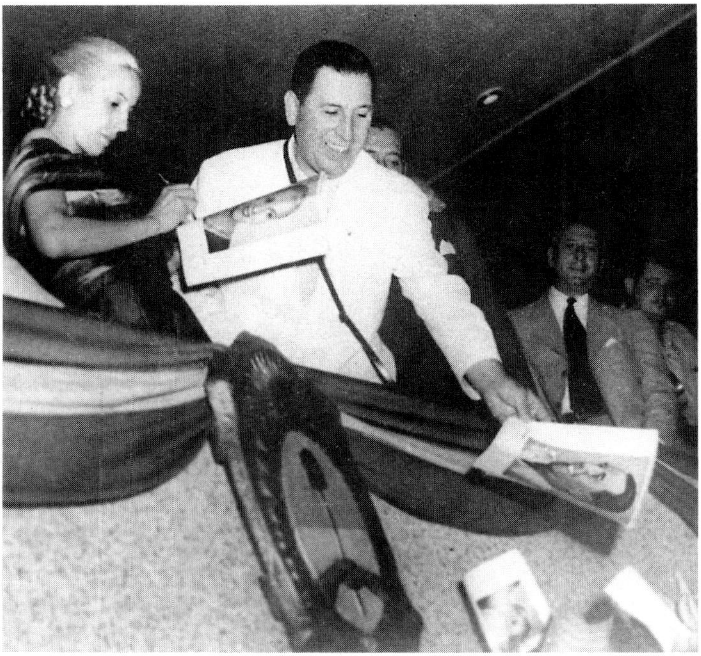

11

10
Juan und Evita Perón während einer Ansprache.

11
Präsident Perón und seine Frau signieren Fotos.

12
Die Peróns im Theater.

13
Das Präsidentenpaar bei einem Autorennen.

14
Galaempfang anläßlich der Feiern des argentinischen Unabhängigkeitstages.

Erst nachdem der Zug in Brand gesteckt, ein kleiner Junge getötet und die Wahlreise der Kandidaten buchstäblich zunichte gemacht worden war, beorderte die Regierung 50 bewaffnete Soldaten als Begleitkommando auf den Zug, um weitere Gewalttaten zu verhindern. In Córdoba, der größten Stadt im Landesinnern, sagte Tamborini zu einer gleichgesinnten Zuhörerschaft, er wolle »aus dem öffentlichen Leben Argentiniens diese Schamlosigkeit ausmerzen, Staatsämter als Wahlarsenale zu verkaufen, um sie dann in Rekrutierungsbüros für Straßenaufrührer zu verwandeln. Wir wollen Ordnung, Frieden, die Fähigkeit des Zusammenlebens und Achtung vor dem Gesetz.«

Dr. Tamborini erwartete zuviel in der emotionsgeladenen Atmosphäre der ersten wirklichen Präsidentschaftswahl in Argentinien in 16 Jahren. Als sein von den Steinwürfen zerbeulter Zug wieder in Buenos Aires eintraf, eröffnete die Polizei das Feuer auf die Menschenansammlung, die sich auf der Plaza Once eingefunden hatte, um ihn zu begrüßen. Drei junge Männer wurden getötet und viele andere verletzt. Als Rechtfertigung für den Feuerüberfall auf Menschen, deren einziges Verbrechen darin bestand, daß einige von ihnen »An den Galgen mit Perón!« skandiert hatten, erklärte die Polizei, sie habe die Ordnung wiederherstellen müssen.

Die schmutzigen Tricks waren allerdings nicht völlig einseitig. Während einer ihrer Reisen ins Landesinnere entgingen Perón und Eva tatsächlich nur knapp schweren Verletzungen und möglicherweise dem Tode. Kurz nach Mitternacht des 10. Februar entgleiste ihr Zug, als sie auf der Rückfahrt zur Hauptstadt gerade aus Rosario, der Getreidestadt Argentiniens, herausfuhren. Wie man feststellte, war eine Achse des hinteren Waggons fein säuberlich so weit durchgesägt worden, daß sie durch das Schwanken des fahrenden Zuges früher oder später brechen mußte. Nur der Tatsache, daß der Zug noch langsam fuhr, anstatt mit der üblichen Geschwindigkeit von 70 bis 90 km/h, war es zu verdanken, daß die Reisenden vor einer Katastrophe bewahrt wurden. Perón und Eva aßen gerade im Speisewagen, als der Zug hart abgebremst wurde, die Pfeife gellend ertönte und der Waggon wild schlingerte. Peróns mit Maschinenpistolen bewaffneten Leibwächter, die einen Hinterhalt befürchteten, sprangen vom Zug und verschwanden in der Dunkelheit. Mit Ausnahme der Peróns warfen sich alle im Wagen Reisenden auf den Boden. Aber Juan Perón ergriff über den Tisch die Hand seiner Frau, lächelte sie an und sagte allen Mitreisenden, sie sollten nicht albern sein und sich wieder hinsetzen. Der Schaden war nur geringfügig, und der Zug setzte bald seine Fahrt fort.

Von diesem Zwischenfall abgesehen, war die Reise ein glänzender Erfolg. Eine große begeisterte Menschenmenge hatte den Zug am Bahnhof Retiro in Buenos Aires verabschiedet, nachdem junge Leute darüber hergefallen und mit Kreide Wagenwände und -dächer mit Wahlparolen vollgeschmiert hatten. Als er langsam Richtung Rosario über die Pampas dampfte, fuhr er an jedem kleinen Bahnhof und Bauernhof entlang der Fahrstrecke an winkenden und jubelnden Gruppen von Landmenschen vorbei. Die meisten von ihnen waren jung, Landarbeiter, ihre Frauen und ihre Kinder. Die Frauen kreischten, die Männer schwenkten ihre Hemden, manche rannten sogar hinter dem Zug her, ergriffen das Geländer des letzten Waggons, in dem die Wachen fuhren und liefen einige Meter mit. Als der Zug in Rosario langsam zum Stehen kam, erdrückten sich die Industriearbeiter fast gegenseitig, um in dem irren Gedränge die Hände Juans und Evas durch die Wagenfenster zu berühren. Die zum Schutze des Kandidaten bereitstehenden Geheimpolizisten hoben auf Peróns Befehl hin eine ohnmächtige Frau durch das Fenster, und Eva half, sie zu versorgen, derweil die Polizei darum kämpfte, einen Weg zu bahnen, damit die beiden aus dem Zug aussteigen konnten.

In dieser drückend heißen und feuchten Sommernacht stand eine riesige schwitzende Menschenmenge dichtgedrängt auf dem Hauptplatz der Stadt. Frauen und Kinder fielen zu Hunderten in Ohnmacht. Gauchos in ihren weiten, ›bombachas‹ genannten Hosen, flatternden Hemden und hohen Hüten, saßen inmitten der Menge auf ihren Pferden und sangen peronistische Lieder. Dichte Schwärme von Heuschrecken verdeckten den nächtlichen Himmel, klammerten sich an Kleider und Gesichter, wurden unter den Tausenden von Füßen zermalmt und fügten dem Schweißgeruch der Menschen noch ihren eigenartigen Gestank hinzu. Palmen und Bananenbäume auf dem Platz schwankten unter dem Gewicht von jungen Männern und Kindern. Jeder Aussichtspunkt war besetzt, vom Laternenpfahl bis zu den schmalen Simsen an den Fassaden aller Häuser mit Blick auf den Platz. Tausende, denen es nicht gelungen war, sich bis zum Platz durchzukämpfen, standen in den Seitenstraßen und lauschten den aus den Lautsprechern dröhnenden Reden. Umgeben von einer Kompanie bewaffneter Matrosen, schoben sich die Peróns langsam zu der Rednertribüne. Jetzt hatten die skandierten Rufe zum ersten Male einen Doppelklang, nun hieß es nicht einfach »Pe-rón«, sondern »Pe-rón, E-vi-ta«.

In jener Nacht sprach Evita nicht. Aber die Frauen in der Menge auf dem Platz und entlang den Bahngleisen starrten und seufzten vor Entzücken beim Anblick der bezaubernden jungen Blondine in ihrem schönen Kleid und Juwelen, die mit solcher gebietenden Selbstsicherheit neben ihrem Helden stand. Perón sprach nur eine halbe Stunde. Aber das spielte keine Rolle. Es war das Ereignis, was zählte. Die Tatsache, daß Menschen, die solch ein schrecklich armes und trostloses Leben führten, den Mann wirklich und wahrhaftig sehen und einige von ihnen sogar berühren durften, der ihnen nicht nur ein besseres Leben versprach, sondern es ihnen auch wirklich brachte. Während der sechsstündigen Heimfahrt nach Buenos Aires liefen junge Mädchen in Stafetten neben dem Zug zusammen mit brüllenden Gauchos, deren galoppierenden Pferde solche Staubwolken aufwirbelten, daß sie die weiten Ebenen der Pampas verhüllten. Als der Zug langsam in die Hauptstadt hineinfuhr, nahmen die Menschenmassen zu, die Arme in flehender Bitte emporgestreckt.

José Tamborini konnte niemals eine auch nur annähernd ähnliche Leidenschaft entfachen. Er war ein dicklicher kleiner Mann, 60 Jahre alt, ehrlich und unfähig, Begeisterung auszulösen, ein Politiker der Radikalen Partei, der seit 1918 im Kongreß saß. Damals war er jung und vital und voll der Ideale und Träume der Radikalen Revolution des Mittelstandes. Nun war er eher ältlich, nicht sehr radikal und recht müde, verwirrt und nicht wenig erschrocken über das tumultartige, stürmische Tempo der Wahlen. Seine Anhängerschaft reichte von den Kommunisten bis zu den Konservativen und, wie bei einer solch sonderbaren Mischung nicht anders zu erwarten, konzentrierte sich der Wahlkampf der Demokratischen Union nicht darauf, wofür sie eintrat, sondern wogegen sie war, nämlich Juan Perón, den personifizierten bösen Geist für alle Argentinier, die nicht überzeugte Peronisten waren.

Aber selbst jene, deren Haß auf ihn niemals geschwankt hatte, gaben zu, daß er Charisma besaß. Er sah gut aus, besaß geistige Wendigkeit, er lächelte schnell, sprach den Slang der ›barrios‹ und den Dialekt der Provinzen, aß sein ›bife asado‹ (gegrilltes Rindfleisch) mit einem rasiermesserscharfen Messer wie die ›Gauchos‹ und war immer bereit, die halbe Nacht bei scharfem Wein und Witze erzählend zu verbringen. Und er konnte mit dem Geschick eines Dirigenten Gefühlsregungen wecken, Volksmassen mal zu patriotischem Eifer anstacheln und sie im nächsten Augenblick zum Schweigen bringen, wenn er mit tränennassem Gesicht von seiner lieben Mutter sprach. Aber nach Ansicht der meisten politischen Beobachter und aller Auslandskorrespondenten in Buenos Aires konnte solche Demagogie, wie sie es nannten, eine geheime Wahl nicht überleben. Tamborini, der Demokrat, galt als haushoher Favorit, der Perón, den faschistischen Diktator, besiegen würde. Am Vorabend der Wahl schrieb Cortesi in der ›New York Times‹: »Alles, was man sagen kann, ist, daß die Gunst der Massen für den Kandidaten der Opposition in den meisten der von beiden besuchten Großstädte einen Hinweis dafür liefert, daß die Demokratische Union gewinnen müßte, wenn die morgige Wahl auch nur annähernd fair und ehrlich durchgeführt wird.«

Am Tag der Wahl, dem 24. Februar, erkrankte Perón an Grippe, und Eva betätigte sich in ihrer gemeinsamen Wohnung in der Calle Posadas als Krankenschwester. Aber beide schafften es bis zu ihrem Wahllokal, und dann ging er wieder ins Bett. In der Stadt herrschte Friedhofsruhe. An allen Bars waren die Rolläden heruntergelassen, ebenso wie an den Theatern und Kinos. Die Vorortzüge von Buenos Aires, für gewöhnlich bis zum Bersten voll, fuhren den ganzen Tag über praktisch leer. Vor den Wahllokalen warteten geduldige Menschenschlangen vom frühen Morgen bis zur Schließung. Es gab keine Zwischenfälle. Nach Abschluß des Wahlkampfes – über 100 Menschen kamen dabei ums Leben – wählten die Argentinier friedlich und demokratisch, zum ersten Male nach vielen Jahren, einen neuen Präsidenten. Sowohl in Buenos Aires als auch in den Provinzhauptstädten begleiteten Soldaten mit aufgepflanztem Bajonett die Wahlurnen zum Kongreßgebäude. Aber die Auszählung begann erst am 6. März. Zum einen, weil die Wahlurnen untersucht wurden, um sicherzustellen, daß sie unversehrt waren, zum anderen, weil die Argentinier sich frei nahmen, um erst mal Karneval zu feiern. Dann begann, unter den Augen der Delegierten beider Gruppierungen, die Stimmenauszählung. Am 28. März wurde verkündet, daß Juan Domingo Perón zum Präsidenten Argentiniens für eine Amtsperiode von sechs Jahren gewählt worden sei. In Stimmen ausgedrückt war es ein ziemliches Kopf-an-Kopf-Rennen gewesen: 1 527 231 gegen 1 207 155. Aber dennoch war es ein landesweiter Sieg von überwältigenden Ausmaßen. Die Peronisten gewannen die Gouverneursämter in allen 15 Provinzen, alle 30 Senatsmandate und mit 109 zu 49 Abgeordneten eine überwältigende Mehrheit im Unterhaus des Kongresses. In Avellaneda, wo die Revolution vom 17. Oktober ihren Anfang nahm, gewann Perón überragende 68 Prozent aller Stimmen. Selbst die Stadt Buenos Aires, mit ihrem großen zum Mittelstand zählenden Bevölkerungsanteil, gab ihm 54 Prozent der Wahlstimmen.

Die Peróns gewannen nicht einfach deswegen, weil er ein Demagoge war und sie die wichtigsten Rundfunksender des Landes kontrollierten, sondern weil sie die Arbeit taten, die ihre demokratischen Gegner hätten tun sollen – sie gingen zu den Menschen mit einem Programm der wirtschaftlichen Gerechtigkeit. In den ländlichen Provinzen des Landesinneren konnte Perón durchschlagende Erfolge unter den Bauern für sich verbuchen, deren Leben hart und kurz war, wo die Kindersterblichkeit hoch war und wo Krankheiten – Malaria, Bandwurmbefall, Tuberkulose, Kropfbildung, Influenza – und Unterernährung in Generation nach Generation anämische, ausgelaugte Menschen hervorgebracht hatten. Wie eine medizinische Untersuchung bewies, konnten selbst in Buenos Aires 30 000 Kinder wegen Unterernährung nicht die Schule besuchen. Perón befaßte sich auch mit der Tatsache, daß die Hälfte der Arbeiterfamilien in Buenos Aires in Ein-Zimmer-Wohnungen hauste. Er wies mit Nachdruck auf das ungerechte argentinische System des Landbesitzes hin – 2000 Großgrundbesitzer verfügten über ein Fünftel des ertragreichsten Landes, während 70 Prozent der Bauernhöfe von Pächtern betrieben wurden, die die Hälfte ihres Ertrages an Pacht abliefern mußte –, und er versprach Abhilfe zu schaffen.

In den letzten Tagen des Wahlkampfes erhielt Perón unbeabsichtigt Wahlhilfe, die nicht das geringste mit der Wirtschaft oder mit sozialer Gerechtigkeit zu tun hatte. Zu seiner großen Freude wählten die Vereinigten Staaten just diesen besonderen Zeitpunkt, um dem unseligen Register ihrer Zuchtmeister-Diplomatie gegenüber Lateinamerika ein weiteres Kapitel hinzuzufügen. In der Absicht, die Wahl zu beeinflussen, veröffentlichte das State Department ein Handbuch, in dem Peróns faschistisches Vorleben und Kollaboration mit Nazi-Deutschland während des Zweiten Weltkrieges besprochen wurde. Es trug den steifen Titel ›Konsultation zwischen den amerikanischen Republiken im Hinblick auf die Lage in Argentinien‹, war aber besser bekannt als ›Blaues Buch‹; es war das Werk des Staatssekretärs im Auswärtigen Amt Spruille Braden, dessen kurze Amtszeit als Botschafter in Buenos Aires ein Jahr zuvor gekennzeichnet gewesen war durch die barsche, undiplomatische Art und Weise, in der er Perón und die argentinische Regierung öffentlich angegriffen hatte. Braden war entschlossen, die Überbleibsel des Nazismus auf dem südlichen Kontinent auszumerzen, obschon im Urteil der Amerikaner der Nazismus durch den Kommunismus als Feind des Weltfriedens und der Demokratie längst abgelöst worden war.

Die übrigen lateinamerikanischen Länder erkannten das ›Blaue Buch‹ als das, was es war, nämlich ein Versuch der Amerikaner, einen Krieg weiterzuführen, der bereits zu Ende war, und sie ignorierten es. Perón und viele Argentinier, nicht alle von ihnen Anhänger Peróns, betrachteten es als eine unannehmbare Einmischung in die inneren Angelegenheiten des Landes. Eva ergriff sofort die günstige Gelegenheit, die solch ein fabelhaftes Propagandageschenk in den letzten Tagen des Wahlkampfes darstellte. In ihren Rundfunksendungen forderte sie alle Argentinier auf, mit dem Ruf »Perón, ja! Braden, nein!« dem ›Yanqui‹-Imperialismus eine Abfuhr zu erteilen. Das war ein unschlagbarer Slogan, und mit ziemlicher Sicherheit gewann er die Stimmen vieler empörter patriotischer Argentinier, die ansonsten für Tamborini gestimmt haben würden.

Perón selber jedoch war der Ansicht, die Wahl sei lange vor der amerikanischen Einmischung gewonnen worden. Wie andere auch, erkannte er, daß bis dahin der Wahlkampf ganz und gar für oder gegen ihn geführt worden war. Er sagte dazu: »Die Opposition brüllt: ›Tod für Perón.‹ Meine Anhänger brüllen: ›Lang lebe Perón.‹ Wir sind für ein besseres Leben, sie sind für ein dem Tode geweihtes Leben. Diese beiden Worte – ›muera‹ und ›viva‹ – symbolisieren den Unterschied.«

Am 4. Juni 1946 wurde Juan Domingo Perón der 29. Präsident Argentiniens. Da er sein Offizierspatent wiedererlangt hatte und befördert worden war, trug er die blaue Galauniform eines Brigadegenerals, als er vor dem neukonstituierten Kongreß stand und seinen Amtseid leistete, indem er beim ›Allmächtigen Gott‹ schwor, die Verfassung zu verteidigen. Auf den Tag genau drei Jahre nachdem seine Obristengruppe die Regierungsgewalt an sich gerissen hatte, gelobte er, »die Traditionen und Institutionen des Landes in Ehren zu halten«. Zu den Klängen martialischer Musik und unter dem Jubel von einer Million Argentinier fuhr er dann über die Avenida de Mayo zur Casa Rosada.

Niemals in der argentinischen Geschichte hatte es solch stürmische Menschenmassen gegeben. Polizei und Soldaten versuchten verzweifelt, die jubelnden Mengen zurückzudrängen, damit sie nicht über die Präsidenten-Limousine herfielen. Aber die Fahrt zum Palast, die unter normalen Umständen fünf Minuten gedauert hätte, währte über eine Stunde. Im Weißen Salon säumten Grenadiere in Uniformen aus der Zeit Napoleons – Tschakos mit roten Quasten und goldenen Kinnketten, Epauletten in Rot und Gold und weißen Kreuzbandeliers auf blauen Waffenröcken und rot betreßten Hosen – die Wände des herrlichen Saales. Unter einem riesigen Leuchter, dessen Lichter von den goldenen Ornamenten auf Decken, Gesimsen und Türen zurückgeworfen wurden, glänzte der Raum durch die Federhüte der Diplomaten, durch die hohen Militärs und deren Frauen. Das Scharlachrot britischer Uniformen vermischte sich mit dem Purpur zweier Kardinäle. Ordenspangen schimmerten von den Brüsten vielfarbiger Uniformen. General Farrell trug, wie Präsident Perón, eine dunkelblaue Uniform mit der breiten blau-weißen Schärpe des Präsidenten über die Brust. Die Amtsübergabe dauerte nur drei Minuten. General Farrell übergab Präsident Perón den Amtsstab, der wie ein Marschallstab aussieht, und legte dann die Schärpe über die Schultern seines Freundes. »Ich wünsche dir persönlichen Erfolg und Erfolg für deine neue Regierung«, sagte General Farrell mit Tränen, die ihm über das Gesicht rollten. Die beiden Männer umarmten sich. Neben den Präsidenten stand die neue First Lady Argentiniens, Señora Maria Eva Duarte de Perón.

6
Evita – First Lady

Die Argentinier, die mit zu den gesellschaftlich konservativsten Menschen in ganz Lateinamerika zählen, hatten derartiges noch nie erlebt. Für sie war der Platz einer Dame – und das galt auch für die First Lady – das Haus. Aber Eva Perón änderte vom Augenblick der Amtseinführung alles. In einem Land, in dem Kosenamen auf den engsten Freundeskreis beschränkt sind, ermunterte sie die breite Öffentlichkeit, sie Evita zu nennen. Überlebensgroße Bilder der First Lady prangten über Nacht im ganzen Land und trugen ihren Ausspruch: »Ich ziehe es vor, schlicht Evita zu sein, wenn diese Evita dazu benutzt wird, die Lebensbedingungen in den Häusern meines Vaterlandes zu verbessern.« Ihr eigenes Zuhause – einst eine Lehmhütte im ärmsten aller ländlichen ›pueblos‹ – war nun die luxuriöseste Residenz des ganzen Landes, der alte Palacio Unzue, auf der eleganten Avenida Alvear. Er blickte über die breite Avenue, auf die Bäume des Parque Palermo und den dahinterliegenden Fluß. Möbliert im düsteren, überladenen Stil des 19. Jahrhunderts und mit seinen gepflegten Rasenflächen und Blumenrabatten, mit blauen ›jacaranda‹ und Magnolien, stellte er eine Oase der Ruhe dar mitten im Herzen der lärmenden, geschäftigen Stadt.

Die Peróns wohnten lieber dort als in der traditionellen Residenz des Präsidenten im Vorort Olivos, weil beide einen mörderischen Arbeitstag hatten, der routinemäßig von Sonnenaufgang bis zum Dunkelwerden ging. Aufstehen um 6 Uhr, gemeinsames Frühstück um 6.30 Uhr, dann fuhr Eva zur Arbeit, begleitet von einer Polizeieskorte auf Motorrädern, die ihre Sirenen heulen ließen, um den Weg freizumachen, aber auch um ihre wohlhabenden Nachbarn in der Avenue zu wecken. In ihrem verschwenderisch möblierten Büro in der vierten Etage der Hauptpost, umgeben von einer Schar von Sekretärinnen, verbrachte sie den Vormittag damit, Arbeiter- und Gewerkschaftsabordnungen zu empfangen, die aus jeder Ecke des Landes erschienen, um ihre Aufwartung zu machen, und öfter noch, um sich Evitas Unterstützung bei Lohnforderungen zu sichern. Krankenschwestern und Lehrerinnen reihten sich in den Strom ein, begierig die Ansichten der führenden Feministin des Landes zu hören, die versprach, die Frauen Argentiniens von den Fesseln ihrer ›macho‹-Gesellschaft zu befreien. Senatoren, Kongreßabgeordnete, Bürgermeister, ja selbst Kabinettsmitglieder standen beieinander auf den Fluren und warteten, vorgelassen zu werden, um eine Sache voranzutreiben oder um einen Gefallen zu erbitten.

Nach einem raschen Mittagessen mit dem General in der Residenz eilte sie wieder davon, besuchte Fabriken, Schulen, Elendsviertel oder flog zu kurzen Besuchen in entlegene Städte, um Versammlungen mit der peronistischen Gefolgschaft abzuhalten. Zu den Aufgaben, die sie übernahm, gehörte die dem Präsidenten traditionsgemäß zufallende Rolle als Pate für jeden siebenten Sohn einer Familie in Anerkennung ihres Beitrages für den dringend benötigten Bevölkerungszuwachs des Landes. Evita stellte selbstverständlich stets sicher, daß ihre Einsätze als Taufpatin die nötige landesweite Publicity erhielten. Vor solch einer Taufe eines siebenten Sohnes in Avellaneda verkündeten Lautsprecherwagen ihre Anwesenheit und forderten die Arbeiter der Konservenfabriken, ihre ›descamisados‹ und ihre Familien auf, geschlossen zu erscheinen. Die glückliche Familie erhielt eine neue Wohnung, ein Geschenk Evitas. Für die Nachbarn gab es neue Kleidung, Schuhe, Spielzeug, Schulbücher und sogar Geldgeschenke.

Es überrascht nicht, daß, wo immer Evita auftauchte, die Massen sich balgten und miteinander kämpften, nur um in ihre Nähe zu gelangen. Als sie einmal in die Provinz Tucumán, im Nordwesten des Landes, reiste, wo die Arbeiter der Zuckerrohrplantagen in bitterster Armut lebten, wurden sieben Menschen bei dem Ansturm auf die Geschenke zu Tode gequetscht. Die Übergabe wurde stets von aufmunternden Reden begleitet, die garantiert voller aufrüttelnder Melodramatik waren.

Der Tod der sieben Zuckerarbeiter veranlaßte sie zu dem Ausruf: »Auch ich bin, wie unsere Arbeitsgenossen, fähig zu sterben und den letzten Augenblick meines Lebens mit unserem Kriegsruf, unserem Erlösungsruf ›Mein Leben für Perón‹ zu beenden.« Bei einer anderen Gelegenheit versprach sie ihren Zuhörern: »Indem ich das Vaterland in mich aufnehme, werde ich mein ganzes Ich geben, denn es gibt noch in diesem Land Menschen, die arm und unglücklich sind, ohne Hoffnung und krank. Meine Seele weiß das. Ich habe es am eigenen Leib erfahren. Ich biete alle meine Energien auf, damit mein Körper wie eine Brücke zum gemeinsamen Glück gespannt werden mag. Schreitet darüber mit festem Tritt und erhobenen Hauptes hin zum erhabensten Schicksal unseres neuen Vaterlandes. Weder Mühsal noch Fasten noch Opfer dürfen eine Rolle spielen, wenn man dabei ist zu versuchen, der Erschöpfung und dem Leid, die in den Organen des Landes vorhanden sind, ein Ende zu setzen.«

Verständlicherweise schauderten intellektuelle Argentinier, wenn sie solch gefühlsbetonte Rhetorik hörten. Aber es war nicht leicht, ihr aus dem Wege zu gehen. Nicht nur prangten ihre Aussprüche landauf, landab von Plakatwänden, nein, es war auch unmöglich, das Radio, egal wo, in Argentinien einzuschalten, ohne daß man mit den Gedanken Evitas zu so gut wie jedem Thema bombardiert wurde. Von Tips zur Bekämpfung der Inflation bis zu Lesungen über die mit dem Bürgerrecht einhergehenden Pflichten und Privilegien, die stets von unaufhörlichen Mahnungen begleitet wurden, nur ja daran zu denken, daß all die wundervollen Dinge, die nun in Argentinien geschähen, von der Hingabe und dem Idealismus ihres geliebten Führers, Präsident Perón, vollbracht würden. Die allabendlichen Gespräche am Kamin wurden vom staatlichen Rundfunknetz direkt übertragen, und die privaten Sender wurden landesweit auf Befehl des Direktors für das Post- und Fernmeldewesen, Oscar Nicolini, der sein Büro neben dem Evitas hatte und unter ihrer unmittelbaren Kontrolle arbeitete, gezwungen, sich auszuschalten. Was einige Argentinier allerdings über die Frau ihres Präsidenten und die Perlen ihrer Weisheit dachten, das sparten sie sich auf für die intime Atmosphäre ihrer Cocktailpartys. Aber schon bald begannen schlüpfrige Limericks über sie an den Hauswänden in der ganzen Stadt zu erscheinen.

Evita ließ es ziemlich kalt, was die Wohlhabenden, die Oligarchen, wie sie sie verächtlich nannte, über sie dachten. Selbst ohne das Gekichere hatte sie eine ganze Latte von Rechnungen mit ihnen zu begleichen, Rechnungen aus der Zeit ihrer frühesten Kindheit, und sie war entschlossen, sie zu begleichen. Sie war sich in der Tat ganz sicher, daß die Matronen der Gesellschaft der Hauptstadt gezwungen sein würden, sie zu akzeptieren, ob sie sie mochten oder nicht – und sie wußte ganz genau, daß sie sie nicht mochten. Sie hatte die feste Absicht, all die gesellschaftlichen Ehrenposten für sich zu beanspruchen, die normalerweise in Argentinien der Frau des Staatspräsidenten übertragen werden. Fast ihr ganzes erstes Jahr in der Casa Rosada wartete sie daher ungeduldig darauf, daß man ihr die Präsidentschaft der Sociedad de Beneficiencia, der exklusivsten Wohltätigkeitsorganisation des Landes, die von den Damen der argentinischen Gesellschaft unter der Schirmherrschaft der katholischen Kirche betrieben wurde, antrug. Das ist nie geschehen.

Doch Evita war nicht der Mensch, der solch eine Abfuhr ignorierte. Sie sandte einen Emissär zum Organisationskomitee der Gesellschaft, um nachzufragen, warum sie noch nichts von ihm gehört habe. Mit der Gewandtheit und dem Charme, die die gut erzogene Südamerikanerin auszeichnet, antworteten die Damen, daß sie leider zu jung dafür sei, da die Regeln der Wohltätigkeitsorganisation eine Frau reiferen Alters als Präsidenten vorschrieben. Mit gleicher Sanftheit schlug Evita dann vor, sie sollten ihre Mutter, Doña Juana, zur Präsidentin machen. Der Gedanke, diese plumpe kleine Bäuerin, die kaum schreiben und lesen konnte und die fünf uneheliche Kinder geboren hatte, als Präsidentin zu haben, mag die guten Damen amüsiert haben oder auch nicht. Die Antwort war jedenfalls die gleiche – nein. Von da an gab es nur noch totalen, unaufhörlichen Krieg. In ihrer Wut ging Evita daran, die Damen der Gesellschaft und ihre Organisation zu vernichten.

Doch zuvor hatte sie selber noch einiges in Reih und Glied zu bringen. Sie begann, ihre eigene Familie in einflußreiche Positionen zu schleusen. Ihren Bruder Juancito brachte sie in der Casa Rosada unter als Privatsekretär ihres Mannes, der damit jeden Kontakt zum Präsidenten kontrollierte. Ein beachtlicher plötzlicher Glücksfall für einen nicht sonderlich erfolgreichen Seifenvertreter aus Junin. Aber schließlich hatte Evita ihren großen Bruder ja sehr gern. Er war ein gutaussehender junger Mann ganz im Stil des damaligen Argentiniers – pechschwarzes, nach hinten pomadisiertes Haar und bleistiftdünner Schnurrbart –, der bald in ganz Buenos Aires als Begleiter der hübschesten Mädchen der Stadt bekannt wurde. Evita mußte ihm dauernd aus finanziellen oder anderen Klemmen helfen. Aber nun hatte sie eine Verwendung für ihn – um sicherzustellen, daß niemand bis zu ihrem Mann gelangte, ohne daß sie es erfuhr. Was den Rest der Familie angeht, so beförderte sie den Freund ihrer Mutter, Oscar Nicolini, zum Minister für das Fernmeldewesen. Ihre älteste Schwester, Elisa, übernahm die politische Kontrolle in Junin, während ihr Mann, Major Alfredo Arrieto, durch Evitas Einflußnahme in den Senat gewählt wurde. Der Mann ihrer Schwester Blanca, Dr. Justo Alvarez Rodriguez, ein Rechtsanwalt, wurde in schneller Folge zunächst Gouverneur der Provinz Buenos Aires, eine Schlüsselposition, da die Provinz über die Hälfte der gesamten Bevölkerung des Landes beherbergte, und dann Mitglied des Obersten Gerichtshofes. Selbst Armindas Ehemann machte Karriere. Er war der Fahrstuhlführer des Rathauses von Junin. Aber Evita brauchte nur auf den Knopf zu drücken, und schon fuhr er hinauf auf den Posten des Direktors der Bundeszollbehörde.

Evita vergaß sich selber auch nicht. Sie verlegte ihr Büro von der Hauptpost zum alten Arbeitsplatz ihres Mannes, dem Ministerium für Arbeit und Wohlfahrt. Indem sie die Führung der ›descamisados‹ übernahm, der Splint für Peróns Macht, erwarb sie sich durch kolossale Lohnerhöhungen sehr rasch deren Zuneigung. Sie war nicht Arbeitsminister – sie hat in der Tat niemals, weder durch Wahl noch Ernennung, einen Regierungsposten bekleidet –, aber das spielte auch keine Rolle. Der eigentliche Arbeitsminister, José Maria Freire, ein Glasbläser von Beruf, mußte bald feststellen, daß er kaltgestellt worden war. Als die Eisenbahnarbeiter eine 40%ige Lohnerhöhung forderten, bot ihnen Evita 50 % an. Dann stellten die Telefonarbeiter einen Antrag auf 70 % Erhöhung in der Hoffnung, die Hälfte zu bekommen, aber sie erhielten alles. Verständlicherweise gab es bald kaum eine einzige Gewerkschaft außerhalb der schützenden Umarmung des Gewerkschaftsbundes (CGT) Peróns, als die Arbeiter entdeckten, daß Lohnerhöhungen denjenigen Gewerkschaften gewährt wurden, die das taten, was Evita anregte. Schon bald waren über fünf Millionen der insgesamt sieben Millionen Arbeitnehmer des Landes der CGT beigetreten. Die Menschenmassen, die auf der Plaza de Mayo vor dem Präsidentenpalast zusammenliefen, riefen nun Evitas Namen mit ebensolcher Inbrunst wie den ihres Mannes. Und es war ihre Stimme, die aus den Lautsprechern rund um den Platz widerhallte mit der Verkündigung, sie sei nur »eine weitere descamisada, die unwürdigste aller Mitarbeiter General Peróns«.

Der General dachte da anders. Einem Freund gegenüber bekannte er: »Evita verdient einen Orden für das, was sie für die Arbeiter getan hat. Für mich ist sie mehr wert als fünf Minister.« Natürlich war er selber während jener ersten Monate im Amt nicht völlig untätig gewesen. Am ersten Arbeitstag erschien er um 7 Uhr in der Casa Rosada und überraschte damit alle Angestellten, die an die gemächlicheren Gewohnheiten früherer Präsidenten gewöhnt waren. Aber selbst noch bevor er sich die Amtsschärpe umgehängt hatte, begann er damit, umwälzende Veränderungen durchzuführen.

Durch Erlaß übernahm die Regierung die Kontrolle über die sechs großen Universitäten des Landes, setzte von ihr selbst bestimmte Rektoren ein und befahl unter Androhung von Relegation, der politischen Betätigung der Studenten ein Ende zu machen. Die Banken wurden verstaatlicht. Dasselbe galt für die Börse von Buenos Aires – all das waren erste Anzeichen der Schlinge, die langsam die Freiheit des einzelnen in Argentinien abwürgte, geschah jedoch innerhalb des legalistischen Rahmens einer verfassungsmäßigen Regierung.

Die Bürokratie der Bundesbehörden wurde einer genauen Prüfung unterzogen. Alle diejenigen, die ›nicht von revolutionären Idealen oder von den Geboten der sozialen Gerechtigkeit durchdrungen waren‹, fanden sich bald ohne Arbeit. Perón beglich auch eine alte Rechnung mit der ›Sociedad Rural‹, der Vereinigung und Hochburg der Großgrundbesitzer. Im vorangegangenen Jahr war er auf der international bekannten Rinderauktion der Gesellschaft ausgebuht worden. Jetzt, als Staatspräsident, gehörte es zu seinen Pflichten, in Frack und Zylinder zu erscheinen, um die Auktion zu eröffnen. Und er war entschlossen, bejubelt, nicht ausgebuht zu werden. Daher wurde das Exekutivkomitee gezwungen, zurückzutreten, und ein pro-peronistisches Komitee wurde ernannt.

Gleichzeitig ging er gegen ein viel wichtigeres Ziel vor, nämlich den Obersten Gerichtshof des Staates. Auch dort hatte Perón alte Rechnungen zu begleichen. Während seiner Amtszeit als Arbeitsminister hatte das Gericht eine Anzahl seiner Arbeits- und Wohlfahrtserlasse zu Fall gebracht mit der Begründung, sie seien verfassungswidrig, und es hatte auch mehrere von Perón inhaftierte Offiziere und Bundesrichter aus der Haft entlassen. So war es also nur zu natürlich, daß, als der starke Mann während der turbulenten Tage des Oktober 1945 kurzzeitig von der Macht verdrängt wurde, sich viele Argentinier an das Oberste Gericht mit dem Vorschlag wandten, es möge die Regierungsgewalt für eine Übergangszeit übernehmen. Aber noch während die Generäle und Admirale miteinander debattierten, schwang sich Perón wieder in den Sattel, bevor die Sache in Gang kam. Er vergaß jedoch nicht, was hätte passieren können. In seiner Antrittsrede machte er deutlich, daß die Richter für ihre feindselige Haltung würden zahlen müssen.

»Ich stelle den Geist der Gerechtigkeit über richterliche Gewalt«, warnte er und fügte hinzu, daß das Gericht nicht »die gleiche Sprache spricht, wie die anderen Zweige der Regierung«. Innerhalb weniger Tage machte sich der von den Peronisten beherrschte Kongreß daran, den gesamten Obersten Gerichtshof wegen Amtsmißbrauchs unter Anklage zu stellen. Mit feiner Ironie wurden die Richter beschuldigt, ihr Amt verraten zu haben, indem sie die im Juni 1943 von der Obristenclique Peróns eingesetzte Regierung anerkannt hätten. Der Oberrichter trat zurück, aber die übrigen vier Richter wurden angeklagt. Sie und andere Richter im ganzen Land wurden durch Juristen abgelöst, die bereit waren zuzulassen, daß die Justizgewalt von Juan und Evita Perón so vollständig beherrscht wurde wie die übrigen Zweige der Regierung. Als Oberrichter Roberto Repetto aus dem Amt ausschied, wies er seine Landsleute darauf hin, daß »eine neue Staatsmacht über der Verfassung und über dem Gesetz errichtet worden ist. Diese Macht ist aus den Ruinen der bürgerlichen Freiheiten emporgestiegen.«

Aber diejenigen Argentinier, die diesem Gehör schenkten, waren nicht in der Lage, irgend etwas dagegen zu unternehmen. Die einzige Institution, die etwas hätte tun können, war die Armee, und Perón sorgte durch großzügige Solderhöhung für Offiziere und Mannschaften dafür, daß sie nicht aus der Reihe tanzte. Der größte Teil der 16 Millionen Einwohner Argentiniens lebte tatsächlich besser als jemals zuvor, da ihr Land durch den ungeheuren Bedarf einer kriegsverwüsteten Welt an seinem Getreide und Rindfleisch florierte. Perón zeigte bei Gott keinerlei Gewissensbisse, die hungrigen Völker zu erpressen. »Entweder Sie zahlen unsere Preise, oder Sie haben nichts zu essen«, war die unverblümte Eröffnungsbemerkung seines Wirtschaftszarens Miguel Miranda, als er eine britische Wirtschaftsdelegation zum ersten Male empfing, die zu Verhandlungen über ein neues Handelsabkommen in Buenos Aires eingetroffen war. Die Briten, Argentiniens älteste und beste Kunden, wurden davon unterrichtet, daß sie eine 200prozentige Preiserhöhung würden zahlen müssen, wollten sie argentinisches Rindfleisch essen. Auch dem Hilfswerk der Vereinten Nationen, in jenen ersten Nachkriegstagen verantwortlich für die Speisung eines Großteils des hungernden Europas, wurde mitgeteilt, daß es das versprochene Getreide, den Mais, das Leinöl nicht erhalten würde, bis es einen Zuschlag von 100 Prozent auf den Einkaufspreis bezahlte.

Was die Amerikaner anbelangt, so hatte der gerissene Perón die aus dem schnell sich zuspitzenden kalten Krieg zwischen den USA und der Sowjetunion für Argentinien erwachsenden Vorteile bereits erkannt. Als das State Department daher auf seiner Forderung, Argentinien solle die 100 führenden Nazis ausliefern, die bei Ende des Krieges dorthin geflohen waren, nachdrücklich bestand, lehnte Perón barsch ab und bemerkte, er könne ebensogut mit den Russen ins Geschäft kommen, falls die Vereinigten Staaten weiterhin einen solchen Druck ausübten. Um der Sache Nachdruck zu verleihen, ließ er bei seiner Amtseinführung die russische Handelsdelegation an einen bevorzugten Platz setzen, während seine ›descamisados‹ den amerikanischen Botschafter und die Abordnung der USA lautstark ausbuhten. Später sagte Perón heiter zu einem argentinischen Bankier: »Sie werden sehen, bald werden die Amerikaner auf der Suche nach Geschäften mit Aktentaschen hier aufkreuzen.«

Er hatte völlig recht. Der amerikanische Präsident Harry S. Truman entsandte einen neuen Botschafter, James Bruce, mit der Anweisung nach Buenos Aires, »dorthin zu reisen und sich mit diesen Leuten anzufreunden«. Genau wie Perón es vorausgesagt hatte, strömten, gleich nachdem der Startschuß gefallen war, amerikanische Geschäftsleute ins Land. Einer der ersten großen, von einer aus Cleveland getätigten Geschäftsabschlüsse wurde ausgehandelt mit einem Argentinien-Deutschen namens Ricardo Staudt, der im ›Blauen Buch‹ des US-Außenministeriums als die Nummer Zwei der Nazis aufgeführt wurde. Der Kommentar der amerikanischen Firma dazu lautete: »Der Krieg ist vorbei und erledigt.« Aber trotz aller amerikanischen Vorschläge ließ Perón keine Gelegenheit aus, deutlichzumachen, daß Argentinien nicht die Absicht hatte, zum Verbündeten des ›Kolosses im Norden‹ und seines kalten Krieges mit der Sowjetunion zu werden.

Bei der Erläuterung der ›Dritten Position‹ seines Landes verkündete Perón: »Es gibt in der Welt zur Zeit eine Auseinandersetzung zwischen Kapitalisten und Kommunisten, und wir wollen weder das eine noch das andere sein.« Und bei einer anderen Gelegenheit: »Wir werden den Kapitalismus nicht verteidigen, wir sind vielmehr dabei, ihn Stück für Stück zu demontieren.« Das stimmte nicht ganz. Aber Perón war dabei, die Beherrschung der argentinischen Wirtschaft durch ausländisches Kapital abzubauen, ein revolutionärer und ungeheuer populärer Schritt in einem Land, in dem Ausländer fast 60 Prozent aller Industrieinvestitionen kontrollierten und wo ein Drittel aller mit dem Schweiß argentinischer Arbeitskräfte erzielten Profite in Form von Dividenden ins Ausland verschwanden.

Die Briten waren das Hauptziel der volkswirtschaftlichen Revolution Peróns. Sie kontrollierten zwei Drittel aller ausländischen Investitionen in Argentinien. Fast sämtliche öffentliche Versorgungsbetriebe befanden sich in ihrem Besitz – die Amerikaner besaßen den Rest –, und durch ihre Beherrschung der Fleischwarenindustrie, der Schiffahrt, des Geldhandels und des Versicherungswesens hielten sie die Wirtschaft faktisch im Würgegriff. Eine fraglos erdichtete Geschichte, die garantiert jeden argentinischen Nationalisten in Rage gerieten ließ, betraf den Herzog von Windsor, als er noch Prince of Wales war. Er war ein häufiger Gast auf in britischem Besitz befindlichen ›estancias‹ (Gütern) und Poloplätzen, und man behauptete, er habe bei seiner Rückkehr nach England nach solch einer Reise scherzend gesagt: »Mir ist es egal, welcher Teil des Empires aufgegeben wird, solange es nicht Argentinien ist.«

Perón war entschlossen, das überhebliche Lächeln des Kolonialisten aus den Gesichtern der Briten zu vertreiben. Um seiner Entschlossenheit Nachdruck zu verleihen, reiste er nach Tucumán, einer Provinzstadt im Herzen Argentiniens, wo 1816 General José de San Martín, das Gegenstück des Landes zu George Washington, formell die Unabhängigkeit Argentiniens erklärte. An der gleichen Stelle unterschrieb Perón die ›wirtschaftliche Unabhängigkeitserklärung‹ und versprach dem argentinischen Volk, er werde »die Ketten der Knechtschaft, die es an das ausländische Kapital gefesselt habe«, zerschlagen. Evita fügte ihre eigene Bekräftigung dieser Aussage hinzu, indem sie alle fremden Regierungen, die versucht sein könnten, den Verlust ihrer Investitionen zu verhindern, darauf hinwies, daß »die Tage vorbei sind, da unsere Geschicke Tausende von Kilometern von unseren Küsten entfernt entschieden werden; heute sind wir Argentinier die Baumeister unseres eigenen Schicksals«.

Schon sehr bald befanden sich die Gaswerke, die Elektrizitätsgesellschaften, das Fernsprechnetz – bis dahin im Besitz der Briten und Amerikaner – in argentinischer Hand, aufgekauft mit den fetten Erlösen aus dem Verkauf von Rindfleisch und Getreide des Landes. Aber was die Peróns am stärksten interessierte, waren die Eisenbahnen, das augenfälligste Beispiel für den kolonialen Status der Wirtschaft des Landes. Alle Argentinier fuhren auf ihnen, wenn sie in den riesigen Weiten ihres Landes irgendwohin wollten, und fast sämtliche vielfältigen landwirtschaftlichen Produkte Argentiniens wurden per Bahn transportiert. Dennoch war dieser lebenswichtige Sektor der Wirtschaft des Landes jahrelang vernachlässigt worden und verfallen. Das neun verschiedenen britischen Gesellschaften gehörende Gleisnetz umfaßte etwas über 43 000 Kilometer, und Perón war entschlossen, es bis zum allerletzten Kilometer in argentinischen Besitz zu bringen, wie die britische Handelsdelegation, die zum Einkauf von Fleisch eingetroffen war, schon sehr bald feststellen mußte. Die Briten waren nicht in der Lage, Argentinien die 190 Millionen Pfund Sterling zu bezahlen, die sie für Fleischkäufe während des Krieges dem Lande noch schuldeten. Perón strich daher schlicht 150 Millionen Pfund Sterling von der britischen Schuld und übernahm die Eisenbahnen.

Für Argentinien war das ein Festtag mit patriotischen

Feiern, Reden und Feuerwerken auf großen und kleinen Plätzen im ganzen Land. Den ganzen Tag über und den ganzen Abend läuteten in Buenos Aires die Kirchenglocken und schrillten geräuschvoll Fabriksirenen und Lokomotivpfeifen. Die Architekten dieses allgemeinen Freudentaumels jedoch fehlten auf den Feiern. Perón war am Tage zuvor wegen eines Blinddarmdurchbruchs operiert worden. Aber er gehörte nicht zu denen, die eine Gelegenheit verpassen, Ovationen entgegenzunehmen, selbst von einem Krankenbett aus. Mit heiserer Stimme, die über Radio und Lautsprecher zu der riesigen, vor dem Retiro-Bahnhof, dem Hauptbahnhof von Buenos Aires, versammelten Menschenmenge übertragen wurde, sagte er seinen Landsleuten, wie glücklich er sei, daß die Eisenbahnen nun ihnen gehörten. Wenige Sekunden später ertönte eine weitere, jetzt ebenfalls bekannte Stimme über die Ätherwellen: »Auch Genossin Evita konnte heute nicht bei euch sein, weil sie am Bett des ›lider‹ der Arbeiter bleiben mußte. Aber ihr könnt sicher sein, daß sowohl der General als auch ich von hier aus bei euch waren, denn unsere Herzen sind stets an der Seite unserer geliebten ›descamisados‹, die in Wahrheit diejenigen sind, die die Größe unseres Vaterlandes schmieden. Descamisados mios (meine Hemdenlosen): Ich schicke euch eine liebevolle Umarmung.«

Sie beide ergaben ein gutes Team. Während Perón sich der Diplomaten, Politiker und Geschäftsleute annahm, kümmerte sich Evita um die Wähler, die sie an die Macht gebracht hatten – ihre ›descamisados‹. Die Indios des Landes, in der Vergangenheit so schändlich behandelt, waren die ersten, die bei ihr Hilfe suchten. Mehrere hundert von ihnen marschierten in Buenos Aires ein nach einem Treck von 1600 Kilometer quer über die Pampas aus den Zuckerrohrfeldern im Norden.

Sie vertraten rund 75 000 Indios, die am Rande des weißen Argentiniens lebten. Anders als die wilden Araucaras der Pampas waren ihre Vorfahren friedliche Bauern, die von den spanischen Siedlern als Arbeiter auf den Äckern eingestellt worden waren. Ihnen gehörte noch nicht einmal mehr das Land, auf dem sie lebten. Es war um die Jahrhundertwende von gerissenen Landspekulanten an im Ausland lebende Großgrundbesitzer verkauft worden. Nun versuchten die Besitzer, die Indios zu vertreiben.

Die gerichtlich verfügte Anweisung, bei der Häuser niedergebrannt wurden und, wo der Widerstand heftig war, sogar Blut floß, verschaffte Evita die Gelegenheit, die Aufrichtigkeit eines ihres stimmenfangenden Wahlslogans – »Das Land gehört dem, der es bearbeitet« – zu dramatisieren. Also inspizierte sie den Marsch und sagte zu den Indios, als sie vom Balkon der Casa Rosada zu ihnen sprach, die Regierung habe die Ausweisungen gestoppt und sei dabei, ein Gesetz zu erlassen, das ihnen ihr Land wiedergeben werde. Für die Großgrundbesitzer, jene Argentinier, die schon so lange das ganze Land wie eine riesige ›estancia‹ behandelt hatten, begannen die schlimmsten Befürchtungen bezüglich ›dieser‹ Frau Wirklichkeit zu werden. Aber für die Indios und alle argentinischen Landarbeiter waren Evitas Worte Beweis genug, daß ihre Versprechungen auch eingehalten wurden.

Sie handhabte jedoch ein Kriegsbeil mit der gleichen Geschicklichkeit, mit der sie ihren Zauberstab schwang. Selbst die allerhöchsten peronistischen Politiker mußten feststellen, daß es einem politischen Selbstmord gleichkam, wenn man die 27jährige Frau des Präsidenten verärgerte. Der erste, der diese schmerzliche Erfahrung machen mußte, war der Anführer der peronistischen

Mehrheit im Senat, Vicente Eli Saadi. Er war der Sohn syrischer Einwanderer, ein echter ›descamisado‹, der dank einer Kombination aus Intelligenz, Charme und gutem Aussehen durch die Masse der ländlichen Peronistas schnell nach oben gekommen war. Aber der Sprung vom örtlichen Abgeordneten im ländlichen Catamarca zum Führer des Oberhauses im Kongreß muß dem jungen Saadi zu Kopfe gestiegen sein. Denn er konnte unmöglich bei Verstand gewesen sein an dem Tag, als er während einer nicht öffentlichen Sitzung des Senats aufstand und Einspruch erhob gegen die Anwesenheit einer ›Außenstehenden‹. Die Außenstehende war natürlich Evita. Sie lächelte nur, entschuldigte sich für ihren Irrtum und ging.

Wenige Tage später wurde Senator Saadi in die Casa Rosada gerufen, wo der Präsident und seine Frau ihn beglückwünschten, da er von ihnen persönlich als sicherster Kandidat für den Posten des Gouverneurs der Provinz Catamarca auserkoren worden sei. Weil Bescheidenheit nicht gerade zu den bekanntesten Eigenschaften des Senators gehörte, sah er keinen Grund, diese Beurteilung in Frage zu stellen. Daher gab er seinen Sitz im Senat ab, kehrte heim und gewann mit Leichtigkeit die Wahl zum Gouverneur. Aber es dauerte nicht lange, bis ihm Gerüchte aus der Hauptstadt zu Ohren kamen, wonach eine Untersuchung gegen ihn wegen Bestechlichkeit eingeleitet worden sei, eine Untersuchung, die Evita Perón angeordnet habe. Wie es hieß, könne er damit rechnen, jeden Augenblick aus dem Amt entfernt zu werden. Dieses Wissen brachte Saadi auf eine scharfsinnige List, um sich zu retten. Er rief seine Legislative zusammen, reichte seinen Rücktritt als Gouverneur ein, veranlaßte die Abgeordneten, ihn wieder in seinen alten Senatssitz zu wählen, von dem ihn zu entfernen, wie er meinte, es für die Peróns politisch zu peinlich sein würde. Aber Evita war zu schnell für ihn, wie sie es für alle ihre Feinde war. Sie überredete ihren Mann, in der Provinz Catamarca zu ›intervenieren‹, sie unter die Kontrolle der Bundesbehörden zu stellen und sowohl den Gouverneur als auch seine Legislative zu entlassen. Die Intervention wurde um 24 Stunden zurückdatiert, d. h. auf einen Zeitpunkt vor Saadis Rücktritt. Unmittelbar danach wurde er aus der Peronistischen Partei ausgeschlossen und wegen ungebührlichen Verhaltens gegenüber dem Staatspräsidenten ins Gefängnis geworfen.

Evitas Feinde verschwanden häufig auf diese Art und Weise. Für Beleidigungen, tatsächliche oder eingebildete, hatte sie ein gutes Gedächtnis. Da auch ihr General gerne die Rolle des gutherzigen, liebenswürdigen Onkels spielte, nahm sie sich mit gleichem Wohlbehagen seiner Feinde an. Wenn sie sie nicht ins Gefängnis stecken konnte, verfolgte sie ihre Gegner und machte ihnen oft das Leben so schwer, daß viele von ihnen über den Fluß in den Frieden des benachbarten Uruguay flohen.

Zu den hartnäckigsten Kritikern in jenen Anfangsjahren zählte einer der führenden Gelehrten des Landes, Dr. Bernardo Houssay. Während der Säuberung von Oppositionellen im vorangegangenen September war er kurz inhaftiert gewesen, und nach den Präsidentschaftswahlen gehörte er zu den vielen Hunderten von antiperonistischen Lehrern, die aus Universitätsämtern verjagt wurden. Aber dann gewann er, sehr zur Verlegenheit der Regierung, den Nobelpreis für Medizin. Evita war außer sich, sie kochte vor Wut, um so mehr, als die peronistische Presse wochenlang einen Feldzug geführt hatte, damit ihrem Mann der Friedens-Nobelpreis zuerkannt wurde. Ungeachtet der Tatsache, daß die Auszeichnung ohne Zweifel eine Ehrung von historischer

Tragweite, sowohl für die argentinische medizinische Wissenschaft als auch für die ganze Nation, darstellte, begann die peronistische Presse eine gehässige Kampagne voller persönlicher Beleidigungen gegen Dr. Houssay, den ›La Epoca‹, eine der Scharfmacher-Zeitungen, ›diesen Drüsen-Detektiv‹ nannte.

Derartige Rachsucht ließ die einfachen Argentinier aus der Arbeiterklasse kalt. Sie verehrten Evita, weil sie zum ersten Male Lob und Auszeichnungen ernteten. Als Delfo Carero, ein Feuerwehrmann aus Buenos Aires, in London den olympischen Marathonlauf gewann, telegrafierte er nach Hause, daß er seinen Sieg den Peróns widme. Er kehrte heim als Held, und Evita schenkte ihm nicht nur ein funkelnagelneues Haus, sondern sie ließ es von einem der besten Möbelhändler der Stadt vornehm einrichten. Dann überredete sie den Händler, die Rechnung als patriotische Geste zu zerreißen.

Selbst die Zeitungen der Opposition konnten solch eine menschlich rührende Story nicht übergehen, auch wenn sie sie, wie nicht anders zu erwarten, mit sarkastischen Kommentaren ausschmückten. Aber das spielte keine Rolle. Denn innerhalb eines Jahres nach der Wahl ihres Mannes zum Staatspräsidenten besaß oder kontrollierte Evita die vier wichtigsten Rundfunksender von Buenos Aires und übte, mittels ihres Einflusses auf das Informationsministerium, faktisch Zensurrechte aus über den Inhalt der Nachrichten, die von allen 33 Rundfunksendern Argentiniens ausgestrahlt wurden. Sie besaß zwei große, in Buenos Aires erscheinende Tageszeitungen – ›Democracia‹ und ›El Mundo‹ –, die sie dank großzügiger Hilfe von Geschäftsfreunden gekauft hatte, und im ganzen Lande gab es viele weitere peronistische Zeitungen, die im Takt mit ihrem Trommelschlag marschierten. Aber was noch wichtiger war, sie wußte, wie man Rundfunk und Zeitungen für die eigene Sache einsetzt, und zwar in einer Art und Weise, wie man es in Lateinamerika niemals zuvor getan hatte.

Es verging kein Tag, an dem ›Democracia‹ nicht mindestens fünf Bilder von ›La Señora Presidenta‹ brachte, alle aufgenommen von ihrem eigenen Leibfotografen, der niemals, vom frühen Morgen, bis sie des Nachts heimkehrte, von ihrer Seite wich. Sie wußte auch, wie man den allerletzten Tropfen an propagandistischem Wert aus Situationen herausholte, die man normalerweise als bürokratisch trocken und farblos angesehen hätte.

Als 1947 eine Volkszählung durchgeführt wurde, widmeten sie und Perón mehrere Tage der Popularisierung der Arbeit des kleinen Heeres von Datensammlern, indem sie selber in die Elendsviertel der Stadt gingen. In jedem von ihnen besuchten Haus nahm Perón die statistischen Daten auf, derweil seine Frau Geschenke unter die Frauen und Kinder verteilte.

Es ist kaum verwunderlich, daß die arbeitenden Menschen auf sie wie auf eine schöne Göttin blickten. Wo immer sie in Argentinien ging, knieten Männer im Staub, um den Namen Evita in Blumen auszulegen, damit sie darüberschritt. Sie erschien vor ihnen auf Mammutdemonstrationen, eine junge Frau in den Zwanzigern, gekleidet nach der letzten Pariser Mode, umhüllt von Nerz und glitzernd vor lauter Brillanten. »Auch ihr werdet eines Tages Kleider wie diese tragen«, versprach sie ihnen. Vom Balkon der Casa Rosada sprach sie voller Leidenschaft zu ihnen, so daß die Zuhörer bei ihrem Wortschwall bereit gewesen wären, für sie zu sterben. »Ich spreche im Namen der Armen und der Heimatlosen, um gegen die bösen Tage von einst aufzuschreien«, donnerte ihre Stimme über den dichtgedrängten Massen auf dem Platz vor dem Palast. Ihre politische Philosophie war simpel: Liebe zu den Armen, Haß gegen die Reichen. Es spielte keine Rolle, daß sich ihre Gegner über diese ganze Demagogie lustig machten. Es gab Millionen von Argentiniern, die daran glaubten, daß sie leidenschaftlich und aufrichtig entschlossen war, ihnen etwas zu geben, was sie nie zuvor gekannt hatten – Respekt, Würde und einen Platz an der argentinischen Sonne.

Es war ein Respekt, den sie für sich selber forderte, und diejenigen, die es daran mangeln ließen, wurden erbarmungslos verfolgt. Die unbeugsamen Blaublütigen der ›Sociedad de Beneficiencia‹ mußten schon bald für ihre Weigerung, sie zu ihrer Präsidentin zu machen, bezahlen. Ihre wohltätige Stiftung war gezwungen, die Arbeit einzustellen, als die Regierung ihre jährlichen Subventionen einstellte, die dann an Evita überwiesen wurden. Diese hatte mit dem Gegenwert von 5000 Mark aus der eigenen Tasche eine eigene Wohlfahrtsorganisation aufgezogen. Für die reichen Damen, die wenig mehr zu tun hatten, als ihr Leben ›guten Werken‹ zu widmen, war die Einstellung der Zahlungen das Schändlichste, das je geschehen war, und schlimmer noch, ihre Ehemänner, deren Wort einst im Lande Gesetz gewesen war, hatten es tatsächlich zugelassen, daß ›diese‹ Frau damit durchkam. Ihre Ehemänner konnten nur mit den Schultern zucken.

Im neuen Argentinien der Peróns ging Macht nicht mehr einher mit Geld. Männer, die durch Geburt, Erziehung und Familientradition gewohnt waren zu bestimmen, mußten nun demütigenderweise vor ihren Dienstmädchen und Landarbeitern ihre Worte genau bedenken. Gastgeberinnen starrten bei Tisch ihre Gäste mit einem gleichsam gefrorenen Lächeln an, wenn diese

Perón in Gegenwart vom Hauspersonal kritisierten. Die gleiche Zurückhaltung mußte in Taxis, Trolleybussen und Büros geübt werden. Wie es schien, waren alle Lohnempfänger in Argentinien Peronisten. Köchinnen hängten Porträts von Evita und dem General an die Küchenwände. Stubenmädchen hörten sich seine Reden im Radio an. Gärtner, Fabrikarbeiter und Büroangestellte marschierten bei Demonstrationen für ihn und seine Frau mit. Für Menschen, die anders dachten, war es eine Zeit, in der man sich Zurückhaltung auferlegen mußte.

Zum ersten Male seit den Tagen des blutrünstigen Tyrannen Rosas schauten die Argentinier über die Schulter, bevor sie eine kritische Äußerung wagten. Sie hatten allen Grund dazu. Die Gefängnisse waren voll von Menschen, die es an der nötigen Vorsicht hatten fehlen lassen, obwohl Perón am Tage seiner Amtseinführung eine Amnestie für 14 000 politische Gefangene erlassen hatte. Nur wenige wurden jedoch tatsächlich in Freiheit gesetzt, und einen Monat später widerrief er in aller Stille die Amnestie. Aber für den Fall, daß es noch Argentinier geben sollte, die blind oder dumm genug gewesen wären zu glauben, ihre Freunde litten an einer krankhaft übersteigerten Furcht vor heimlichen Lauschern, gab einer von Peróns engsten Vertrauten, Konteradmiral Alberto Teisaire, eines Tages beiläufig zu: »Wir wissen, daß viele Menschen, selbst in Cafés, ihre ablehnende Haltung uns gegenüber äußern.« Auf die Frage, woher er das wisse, entgegnete der Admiral: »Wir haben Leute, die uns informieren.« Die Zeitungen in Buenos Aires veröffentlichten jede Woche Listen von den in Caféhäusern Verhafteten – jenen Menschen, die im angetrunkenen Zustand zu viel geredet hatten. Die ›oyentes‹, wie die heimlichen Lauscher genannt wurden, beschränkten sich indes nicht auf Kneipen-Gerede allein. Sie hörten auch Telefongespräche ab, und die Regierung machte noch nicht einmal ein Geheimnis daraus. Nach monatelangen Spekulationen über das Anzapfen von Telefonen gab die Casa Rosada eine Erklärung ab, in der sie diese Praktiken mit der Begründung zugab, daß man Telefone »nicht den Gedanken- und Verantwortungslosen überlassen könne. Die Verwendung des Telefons zum Beleidigen und Kränken ist ein Verbrechen, das eine Bestrafung durch die Justiz verdient. Der lange Arm des Gesetzes und des Ministeriums für das Post- und Fernmeldewesen wacht über die Benutzung des Telefons, damit sein edler und sozialer Verwendungszweck nicht mißbraucht wird. Solche verantwortungslosen Kriminellen werden bestraft werden.«

Trotz der allgemein herrschenden Atmosphäre der Angst konnten die Argentinier dennoch über ihre Lage Witze reißen – auch wenn sie es für gewöhnlich in der Abgeschiedenheit ihrer Häuser und dann auch nur mit ihren engsten Freunden taten. In einer besonders beliebten Geschichte, die auf Cocktailpartys von Mund zu Mund ging, machte man sich lustig über die Geheimpolizei Peróns, jenes allgegenwärtigen Heeres von Männern in Gabardinemänteln, die stets dort auffällig in Erscheinung zu treten pflegten, wo Argentinier in Massen zusammenkamen. Die Geschichte lautete folgendermaßen: In einer Straßenbahn hatte ein Fahrgast törichterweise seinen Gefühlen über eine ›Regierung von kleinkarierten Politikern, Gaunern und Narren, inkompetent, korrupt und kostspielig‹ freien Lauf gelassen. Als er aus der Straßenbahn ausstieg, tippte ihm jemand auf die Schulter. »Ich muß Sie verhaften«, sagte einer seiner Mitreisenden und holte dabei seine Dienstmarke der Bundespolizei aus der Tasche seines Regenmantels hervor.

Juan Perón mit Evita
auf dem Balkon des
Präsidentenpalais in Buenos Aires
anläßlich des vierjährigen Jubiläums
der Machtübernahme durch
Perón, am 24. Oktober 1949.

16

17

16
Evita Perón mit ihrem Mann.

17
Evita Perón spricht vom Balkon des Regierungsgebäudes aus. Links neben ihr Präsident Perón.

18
Evita Perón bei einem Besuch in Spanien neben General Franco (Juni 1947).

19
Evita Perón in Abendgarderobe um 1950.

19

»Es ist nicht erlaubt, so über die Regierung zu sprechen.« Der andere Fahrgast überlegte schnell und sagte ihm wütend, mit dessen Gehör müsse etwas nicht stimmen, er habe über die amerikanische Regierung gesprochen. Der Polizist blieb sekundenlang still. Dann lächelte er grimmig: »Nein«, sagte er, »damit kommen Sie nicht durch. Es gibt keine zwei Regierungen wie die, die Sie beschrieben haben.« Dann gab es noch eine ähnliche Geschichte über einen chilenischen und einen argentinischen Hund. Der chilenische Hund, unterernährt und von Krankheiten geplagt, entschloß sich, nach Argentinien zu gehen, wo es immer reichlich zu fressen gab. An der Grenzstelle zwischen den beiden Ländern auf einem Gebirgspaß in den Anden traf er einen gutgenährten, gesund aussehenden argentinischen Hund, der in entgegengesetzter Richtung nach Chile wollte. Das überraschte den chilenischen Hund, der wissen wollte, warum er nach Chile wolle, wo in Argentinien das Fressen so gut sei. »Ganz einfach«, sagte der argentinische Hund, »ich möchte mal bellen.«

Diese Geschichten waren ziemlich harmlos. Aber es gab einen Spaßmacher, dem es gelang, beide Peróns an den Rand des Schlaganfalls vor Wut zu bringen. Eines Morgens hing in der Nähe ihrer Residenz eine Tafel an einem Laternenpfahl. Darauf standen die Worte: »Dieser Laternenpfahl wartet auf Präsident Perón.« Was diese Mitteilung so abschreckend machte, war der vorzüglich gewählte Zeitpunkt ihres Erscheinens. Sie kam unmittelbar nach einer blutigen Revolution in Bolivien, das an den Norden Argentiniens angrenzt. Der dortige Präsident, Gilberto Villaroel, der durch einen von Argentinien aus gesteuerten Staatsstreich an die Macht gekommen war, wurde aus dem Präsidentenpalast gezerrt und auf dem Hauptplatz der Stadt an einem Laternenpfahl aufgehängt. Für Argentiniens Stolz war das ein empfindlicher Schlag, der seinen Einfluß in der Hemisphäre untergrub, und für Perón, der eine führende Rolle gespielt hatte, als sein Freund Villaroel in den Präsidentenpalast Boliviens hineinmanövriert wurde, besonders ärgerlich. Aber er konnte da nichts machen – dazu beobachteten seine südamerikanischen Nachbarn, von den Vereinigten Staaten ganz zu schweigen, Argentinien viel zu genau. Er mag wohl geneigt gewesen sein, dem Beispiel Queen Victorias zu folgen, die, von einem bolivianischen Diktator aufs äußerste provoziert, als dieser ihren Botschafter mißhandelte und sie feststellen mußte, daß ihr so mächtiges kaiserliches Weltreich nichts dagegen unternehmen konnte, eine Feder nahm und das gebirgige Land aus ihrer Landkarte strich.

Aber Perón reagierte prompt auf die Andeutung, einige Argentinier wollten ihn das gleiche Schicksal erleiden sehen wie Präsident Villaroel. Von seinem Präsidenten-Balkon herab brüllte er, daß, wenn jemand in Argentinien sich mit dem Gedanken trüge, eine Revolte zu inszenieren, er selber ›eine Woche vorher schon handeln‹ würde, und er warnte, er habe die ›notwendige Mannschaft‹ dazu. »Es geht lediglich darum, meinen ›descamisados‹ ein paar Meter Seil zu geben, dann werden wir sehen, wer hängt.« Nach einem Aufschrei der Zustimmung von der auf der Plaza unter ihm dichtgedrängten Menschenmasse behauptete er, er habe 500 000 Arbeiter hinter sich und »wie Napoleon sagte, mit mir an ihrer Spitze ist das so viel wie eine Million«.

Solch milde Angeberei war nicht Evitas Stil. Mit unverblümter Direktheit sagte sie ihren ›descamisados‹, wie sie mit den Gegnern verfahren sollten. »Gebt dem, der schlecht von der Regierung redet, was er verdient. Laßt uns nicht versuchen, sie zu überzeugen.« Als Marinekadetten während einer Wochenschau über Evita laut husteten, wurden daher zwanzig von ihnen aus der Marineakademie relegiert, und als ein Abgeordneter der Opposition im Kongreß eine Gesetzesvorlage einbrachte, nach der Ehefrauen von Staatsbeamten eine öffentliche Betätigung untersagt werden sollte – ein eindeutig gegen sie gerichteter Angriff –, ließ sie sofort seine Abgeordneten-Immunität aufheben und ihn ins Gefängnis werfen.

Sie begann einen Rachefeldzug gegen ›La Prensa‹, die beste aller argentinischen Zeitungen. Mit einer Auflage von 460 000 an Wochentagen und 570 000 an Sonntagen führte diese Zeitung unter der Chefredaktion ihres Eigentümers, Alberto Gainza Paz, dem Oberhaupt einer der führenden Familien Argentiniens und Oligarch der alten Schule, die Opposition gegen die Peróns an. Herausfordernd leitartikelte sie: »Wir brauchen keine Ratgeber oder Erzieher oder Propheten oder Erlöser oder Beschützer oder Retter.« Und was ›La Presidenta‹ anbelangte, so weigerte sich die Zeitung, sie bei ihrem Namen zu nennen, und bezog sich auf sie, wenn sie mußte, stets nur als ›die Frau des Präsidenten‹.

Aber wie so oft bei Auseinandersetzungen, in die Evita verwickelt war, war es etwas sehr viel Persönlicheres, was ihren unbarmherzigen, kompromißlosen Krieg gegen eine Zeitung auslöste, die sich über die Jahre einen internationalen Ruf erworben hatte. Und wie bei den Damen der Sociedad de Beneficiencia war es eine gesellschaftliche Abfuhr, die ihren Zorn erregte. Als Ehefrau des Präsidenten erwartete sie von den führenden Zeitungen, daß sie automatisch über jedes gesellschaftliche Ereignis, sei es Cocktailparty oder Diplomatenessen, berichteten, das sie in ihrer Residenz oder in der Casa Rosada gab. Aber selbst die glänzendsten Empfänge blieben in den Gesellschaftsseiten von ›La Prensa‹ unerwähnt, eine Beleidigung, die, was Evita betraf, Gainza Paz in die gleiche Kategorie einreihte wie die übrigen Oligarchen des Landes, die sie so abgrundtief verabscheuten.

»Ich werde sie für all das Leid büßen lassen, das sie den Armen zugefügt haben – bis zum letzten Tropfen Blut in ihnen«, schrie sie, als sie ihrer Verbitterung vom Balkon der Casa Rosada aus Luft machte. Und richtig, schon bald begann ›La Prensa‹ für ihre Opposition zu büßen. Im Januar 1947 griffen peronistische Demonstranten das graue Gebäude der ›La Prensa‹ auf der Avenida de Mayo an und entfachten Brände, die von den Angestellten gelöscht werden konnten. Eine Zeitlang sah es so aus, als würde die Zeitung das gleiche Schicksal erleiden wie ›Critica‹, die während der turbulenten Tage des Oktober 1945 von peronistischen Banden mit Maschinengewehren und Handgranaten angegriffen und in Brand gesetzt worden war. Der Herausgeber war nach Uruguay geflohen, und die Besitzerin, eine Witwe, hatte prompt an Perón verkauft. Aber Gainza Paz war aus einem ganz anderen Holz geschnitzt. Er hielt stand, wiewohl die verbalen Angriffe weitergingen. Evita indessen war mit den Damen der Sociedad de Beneficiencia noch lange nicht fertig. Denn plötzlich bot sich ihr eine Gelegenheit zur Rache. Die Vorsitzende der Gesellschaft, ihr aristokratisches Mitglied, Doña Maria Unzue de Alvear, starb im Alter von 88 Jahren. Zu ihren guten Werken gehörte der Bau und die Ausstattung einer Kirche, und die Familie rechnete damit, sie in deren Krypta beisetzen zu können. Aber Evita grub eine uralte Gesundheitsverordnung aus, durch welche die alte Dame nirgendwo anders begraben werden durfte als auf einem Friedhof. Die Familie wollte sich darüber hinwegsetzen. Aber als der Trauerzug sich in Bewegung setzte, wurde er von der Polizei angehalten und zurückgeschickt. Mit der Genugtuung, ihre Rache bis an das Grab weitergeführt zu haben, brach sie also auf zu einer Reise nach Europa. Bald sollte sie auf der ganzen Welt ebenso berühmt (oder berüchtigt) sein, wie sie es daheim war.

7
Das europäische Abenteuer

Die Gegner Evitas – sie nannte sie ihre Super-Kritiker – sagten, sie sei eine ›resentida‹ und meinten damit, sie sei ein nachtragender Kampfhahn, und alles, was sie täte, sei durch Eifersucht und Haß auf die Gesellschaftsschicht motiviert, die sie als Kind wie Dreck behandelt habe. Dieser Vorwurf ging ihr doch so nahe, daß sie ihn in ihrer Autobiographie abstritt. »Ich kämpfe gegen alle Privilegien der Macht und des Reichtums. Das soll heißen, gegen alles, was die Oligarchie darstellt, nicht weil die Oligarchie mich zu irgendeinem Zeitpunkt schlecht behandelt hat. Ganz im Gegenteil. Bis ich die Position erreichte, die ich heute in der Peronistischen Bewegung einnehme, verdanke ich ihr nichts als Freundlichkeiten, und das schließt eine die Damen der Oligarchie repräsentierende Gruppe ein, die sich erbot, mich in deren höchsten Kreise einzuführen. Mein spezieller Groll hat seinen Ursprung ganz und gar nicht im Haß.« Verständlicherweise konnten diejenigen, die sich an ihre erbitterten Schlachten mit den Damen der Sociedad de Beneficiencia erinnerten, darüber nur lächeln. Sie waren überzeugt, sie hasse diese Frauen nicht nur, sondern sei entschlossen, ihnen jede Sekunde des Tages bewußt werden zu lassen, daß Evita wohlhabender, mächtiger sein würde, als sie es jemals gewesen seien oder zu werden je hoffen könnten. Evitas Tour durch Europa machte das deutlich.

Die alljährliche Reise nach Europa gehörte zum Lebensstil der meisten guten argentinischen Familien. Obwohl Spanien für viele von ihnen die Heimat ihrer Ahnen war, ließen sie für gewöhnlich Madrid aus und fuhren schnurstracks nach Paris, wo sie Kultur auftankten und verschwenderisch Geld für die allerneueste Mode ausgaben. Evitas Chance, in ihre Fußstapfen zu treten, kam im April 1947, als der spanische Diktator Francisco Franco ihr einen hohen Orden verlieh. Er verkündete: »Getragen von dem Wunsch, Doña Maria Eva Duarte de Perón einen Beweis meiner Hochachtung zu geben, verleihe ich ihr das Großkreuz des Ordens von Isabel der Katholischen.« Einige Zyniker führten den plötzlichen Beweis der Zuneigung General Francos für Señora Perón auf den dringenden Bedarf seines Landes an argentinischem Weizen zurück. Wahr oder nicht, jedenfalls stellte er bald fest, daß sowohl die Geste als auch der Weizen ihn etwas teurer zu stehen kommen würden, als er vorausgesehen hatte. Von seinem Botschafter in Argentinien erhielt er die Nachricht, die Frau des Präsidenten beabsichtige, sich die Auszeichnung selber abzuholen.

Peróns Außenminister, Juan Atilio Bramuglia, hatte mit der Begründung von der Reise abgeraten, daß Argentinien sich derzeit bemühe, seine Konflikte mit den Vereinigten Staaten aus der Welt zu schaffen, und ein Besuch der Frau des argentinischen Staatspräsidenten zu dem Zeitpunkt im faschistischen Spanien von Washington nicht mit Wohlwollen betrachtet werden würde. Aber Evita ignorierte diesen Ratschlag, für den Bramuglia später noch teuer bezahlen sollte. Die einzige andere Stimme, die sich öffentlich in Protest dagegen erhob, war ein geheimnisvolles Phantom, dem es irgendwie gelang, sich in die landesweit im Rundfunk übertragene Abschiedsansprache des Präsidenten Perón einzuschalten. Mittels eines Geheimsenders, der auf die Frequenz des staatlichen Rundfunks abgestimmt war, unterbrach der Sprecher Perón und brandmarkte »jene, die sich zu Verfechtern einer Scheingerechtigkeit proklamierten«, bevor er sich mit den Worten »Tod für Perón« verabschiedete.

Aber ihre ›descamisados‹ machten diese Schmach wieder gut. 150 000 von ihnen erschienen am nächsten Morgen auf dem Flugplatz Morón, um ihr einen lautstarken, emotionsgeladenen Abschied zu bereiten. »Ich fahre in die Alte Welt mit einer Botschaft des Friedens und der Hoffnung«, sagte sie zu ihnen mit tränenerstickter Stimme. »Ich fahre als Vertreterin der arbeitenden Menschen, meiner geliebten ›descamisados‹, bei denen ich mein Herz zurücklasse, wenn ich gehe.« Dann stieg sie, nach einer letzten Umarmung ihres Mannes, in eine Dakota der spanischen Fluggesellschaft Iberia, die für die Reise luxuriös mit einem eigenen Schlafzimmer und einem Eßraum umgerüstet worden war.

Wie die Reichen, die sie in jenen Sommern ihrer Kindheit auf dem staubigen Bahnhof von Los Toldos, umgeben von einem kleinen Heer von Hauspersonal, aus dem Zug hatte steigen sehen, nahm Evita Zofen, ihren Friseur, ihren Schneider, ihren Arzt, Sekretäre und ihren Beichtvater, den Jesuiten-Pater Benitez, mit auf die Reise. Auch ihr Bruder Juan flog mit. Darüber hinaus hatte sie 64 Komplets, mehrere Pelzmäntel und eine herrliche Auswahl von Juwelen bei sich.

Für eine Frau, die niemals weiter gereist war als bis zum uruguayischen Seebad Punte del Este, wohin sie während ihrer Anfangsjahre als Schauspielerin gelegentlich zu Wochenenden mit Liebhabern fuhr, reiste Evita fraglos im großen Stil. Eine Eskorte von 41 spanischen

Jagdflugzeugen begleitete die Dakota auf der letzten Etappe der Reise von der Küste bis zum Madrider Flughafen. Geschütze donnerten Salut, als das Flugzeug auf der Landebahn bis zum roten Teppich rollte, wo General Franco, seine Frau Carmen und das gesamte spanische Kabinett ihren Gast aus Argentinien zur Begrüßung erwarteten.

Weitere 200 000 Spanier standen auf dem Vorfeld, wo sie stundenlang in glühender Sonne ausgeharrt hatten in der Hoffnung, einen Blick auf die Frau werfen zu können, deren Ruf bereits legendär war. Für arme Spanier, die ohnehin zu den Ärmsten in Europa zählten, war sie – wie auch für arme Argentinier – die ›Dame de la Esperanza‹, die Dame der Hoffnung, aus dem Gelobten Land, in dem so viele von ihnen träumten, eines Tages leben zu können. An diesem Abend auf dem Flugplatz erhaschten sie nur einen kurzen Blick von ihr – ein Aufleuchten ihrer zu einer Pompadourfrisur hochtoupierten Haare, ein Schimmer ihres Seidenkleides und ihrer Juwelen-, bevor sie eiligst zur Residenz General Francos davongefahren wurde.

Am nächsten Tag blieben Geschäfte und Büros geschlossen, damit sich die Madrider auf dem Platz vor dem Palacio Real, dem königlichen Schloß, versammeln und die über Lautsprecher aus dem Thronsaal übertragene Zeremonie mitverfolgen konnten, wenn Franco, in seiner Uniform eines Capitán General (Generalkapitäns) und angetan mit der Halskette des Ordens von San Martin, den Perón ihm geschickt hatte, Evita den höchsten Orden, den Spanien zu vergeben hat, das diamantenbesetzte Kreuz von Isabel der Katholischen, überreichte. Dann schritt sie, flankiert vom Generalissimo und seiner Frau, hinaus auf den Balkon, um die unten versammelte riesige Menschenmenge zu grüßen. Ihre Gastgeber waren überrascht von der Masse und der Begeisterung der Versammelten. Als sich Evita zu den am Rande des Balkons aufgestellten Mikrophonen begab, wandte sie sich mit einem Lächeln an Franco: »Wann immer Sie eine derart große Menschenmenge zusammentrommeln wollen, brauchen Sie mich nur anzurufen.« Dann warf sie Kußhändchen zu den Menschen unter ihr und sprach. »Ich komme als Regenbogen zwischen unseren beiden Ländern«, sagte sie zu ihnen. Die Masse brüllte ihre Zustimmung, und Tausende von Armen streckten sich ihr entgegen im Faschistengruß der Falange. Evita, trotz der drückenden Hitze eines Madrider Sommertages mit einem über die Schulter geworfenen Nerzmantel bekleidet, antwortete, indem sie den Gruß erwiderte. Es war sicherlich nichts weiter als eine spontane Geste, gedankenlos ausgeführt. Aber, wie sich herausstellte, sollte ihr dieser Gruß nichts als Ärger bereiten auf ihrer weiteren Reise durch Europa.

Natürlich nicht im Spanien Francos. Dort liebte das Volk sie. Auf einer Folkloreveranstaltung auf der Plaza Mayor von Madrid, die bis drei Uhr morgens dauerte, schenkte jede der 50 spanischen Provinzen ihr eine vollständige Ausrüstung ihrer jeweiligen Tracht. Man führte sie zu Stierkämpfen in der Plaza de Toros, wo die Arena ausgelegt war mit farbigem Sand im Rot und Gelb der spanischen und im Weiß und Blau der argentinischen Nationalfarben, die Staatswappen beider Länder in der Mitte im Sand ausgespart, bevor das alles unter den peitschenden Hufen der Muira-Stiere zerstob. Es gab Gala-Bankette in Francos Palast El Prado und eine Rundreise durch die Provinzen – Sevilla, Coruna, Granada, Katalonien. Wo immer sie ging, rissen sich riesige Massen von Landfrauen darum, die blonde Göttin aus Argentinien zu berühren. Es war, als sei sie wieder daheim, wo sie ihre Liebe, ihr verwirrendes Lächeln an ihre Landsleute verströmte, Babys liebkoste, Ansprachen hielt und, das Allerwichtigste, ihre unerschöpflichen Geschenke austeilte – 100 Peseten-Scheine aus einer Handtasche, die niemals leer zu werden schien, und sogar Übertragungsurkunden für argentinische Ländereien an zukünftige Auswanderer.

Der Sonderkorrespondent der ›New York Times‹ in Madrid berichtete: »Die Garderobe der Señora Perón liefert nach wie vor unerschöpflichen Gesprächsstoff. Bei ihren vielen öffentlichen Auftritten hat sie noch nicht zweimal dasselbe Kostüm angehabt, und oft zieht sie sich drei- oder viermal am Tage um … Ihr Erscheinen am bisher heißesten Tag in einem prachtvollen Nerzcape hat einige Überraschung ausgelöst, aber es gab auch viel Bewunderung für ihre Erscheinung. Sie zieht sich chic an, wenn auch mit einer gewissen Neigung zum übertriebenen Aufputzen, und die Frauen in Spanien bekunden ein starkes Interesse an dem, was sie trägt. Von den oberflächlichen Fragen bezüglich ihres Aussehens und ihrer Kleidung einmal ganz abgesehen, haben ihre Ansprachen einen guten Eindruck hinterlassen. Ob sie ihre Reden tatsächlich selber geschrieben hat oder nicht, sie waren gescheit geschrieben. Sie legten ein besonderes Gewicht auf ›soziale Gerechtigkeit‹, ein Thema, das Franco in letzter Zeit stärker betont hat als sonst. Sie spricht gut, wiewohl etwas theatralisch – aber das wiederum ist ein Stil, der bei den Spaniern gut ankommt. Es entsteht eine gewisse Monotonie durch ihre ständige Betonung ihrer Liebe zu den ›descamisados‹, aber die Zeiten sind schlimm genug für die meisten Menschen in Spanien, so daß sie interessiert jedem zuhören, der den Armen helfen will, und das ist ihr ständiges Thema.«

Unter den spanischen Aristokraten wurde viel über ihre Abneigung gesprochen, mit Evita zusammenzutreffen. Sie hatten jedoch nie Gelegenheit, ihr Reden in die Tat umzusetzen, da keiner von ihnen je eingeladen wurde. Als die Frau des Ex-Königs von Rumänien der Señora Perón eine Nachricht schickte, sie würde sie gerne treffen, war die Antwort brutal: »Laß sie wie jeden anderen auch auf der Straße stehen.«

Selbst Franco bekam einmal ihre scharfe Zunge zu spüren. Als sie ihm sagte, Argentinien würde ihm zwei Schiffsladungen Weizen als Danke-Schön-Geschenk schicken, erhob der Generalissimo unüberlegt Einwände. »Wir brauchen keinen Weizen«, sagte er ihr. »Wir haben so viel Mehl, daß wir nicht wissen, was wir damit machen sollen.« Das war eine derart eindeutige Lüge, daß Evita ihn sekundenlang fragend anschaute und ihn dann anfuhr: »Wie wäre es, wenn Sie es mal ins Brot täten?« Wenn diese Erwiderung Francos diktatorisches Gleichgewicht störte, so fing er sich schnell. Er hatte immerhin fast eine Million Dollar für den Besuch seines Gastes ausgegeben. So lächelte er also sein müdes, verkniffenes Lächeln und bemühte sich, die Tatsache zu ignorieren, daß niemand mit ihm in diesem Ton seit Jahren gesprochen hatte.

Was Evita anbelangt, ihr Regenbogen schimmerte mit voller Leuchtkraft über Spanien. Am Ende ihres zwei Wochen und vier Tage währenden Aufenthalts sprach sie in einer landesweit übertragenen Sendung zu den Frauen Spaniens. »Ich fühle mich berauscht von Liebe und Glückseligkeit«, sagte sie zu ihnen, »weil mein Herz, das Herz einer einfachen Frau, angefangen hat, zu vibrieren mit den ewigen Akkorden eines unsterblichen Spaniens.« Und damit entflog sie nach Rom.

Vielleicht war es die Ära – die schäbige, bedrückende

Periode der Nachkriegsnot und -armut –, was Evitas Reise durch Europa so faszinierend machte. Die Boulevardpresse berichtete über jeden ihrer Schritte in atemberaubenden Details, während selbst so gewichtige Blätter wie ›The Times‹ über die Bedeutung des Ganzen sinnierten. ›Time-Magazine‹ brachte sogar Evita auf der Umschlagseite, eine Ehrung, die von der argentinischen Regierung nicht sonderlich geschätzt wurde, welche das Magazin wahrscheinlich wegen ein oder zwei herabwürdigenden Sätzen verbot. Aber die Titelgeschichte begann eigentlich recht sanft, mit einem Zimmermann in ausgebleichtem blauen Drillich, der eine provisorische Tribüne auf der Avenida Alvear zusammenhämmert. Er war nicht ganz sicher, wofür sie bestimmt war. »Vielleicht für die Rückkehr der Señora von ihrer Reise. Ah, Señor, Sie haben über diese Reise gelesen. Ein Wunder, ist es nicht so? Gewiß, alle Welt muß das wissen.‹

Und dann war da auch noch Italien. Die Italiener hatten den verschwenderischsten Empfang vorbereitet, den ihr Land irgend jemandem seit dem Kriege hatte zuteil werden lassen. Natürlich gab es eine enge Bindung zwischen den beiden Staaten. Über die Jahre hatte Italien Hunderttausende von arbeitslosen, verarmten Bauern übers Meer geschickt, damit sie in Argentinien ein neues Leben begannen, und fraglos blickte ein Großteil der argentinischen Familien auf Italien als das Land ihrer Ahnen. Die italienische Regierung hoffte in der Tat, daß der Empfang für ihren illustren Gast, wenn auch nicht im gleichen opulenten Maßstab wie der von General Franco, den Weg ebnen würde für eine neue Welle von Auswanderern, um die Belastungen durch den Wiederaufbau nach dem Kriege zu mildern. Als Evitas Flugzeug daher die italienische Insel Sardinien überflog, gesellten sich zwei Bomber der italienischen Luftwaffe dazu, um auf den letzten 300 Kilometern bis zum Festland das Ehrengeleit zu geben.

Als Evita aus dem Flugzeug stieg, beugte sich Italiens Außenminister, der 75 Jahre alte Graf Carlo Sforza, tief über ihre Hand. Zweitausend Kinder schwenkten papierne argentinische und italienische Fähnchen. Eine Musikkapelle spielte und übertönte die beifälligen Pfiffe der amerikanischen Luftwaffensoldaten, die voller Bewunderung die Blondine in ihrem hautengen, mit Blumenmuster bedruckten Kleid anstarrten. Am Flughafentor salutierten acht chic uniformierte Carabinieri auf Schimmeln mit ihren Säbeln, als Evita in einem 50 Wagen umfassenden Autokonvoi über die Via Appia nach Rom abfuhr. Plakate an den Hauswänden priesen sie als ›edle Botschafterin‹ eines Staates, der es vorzog, während des ›jüngsten, leidvollen Krieges‹ sich nicht dem ›Block der Nationen anzuschließen, der gegen Italien kämpfte‹.

Die Autokolonne fuhr an den Brunnen Trevi und Essedra vorbei, die zwar seit dem Kriege trockengelegt worden waren, nun aber für die Dauer des Aufenthaltes des hochgestellten Gastes wieder sprudelten. Die Straße bis zur argentinischen Botschaft, in der Evita residieren sollte, war auf den letzten paar Kilometern neu belegt worden, und als Teil eines Verschönerungsprojekts hatte man das Pissoir auf dem Bürgersteig vor dem Botschaftsgebäude entfernt.

Innerhalb der Botschaft hatte man fast 900 000 Mark ausgegeben in einem irren Versuch, sie aufzumöbeln. Die Auffahrt war mit poliertem grünem Marmor (kein Wagen durfte darauf fahren, bis sie kam) neu belegt worden. Der Innenhof wurde als tiefliegender Garten neu gestaltet, mit Springbrunnen, plattierten Wegen und Blumenbeeten. Im Gebäude selbst wurden zwei neue Marmortreppen gebaut. Die Sitzmöbel wurden neu bezogen, die Wände angestrichen und Bilder von Präsident Perón in jedem Zimmer, einschließlich der Bäder, des fünfstöckigen Hauses aufgehängt. In Evas Schlafzimmer gab es zwei davon – ein Ölbild über dem Bett und ein kleines Foto in einem protzigen Goldrahmen auf der Frisierkommode. Das Zimmer war in dem von ihr bevorzugten Louis-XV.-Stil renoviert worden. Aber der Eindruck wurde, betrüblicherweise, nach all dem aufgewendeten Geld innerhalb von Sekunden nach ihrer Ankunft zunichte gemacht.

Mehrere tausend Italiener hatten sich vor der Botschaft versammelt, und die Rufe »Perón, Perón« veranlaßten Evita, auf ihren Balkon hinauszutreten. Sie winkte, und aus der Menge reckten sich als Antwort Arme zum alten Faschistengruß empor, der seit dem Sturz der Mussolini-Diktatur in Italien nicht mehr gesehen worden war. Sofort entbrannte ein erbitterter Kampf, als die Faschisten von kreischenden Kommunisten angegriffen wurden. Eine zutiefst erschrockene Evita floh zurück in ihr Zimmer und hielt sich die Ohren zu, um die Buhrufe und Pfiffe des Pöbels draußen nicht zu hören. Die italienische Polizei brauchte eine Stunde, um die Straße freizumachen, zu welchem Zeitpunkt die schönen Blumenbeete vor der Botschaft bis zur Unkenntlichkeit zertrampelt worden waren.

Der Chef des Protokolls im Außenministerium eilte früh am nächsten Vormittag zu ihr, um sich zu entschuldigen. Aber es war eine bleiche, abgespannt aussehende junge Frau, die mit einer starken Polizeieskorte zu einem Besuch bei Papst Pius XII. in den Vatikan fuhr. Sie trug ein langärmeliges Kleid aus schwerer schwarzer Seide, das vom Hals bis zum Boden reichte. Ihre sorgfältig frisierten blonden Locken verschwanden unter einer Mantilla aus zarter schwarzer Spitze. Sie trug Spitzenhandschuhe und ein Schmuckstück – den Stern des Isabel-Ordens, den Franco ihr verliehen hatte, in Weiß und Silber. Sie war ein bezaubernd schöner Anblick, wie sie am Arm des einäugigen Prinzen Allessandro Ruspoldi, der die elegante Kniehose des Höflings trug, an der Schweizer Garde vorbeischritt.

Für Evita war das der Höhepunkt ihres Italienbesuches. Freunden gegenüber hatte sie gesagt, sie rechne mit einer päpstlichen Markgrafenwürde in Anerkennung ihrer Arbeit für die Armen in Argentinien. Das hätte sie ohne Zweifel auf die höchste gesellschaftliche Stufe in Argentinien erhoben. Die lieben Damen der Sociedad de Beneficiencia hätten ihre liebe Not gehabt, sie danach noch zu ignorieren. Aber es sollte nicht sein.

Der Papst empfing sie in seinem Arbeitszimmer mit all dem Pomp, den das Zeremoniell des Vatikans für Ehefrauen von Staatsoberhäuptern vorschreibt. Er dankte ihr für ihre Arbeit für die Armen und sagte ihr, er habe ihrem Mann das Kreuz des Ordens von Papst Pius IX. verliehen. Dieser ist zwar ein prachtvoller, mit Diamanten übersäter, achteckiger Stern, aber nicht ganz die allerhöchste Auszeichnung in der päpstlichen Rangfolge. Am Ende der Audienz schenkte der Papst Evita einen Rosenkranz, das übliche Geschenk bei solchen Gelegenheiten.

Aber es gab dafür Entschädigungen – ein Gabelfrühstück mit dem Außenminister, ein Empfang im Grand Hotel, bei dem es vor päpstlichen Titeln nur so funkelte, und eine blendende Aufführung der ›Aida‹ unter freiem Himmel in den Thermen des Caracalla. Eva erschien, in schwarzer geblümter Seide, mit einem Weißfuchscape, Haare, Ohren und ihr schöngeformter Hals vor Diamanten glitzernd, am Arm des Ministerpräsidenten de Gasperi, gerade rechtzeitig, um den zweiten Akt eine volle halbe Stunde zu verzögern. Einige der zahlenden Gäste waren außer sich. Aber die lateinamerikanischen Diplomaten, denen man die besten Plätze gegeben hatte, bereiteten ihr einen berauschenden Empfang. Für Evita Perón muß das ein erhebender Augenblick gewesen sein. Sie hatte es weit gebracht seit jener Ein-Zimmer-Hütte in Los Toldos. Aber egal, wie hoch sie stand, Spötteleien und Herabsetzungen verfolgten sie immer.

›Time Magazine‹ zitierte in seinem damals so einzigartigem Stil ein Interview, das Evita anscheinend einem Reporter gegeben hatte (obwohl weder der Name des Reporters noch der Ort des Interviews erwähnt wurden, wodurch der Verdacht aufkam, die Geschichte sei ein Produkt der fruchtbaren Fantasie von ›Time‹). »Ich liebe alle Musik, Konzerte und Opern – besonders Chopin«, sagte Evita... und gestand, daß der Empfang in Rom, trotz der Kommunisten, ›hinreißend‹ gewesen sei. »Ich verstehe nichts von Politik«, fuhr sie fort und unterstrich ihre Worte mit ihren Alabasterhänden, »aber ich bin zutiefst religiös.« Der Papst sei ›wundervoll‹ gewesen. »Welch Heiligmäßigkeit«, sagte Eva Perón und rollte ihre Augen gen Himmel. Der Reporter fragte, ob sie Lesen genauso genieße wie Musik. »O ja«, sagte Eva. Und hatte sie irgendwelche bevorzugte Autoren? »Warum stellen mir die Leute solche Fragen? Ich mag alles, was ich lese.« Aber sie müsse doch sicherlich einige Autoren bevorzugen. »Nun«, sagte Eva und kräuselte die Stirn im quälenden Nachdenken. »Plutarch. Er ist ein uralter Schriftsteller«, fügte sie eilig hinzu. Wegen dieser kleinen Gehässigkeit wurde ›Time‹ eine Zeitlang in Argentinien verboten.

Evitas erste öffentliche Aussage in Rom, vor einem Auditorium von 600 Frauen, entsprach mehr ihrer Art:

»Ich trage einen Namen, der auf der ganzen Welt zu einem Schlachtruf geworden ist«, sagte sie zu ihnen. »In dieser ersten Rede, die ich in dieser unsterblichen Stadt halte, möchte ich sagen, daß Frauen die gleichen Pflichten haben wie Männer und daß sie darum die gleichen Rechte haben sollten... Soziale Gerechtigkeit ist in Argentinien eine vollendete Tatsache, und das Programm General Peróns hat den Zweck, eine moralische und materielle Evolution der Massen, insbesondere der Frauen zuwege zu bringen. Viva Italia.« Von ihrer verbissenen, leidenschaftlichen Rhetorik aufgewühlt, flogen ihr die Herzen der Frauen zu.

In den Industriestädten des Nordens, Bastionen der Kommunisten und Sozialisten des Landes, sah die Sache ganz anders aus. In Mailand wurde sie ausgebuht und ausgepfiffen und war sichtlich erschreckt angesichts der brüllenden Massen, die ihren Wagen anzugreifen versuchten. (Eine der millionenfachen bösartigen Geschichten über Evita behauptete, sie habe sich wütend an ihren Ehrenbegleiter, einen höheren Marineoffizier im Ruhestand, gewandt und sich beschwert: »Haben Sie gehört, man hat mich eine Hure genannt?« »Machen Sie sich nichts daraus, Señora«, habe der Offizier beschwichtigend geantwortet. »Ich fahre schon seit 15 Jahren nicht mehr zur See und man nennt mich immer noch Admiral.«) Ihre nächste Station hätte eigentlich Venedig sein sollen, wo Gondolieri ihr bei einem abendlichen Umzug im Schein von Laternen ein Ständchen bringen wollten. Aber als sie erfuhr, daß Ministerpräsident de Gasperi tags zuvor in Venedig von einer linksgerichteten Menschenmasse niedergebrüllt worden war, verließ Evita den Norden und eilte zurück nach Rom.

Ein verlegener Regierungsbeamter schrieb die Abänderung der Reisepläne des Gastes der Hitze (Europa schmachtete in jenem Sommer unter einer sengenden Hitzewelle) und einem dichtgedrängten Programm zu, das schließlich zu aufreibend geworden sei. Aber er gestand, es könnten auch ›andere Überlegungen‹ maßgebend gewesen sein. Ein Sprecher der regierenden Christlich Demokratischen Partei lieferte diese voller Abscheu: »Es ist«, sagte er, »das erste Mal in unserer zweitausendjährigen Geschichte, daß ein weiblicher Gast in unserem Land beleidigt worden ist.« Glücklicherweise sprach er von einer Frau, die durch ein Leben voller Beleidigungen abgehärtet war. Nach ein paar Tagen der Entspannung an den Ufern des Comer Sees war sie wieder voll da und bereit für die nächste Station ihrer europäischen Odyssee – Paris, dem Zufluchtsort reicher Argentinier, dem Mekka ihrer oligarchen Kultur.

Das Wetter war nach wie vor unerträglich. Auf dem Flughafen Orly betrug die Temperatur 33 °C, als Evita aus der Dakota stieg und von Außenminister Georges Bidault mit tiefer Verbeugung und Handkuß begrüßt wurde. Sie hatte ihre schönsten Kleider für Paris aufgehoben und bot nun in weißem Kleid, weißen Schuhen, mit weißer Handtasche und einem großen weißen Strohhut ein berauschendes Bild. Ihr einziger Schmuck, von den drei Ringen abgesehen, die sie stets am vierten Finger der linken Hand trug – einen breiten goldenen Ehering, einen riesigen Brillantsolitaire (angeblich stand er, was Größe anging, nur dem der Frau des Aga Khan nach) und einem ›Ewigkeitsring‹ mit Saphiren, Rubinen und Smaragden –, war eine große Rubinbrosche.

»Das ist ja mörderisch«, sagte sie lachend zu Bidault, der sie durch ein Knäuel schiebender, kämpfender Kameramänner und einer jubelnden Gruppe von argentinischen Diplomaten zu der Wagenkolonne geleitete, die sie zum Ritz entführte. Vor dem Hotel piepsten 18 französische Kriegswaisen »Vive l'Argentine«. Sie drückte zwei von ihnen an sich, küßte sie und hinterließ auf ihren Wangen Spuren ihres scharlachroten Lippenstifts.

An den darauffolgenden Tagen gab es ein Frühstück mit dem Staatspräsidenten Vincent Auriol im Château de Rambouillet, bei dem sie ein bezauberndes Faltenkleid in Weiß, bedruckt mit großen blau-grünen Blumen, trug, dann ein Abendessen mit Außenminister Bidault, ein Besuch in Versailles und einen Empfang im Cercle d'Amerique-Latine in der Avenue d'Iena, wo das gesamte südamerikanische diplomatische Corps vor ihr defilierte, die Frauen einen Hofknicks vor ihr machten und drei Schritte rückwärts gingen. Bei diesem Ereignis trug sie das wohl prächtigste Kleid überhaupt – ein schulterfreies, golddurchwirktes Abendkleid, das sich ihrem Körper anschmiegte wie die Haut einer Meerjungfrau. Dazu trug sie eine riesige juwelenbesetzte Halskette, lange, dazu passende Ohrringe, drei juwelenbesetzte Armbänder und einen Schleier aus Goldlamé, der von ihren hochtoupierten blonden Haaren bis zum Ende der Schleppe ihrer Robe reichte. Ihre hochhackigen goldenen Sandalen mit edelsteinbesetzten Absätzen funkelten und erregten bei allen Aufmerksamkeit, als sie mit aufgenommener Schleppe die Marmortreppe hinaufschritt. In den frühen Morgenstunden des nächsten Tages speiste sie im eleganten Restaurant Pre-Catelan auf dem Bois de Boulogne, wo die übrigen Gäste auf die Tische unter den Bäumen stiegen, um einen Blick auf die zu Besuch weilende ›Presidenta‹ zu erhaschen.

Eine Reporterin vom Pariser Büro des Magazins ›Newsweek‹, die einen Bericht ›mit den Augen einer Frau‹ liefern sollte, beschrieb Evita so: »Sie ist 1,65 m groß, erscheint aber größer, hat dunkelbraune Augen (die als schwarz beschrieben werden), honigfarbenes Haar mit rötlichem Schimmer (sie kann sich auf ihre Haare setzen) und eine sehr weiße Haut, die sie durch eine helle Foundation Lotion, das Weglassen von Rouge und sehr dunklem Lippenstift noch unterstreicht. Sie hat sehr ebenmäßige Zähne, und ihre Lippen sind zu einem permanenten, wenn auch gequälten Lächeln geöffnet. Das kommt daher, daß sie weder Französisch noch Englisch spricht und sich Mühe geben muß, interessiert zu erscheinen. Sie raucht nicht und trinkt nicht und hat die Neigung, erschreckend schnell zuzunehmen, daher läßt sie sich täglich massieren und von ihrem Arzt untersuchen. Sie ißt mäßig, und ein Mitglied ihres Gefolges verschwindet in der Küche, wo immer sie gerade ißt. Sie stellte fest, daß der Sommer in Paris viel heißer sei als in Argentinien, und im Cercle d'Amerique-Latine machte sie mehrmals die Bemerkung, es sei immer kühler, wenn die Türen geschlossen blieben und man die heiße Luft draußenhalte.«

Da die Temperaturen tagein tagaus um die 35 Grad blieben, wurde sie zusehends schlapper. Ihr nahestehende Menschen sagten, sie sei sehr müde und würde sehr schlecht schlafen. Weil sie an eine einfache Diät aus ›bife‹ und ›papas fritas‹ (Steak und pommes frites) gewöhnt war, empfand sie das schwere französische Essen mit Champagner als unerträglich schwerverdaulich, und ebenso erging es ihr mit dem geschmacklosen Maisbrot, das ihr zu jedem Essen serviert wurde und das zweifellos eine höfliche Art war, Frankreichs Bedarf an argentinischem Weizen zu unterstreichen. So reich war Argentinien, so arm die großen alten Staaten Europas, daß Evita die Wohltäterin spielen konnte, wohin sie auch ging – Spanien, Italien, sogar Frankreich –, mit Pesetas,

Lire, Francs aus ihrer Handtasche für die Armen und mit riesigen Darlehen an deren Regierungen. Einer der Höhepunkte ihres Aufenthalts in Paris kam in der Tat am Quai d'Orsay, wo sie in der Manier einer Grande Dame bei der Unterzeichnung eines französisch-argentinischen Wirtschaftsvertrages, durch den Frankreich ein Darlehen von 600 Millionen Pesos (etwa 120 Millionen Dollar) gewährt wurde, den Vorsitz führte. Damit konnte man eine Menge argentinisches Getreide und auch Rindfleisch kaufen, obschon diese Aussicht eine alles andere als galante französische Zeitung nicht daran hinderte, ziemlich grob zu schreiben: »Man wird Madame Perón den französischen Arbeitern und Bauern erst dann schmackhaft machen, wenn man sie als ein Stück gefrorenes argentinisches Rindfleisch zurechtmacht.«

Verständlicherweise dämpften derartige Bemerkungen die Begeisterung Evitas für Frankreich. Ihr *savoir faire* begann ein wenig nachzulassen. Nachdem sie vier der führenden Modeschöpfer gebeten hatte, für sie eine noch nie dagewesene private Vorführung ihrer Kollektionen im Ritz zu veranstalten, erschien Evita mit einstündiger Verspätung, ließ die Vorführdamen in winzigen Umkleideräumen bei einer Temperatur von annähernd 40 Grad warten und erklärte ihnen dann, sie habe keine Zeit, sich die Kleider anzusehen. Dann gab es eine weitere Peinlichkeit im supereleganten Restaurant des Ambassadeurs, wo zwei Clowns in der Verkleidung eines Kamels ihr einen Blumenstrauß anboten – durch die hintere Öffnung des Kamels. Das fand sie gar nicht komisch und stolzierte mit ihrer Begleitung hinaus, begleitet vom wiehernden Gelächter der übrigen Gäste.

Gegen ein Uhr früh an diesem Morgen telefonierte Evita mit Buenos Aires und sprach mit ihrem Mann. Für sie war es zur nächtlichen Gewohnheit geworden, mit ihm ihre Freuden und Kümmernisse des Tages zu teilen. Evita schickte jede Nacht ein Päckchen mit den Fotos nach Buenos Aires, die während des Tages von ihr gemacht worden waren, und ihre Gastgeber sorgten stets dafür, daß, wo immer sie sich aufhielt, Fotografien des Generals gut sichtbar aufgestellt wurden. Sie waren noch niemals so lange getrennt gewesen, und beide müssen die Einsamkeit empfunden haben, die Hand in Hand mit der Macht einhergeht, umgeben zu sein von Hilfspersonal, das bereitstand, jeden ihrer Wünsche augenblicklich zu erfüllen, und dennoch isoliert, etwa in der Art des alten Liedes von Irving Berlin: »Was soll ich tun, wenn ich nur ein Foto habe, dem ich meine Sorgen erzählen kann?« Diese Art von Sorgen, die weder das Hilfspersonal noch Fotos ihnen abnehmen konnten und die beide mit ziemlicher Sicherheit während der langen nächtlichen Telefongespräche erörtert haben müssen, umfaßte auch die Fragen, ob sie nach Großbritannien reisen sollte oder nicht.

Der britische Premierminister Clement Attlee hatte sie in sein Land eingeladen, nachdem das Foreign Office von der britischen Botschaft in Buenos Aires erfuhr, daß eine Einladung begrüßt werden würde. Anfangs waren die Briten von der Idee entzückt gewesen, die sie als Gelegenheit ansahen, ihre eher gespannten Beziehungen mit Argentinien auf eine freundschaftlichere Basis zu stellen. Perón hatte sie wirtschaftlich aus einem Land hinausgefegt, das sie seit langem als ein sechstes Dominion betrachteten. Ihre Investitionen in Argentinien waren praktisch über Nacht von 250 auf vier Millionen Pfund Sterling zusammengeschrumpft, und zwar als Ergebnis von Verkäufen, zu denen sie angesichts drohender Enteignung gezwungen worden waren. Aus diesem Grunde besaßen sie keine wirtschaftliche Macht mehr über Argentinien. Noch 14 Jahre zuvor hatten sie es gezwungen, einen Handelsvertrag zu unterschreiben, der eine Vereinbarung enthielt, wonach alle privaten argentinischen Buslinien in Buenos Aires aufzulösen seien. Und das aus keinem anderen Grunde, als daß sie die Rentabilität des im britischen Besitz befindlichen Transportsystems der Stadt bedrohten. Aber alles, was den Briten jetzt Sorgen bereitete, war lediglich die Sicherstellung der von ihnen dringend benötigten Fleischlieferungen. Wenn das davon abhing, der Frau des argentinischen Präsidenten ein paar angenehme Tage in England zu bereiten, dann war es der britischen Regierung ein Vergnügen, sie herzlich willkommen zu heißen. Leider lief die Sache nicht ganz wie erhofft.

Im Grunde lag die Schwierigkeit darin, daß es den Briten viel schwerer fiel, sich ihrer kolonialen Mentalität zu entledigen als ihres Weltreiches, und die Labour-Regierung Attlees traf die Vorbereitungen für den Besuch mit all dem Takt und Zartgefühl eines Kanonenboot-Diplomaten des 19. Jahrhunderts. Die Verantwortung für die Zusammenstellung eines Programms wurde dem Anglo-Hispanic Council übertragen, dessen Sekretär, wie mitgeteilt wurde, »bestens für diese Aufgabe geeignet ist, da er Lateinamerika genau kennt. Er war Missionar der Methodisten-Kirche und hat das Gebiet des Amazonas erforscht«. Als wenn das nicht schon schlimm genug gewesen wäre, kam als nächstes die Mitteilung aus dem Foreign Office, daß man dabei sei, Vorbereitungen zu treffen, um »Señora Perón Dinge zu zeigen, an denen sie interessiert ist, wie etwa die Königliche Landwirtschaftsausstellung und den Londoner Hafen«. Als zusätzlichen Leckerbissen hatte sich Mrs. Attlee freundlicherweise bereit erklärt, mit ihr Tee zu trinken.

Sollte die Regierung tatsächlich geglaubt haben, alles

sei in schönster Ordnung, so stand ihr ein gewaltiger Schock bevor. In erster Linie wollte die Señora beim König und der Königin im Buckingham Palace wohnen. Was sie anging, war das das einzige, was zählte. Das sollte der Höhepunkt, der alles überragende Augenblick ihrer Europareise werden. Ihre Nachbarinnen, jene Damen der Gesellschaft aus der Avenida Alvear, würden niemals mehr auf sie herabblicken können.

So fand sich also der britische Außenminister Ernest Bevin, dessen Herkunft fast genauso ärmlich war wie die Evitas, plötzlich mit einer diplomatischen Krise konfrontiert. Denn nicht einmal ein so eingefleischter Sozialist aus dem Arbeiterstand wie Ernest Bevin konnte es zulassen, daß eine Frau mit der zweifelhaften Reputation Evitas auch nur eine Nacht unter dem Dach des Palastes seines Souveräns verbrachte. Man ließ Evita wissen, daß sich ihre Majestäten, leider, zum Zeitpunkt ihres Besuches nicht in der Hauptstadt aufhalten würden. Als ihr Mißfallen über diese Wendung der Ereignisse der britischen Presse zu Ohren kam, äußerte sich ein Sprecher des Foreign Office hochtrabend über die Anspielung, es gäbe einigen Anlaß zur Verwunderung darüber, daß Señora Perón nicht im Buckingham Palace wohnen würde. »Es handelt sich nicht um einen Staatsbesuch«, sagte er. »Solche Besuche sind äußerst selten und zwischen ihnen und einem privaten Besuch Vergleiche ziehen zu wollen, ist nur ein Zeichen von Ignoranz.«

Das Foreign Office beeilte sich klarzustellen, daß der Sprecher nicht die Ignoranz der Señora Perón gemeint habe. Es seien die Zeitungen gewesen, meinte das Ministerium, die das falsch verstanden hätten. Der Zorn des Foreign Office richtete sich in erster Linie auf die Boulevardzeitung ›Sunday Pictorial‹, die mit der Balkenüberschrift auf der ersten Seite erschienen war: »Die Frau des Präsidenten ist nicht willkommen.« In dem Artikel hieß es, daß der vorgesehene Besuch der Regierung »zunehmend Verlegenheit bereite«. Britische Parlamentarier seien besorgt, weil Señora Perón »die Frau eines faschistischen Diktators« sei, weil Argentinien »mit erpresserischen Mitteln durchweg Preise für Fleisch verlange, das sich oft als von abscheulicher Qualität erwiesen habe«, weil sie frisch von einem »triumphalen Empfang in Francos Spanien, einem Land, in dem Unterdrückung herrsche«, nach Großbritannien käme und weil »der beliebteste Partytrick der Señora darin bestünde, beim geringsten Anlaß den Faschistengruß vorzuführen«.

Diese Geschichte wurde sofort vom Auslandsdienst der Associated Press aufgenommen und nach Argentinien übermittelt, wo sie von den anti-peronistischen Zeitungen voller Schadenfreude veröffentlicht wurde. General Perón las sie am nächsten Morgen, und prompt bekam AP seinen Zorn zu spüren. Das Informationsministerium gab über das staatliche Rundfunknetz ein Bulletin heraus, in dem die amerikanische Nachrichtenagentur bezichtigt wurde, »das Instrument gewisser Kreise zu sein, die daran arbeiten, die guten Beziehungen zwischen Argentinien und befreundeten Staaten zu stören«. Nur, wer denn diese gewissen Kreise seien, das sagten die Argentinier nicht. Aber noch am gleichen Tage wurde der britische Botschafter ins Außenministerium in Buenos Aires gerufen, wo man ihm mitteilte, daß Señora Perón Großbritannien nun doch nicht besuchen würde. Erklärungen wurden nicht gegeben. In London stießen die britischen Minister stille Seufzer der Erleichterung aus, auch wenn der Sprecher des Foreign Office natürlich »das lebhafteste Bedauern« bekundete.

Anstelle des Buckingham Palace mußte sich Evita also

mit der Schweiz begnügen, und als ob ihre Leidensgeschichte nicht schon schlimm genug wäre, bereiteten ihr die Schweizer den unerfreulichsten Empfang ihrer ganzen Reise. Als der Bundespräsident mit ihr vom Berner Bahnhof zum Rathaus fuhr, warf ein junger Mann, der sich bis zur vordersten Reihe der neugierigen Menschenansammlung durchgekämpft hatte, zwei Steine gegen den Wagen, welche die Windschutzscheibe zerschlugen. Evita riß die Hände hoch, um ihr Gesicht zu schützen. Sie blieb unverletzt, und der Steinwerfer wurde nach einem Handgemenge verhaftet. Die schweizerische Regierung entschuldigte sich wortreich. Aber schon am nächsten Tage warf eine Gruppe von jungen Kommunisten mit Tomaten. Sie verfehlten ihr Ziel, trafen aber den Außenminister, der neben ihr saß, und beschmutzten ihr Kleid.

Nach zwei Monaten des Umherziehens hatte Evita schließlich genug von Europa. Sie beendete abrupt ihren Aufenthalt in der Schweiz, flog nach Dakar in Westafrika und ging an Bord eines argentinischen Frachters, der MS Buenos Aires.

Nach einer Reise quer über den Atlantik hatte sie noch einen letzten Aufenthalt vor sich und ging in Rio de Janeiro gerade rechtzeitig an Land, um die erste Inter-Amerikanische Verteidigungskonferenz nach dem Kriege aus dem Hintergrund mitzuerleben. In der Nacht vor ihrer Ankunft tapezierte die argentinische Botschaft die ganze Stadt mit Tausenden von ockerfarbenen Plakaten von Evita. Bis zum Morgengrauen hatte die brasilianische Polizei sie allerdings alle wieder abgerissen, und die Argentinier wurden von der Abendzeitung ›Diario da Noite‹ leise getadelt mit dem Kommentar: »Brasilianer benötigen keinen Rat, wie sie hübsche Charmeure behandeln müssen.« Der brasilianische Außenminister zeichnete sie mit dem ›Orden Nacional do Cruzeire do Sul‹ aus und fuhr mit ihr die 65 Kilometer bis zum nebelverhüllten Gebirgstal, wo die Konferenz im Hotel Quitandinha stattfand.

Nun, da sie sich wieder auf lateinamerikanischem Boden befand, begann die ihr eigene alte Anziehungskraft wieder zu wirken. Zusätzliche Polizeieinheiten mußten eiligst aus Rio herangeschafft werden, um mit den Tausenden von Ortsansässigen fertig zu werden, die ins Hotel stürmten, begierig, einen Blick auf die argentinische Göttin zu werfen, von der sie schon so viel gehört hatten. Flankiert von den Außenministern Brasiliens und Argentiniens betrat sie in bühnenreifer Manier den lachsfarbenen Konferenzsaal des Quitandinha, gerade fünf Minuten bevor der amerikanische Außenminister, George Marshall, seine Grundsatzrede begann. Die Vertreter aller Länder der Hemisphäre brachten ihr eine stehende Ovation, als sie in einem eigens für sie mit Seilen abgetrennten Teil im vorderen Bereich des Saales, nahe der Rednerbühne, Platz nahm.

Später trank sie Champagner mit Marshall, der ihr erzählte, der Vertreter ihres Landes auf der Konferenz, Außenminister Juan Bramuglia, sei jedermanns Held geworden. Von seinem Hotelzimmer aus, wo er Mate aus einem silbergefaßten Kürbis trank, habe Bramuglia Jahre des Grolls und des Mißtrauens Argentiniens gegenüber den Absichten der USA auf dem Kontinent beiseite geräumt. Er habe es geschafft, die notwendigen Kompromisse zustande zu bringen, wann immer die Delegierten bei strittigen Fragen sich festgefahren zu haben schienen, als sie sich bemühten, einen Vertrag zustande zu bringen, der alle Staaten des amerikanischen Raums zu gegenseitiger Verteidigung verpflichtete. Evita lächelte schal zu diesem übertriebenen Lob über Juan

Bramuglia. Außenminister Marshall hätte in der Tat, ohne es zu wissen, seinem argentinischen Amtskollegen keinen schlechteren Dienst erweisen können. Als Evita den letzten Abschnitt ihrer Reise antrat, dachte sie sehr viel über den Außenminister ihres Mannes nach, und den Namen, den er dabei war, sich zu machen.

8
»Die Liebe überwindet alles«

Der lauteste Ort der Welt am 23. August 1947 war fraglos der Hafen von Buenos Aires. Evita kehrte heim. Eine eisige Brise vom Rio de la Plata wühlte das schlammige Wasser der Kaianlagen auf, als ihr Schiff am alten Yachtclub der Reichen vorüberglitt und in den Hafen einfuhr. Sirenen heulten. Schlepper brummten ihr Willkommen. Am Kai brüllten 250 000 Argentinier einen Gruß: »Uno, dos, tres, Evita otra vez!« (Eins, zwei, drei, Evita ist wieder da!) Zu Tausenden waren sie tags zuvor per Zug und Bus in die Hauptstadt geströmt und hatten in den Parkanlagen der Stadt geschlafen, eingewickelt in ihre Ponchos, um sich vor der kalten Luft der Winternacht zu schützen. Ihre dunkle Hautfarbe, die indianisch-mestizen Gesichtszüge und die zerlumpte Kleidung – das Merkmal der ›descamisados‹ – waren ihr Passierschein zu den Festivitäten in den Uferanlagen.

Inmitten dieses Getöses schob sich das Schiff langsam an den Kai heran. Evita stand auf der Brücke, winkte und wischte sich die Tränen aus den Augen. Auch ihr Ehemann-Präsident weinte. Denn in Lateinamerika ist es einem Mann gestattet, seine Rührung zu zeigen. Deswegen gilt er nicht weniger als Mann. Als seine Frau, in einem Kohinor-Nerz mit üppigen Puffärmeln, an Land trat, schloß er sie, vor der ganzen Menschenmasse, in einer bewegten Umarmung in seine Arme. Dann wischte sich Juan Domingo Perón mit schwungvoller Handbewegung die Tränen aus den Augen und führte sie zu einer speziell für den Anlaß errichteten, mit weinrotem Samt drapierten Tribüne.

Für beide war es offensichtlich ein glücklicher und erregender Augenblick. Hatte die Reise durch Europa auch ihre Hochs und Tiefs – Diamanten in Madrid, Buhrufe in Mailand –, so war Evita Perón dabei zu einer weltbekannten Persönlichkeit geworden. Die Staatsoberhäupter von Spanien und Frankreich hatten ihr die Hand geküßt. Sie war vom Papst empfangen worden. Sie hatte dem amerikanischen Außenminister, George Marshall, die Schau gestohlen. Zwei Monate lang war ihr Name tagtäglich in den Schlagzeilen des gesamten westlichen Europas gewesen, da die Journalisten miteinander wetteiferten, über jedes Wort und über jede Bewegung des unehelichen Landmädchens aus den Pampas zu berichten. Jede Zeitung brachte immer und immer wieder die verblüffende Aschenputtel-Geschichte der schönen Zauberin aus Argentinien.

Es hätte sicherlich nicht überrascht, wenn die Peróns diese Augenblicke vor den Mikrophonen zu gegenseitigen Lobpreisungen benutzt hätten. Vielleicht sagt es eine Menge über ihre Wesensart aus, ihre zielstrebige Anbetung der Macht, daß sie die wenigen Minuten mit ihren ›descamisados‹ und ihrer landesweit gebannt lauschenden Zuhörerschaft dazu verwendeten, ihre Gegner anzugreifen. Denn selbst nach fast zweijähriger diktaturähnlicher Machtausübung der Peronisten gab es noch immer oppositionelle Zeitungen, die sich nicht mundtot machen, und politische Gegner, die sich nicht einschüchtern ließen. An jenem Nachmittag im August warnte sie der Präsident, daß seine Geduld erschöpft sei, und daß, wenn sie seine »Bitte«, Ruhe zu geben, nicht annähmen, diese ihnen aufgezwungen werden würde.

»In den vergangenen anderthalb Jahren haben wir das Unerträgliche ertragen«, donnerte er. »Wir bitten sie noch immer, weder Niedertracht als Kampf noch Verleumdung als Waffe einzusetzen. Es ist zu ihrem Vorteil, wenn sie auf uns hören: Wir wollen Frieden, wir wollen Ruhe, denn wenn sie uns eines Tages zu der Überzeugung bringen, daß, um diese Ruhe zu erlangen, es notwendig ist zu kämpfen, dann werden wir kämpfen! Wenn morgen der Augenblick gekommen sein sollte, diesen Frieden durch Gewalt zu erzwingen, bin ich entschlossen, das zu tun, und die Verantwortung dafür wird auf ihren Schultern ruhen.«

So etwas liebten die Massen. Das war die Art Schelte gegen die Reichen, die zu hören sie gekommen waren. Sie jubelten noch lauter, als ihre geliebte Evita an die Mikrophone trat. Zuerst sagte sie mit sanfter Stimme: »Zutiefst bewegt bin ich in dieses, mein Land zurückgekehrt, wo ich meine drei großen Lieben zurückließ: Mein Heimatland, meine ›descamisados‹ und meinen geliebten General Perón.« Dann nahm auch sie ihre Gegner aufs Korn. Sie habe in Europa und in Rio beunruhigende Gerüchte gehört, rief sie aus. »Aber was immer die Znkunft bereithält, wenn ich falle, werde ich mit meinen geliebten ›descamisados‹ und an der Seite von General Perón fallen.«

Und dennoch, was sie auch gehört haben mochte, das war wohl kaum der richtige Augenblick für derartiges Säbelrasseln. Denn von einigen Buhrufen in mittelständischen Vorortkinos abgesehen, als in den Wochenschauen, die in Argentinien vor jedem Hauptfilm gezeigt werden, Aufnahmen von ihrer Rückkehr erschienen, hatte sie wohl den stürmischsten Empfang erhalten, den man je in ganz Amerika einer Frau bereitet hatte. Zur selben Zeit, als in der Kathedrale von Buenos Aires ein Dankgottesdienst zelebriert wurde, ertönten im ganzen Land die

Kirchenglocken. Flugzeuge warfen über der Stadt Olivenzweige ab, die mit Bändern in den Nationalfarben aller Staaten gebunden waren. Farbige Tauben – in Rosa und Blau gefärbt (eine Aufgabe, die die Aufmerksamkeit niedriger Funktionäre der Peronisten tagelang in Anspruch nahm) – flatterten über die wichtigsten Plätze der Hauptstadt. Es war ein Erguß von Liebe, echte und auch organisierte, in einem Maßstab, wie es selbst dieses zugegebenermaßen emotionale Volk niemals zuvor gekannt hatte. Ein Autor, der für das ›New Yorker‹-Magazin schrieb, fing die Augenblicksstimmung in einem Artikel mit der Überschrift ›Liebe, Liebe, Liebe‹ ein. »Die klassische rührselige Romanze unserer Zeit«, schrieb Philip Hamburger, »könnte sich sehr wohl als ›Die fantastischen Abenteuer von Juan und Eva Perón oder Liebe überwindet alles‹ entpuppen.«

Hamburger schrieb, daß er an seinem ersten Tag in Buenos Aires beim Essen in einem Restaurant auf einer der Hauptstraßen der Innenstadt saß und ein praktisch rohes Beefsteak von der Größe eines Telefonbuches genoß, als er das schrille Tuten von Autohupen hörte. Er schaute aus dem Fenster und sah eine lange Lastwagenkolonne, die angehalten und einen Verkehrsstau verursacht hatte. »Die Fahrer saßen herum in ihren Kabinen, grinsten und drückten auf die Hupen. An den Seitenwänden der Lastwagen klebten einfache Plakate mit Abbildungen von roten pfeildurchbohrten Herzen, und zwischen den Herzen prangten Inschriften wie: ›Eva, wir lieben Dich‹, ›Eva und Juan, ein gesegnetes Paar‹, ›Ihr werdet in den Himmel steigen, Eva und Juan‹, und so fort.« In dem Glauben, dies sei ein satirischer Angriff auf die Regierung und möglicherweise der Beginn einer Revolution, bezahlte er seine Rechnung und ging hinaus auf die Straße, um sich die Sache näher anzusehen.

»Hunderte von Menschen, meistens blasse, dünne kleine Männer mit winzigen schwarzen Schnurrbärten, warfen verstohlene Blicke auf die Plakate, als sie vorbeieilten, vermutlich auf dem Wege zu einem mittäglichen Steakessen. Hunderte Menschen schauten aus den Fenstern der hohen, modernen Gebäude entlang der Straße. Das unaufhörliche Hupkonzert, das dümmliche Grinsen der Lastwagenfahrer und die spöttischen, frechen, im grellen Sonnenlicht schimmernden Plakate verliehen dieser Szene einen bedeutenden und historischen Anstrich.«

»Nun ist es soweit«, dachte er. »Peróns Polizei wird kommen. Sie wird diese aufrührerischen Plakate vernichten. Köpfe werden rollen.« Er blieb dort eine ganze Weile stehen. Die Polizei kam nicht. Der einzige Polizist, den er sah, stand auf einer weißen Holzplattform in der Mitte einer Straßenkreuzung und schrie einfach einen Busfahrer an, der, von der Lastwagenkolonne aufgehalten, angefangen hatte zu hupen.

Schließlich erblickte er in der Menge einen nordamerikanischen Freund, der seit langem in Argentinien lebte. Er ergriff seinen Arm. »Revolution?« fragte er und zeigte dabei auf eines der Plakate. »Ach was, Revolution«, sagte sein Freund. »Nur eine Demonstration der Zuneigung. Die Lastwagengewerkschaft wird demnächst streiken. Sie wollen schon im voraus sicherstellen, daß Juan und Eva auf ihrer Seite stehen.« Der Freund schaute wieder auf die Plakate. »Sehr gut«, sagte er. »So richtig liebevoll. Sie werden wahrscheinlich beim Streik gewinnen.«

»In Argentinien«, schrieb Hamburger, »dreht sich bei den Peróns alles um Liebe. Ihr ganzes Handeln ist darauf begründet. Sie sind ständig, schrecklich, leidenschaftlich, patriotisch verliebt. Sie tragen ihre Affäre mit dem Volk ganz offen zur Schau. Sie sind die perfekten Liebenden –

großzügig, liebenswürdig und immer rücksichtsvoll, sowohl in den großen als auch in den kleinen Dingen. Ihre Liebe ist allumfassend und stets gegenwärtig. Sie legt sich wie eine weiche Decke über die von ihnen Geliebten, schafft Wärme und Schutz und die Gelegenheit zu einem guten, langen Schlaf.«

Aber es gab noch immer eine ganze Menge Argentinier, die die Peróns nicht liebten. Nicht, daß sie irgend etwas hätten unternehmen können außer Klatschgeschichten und Gerüchte auszutauschen – davon gab es viele, die man sich auf eleganten Cocktailpartys und Diners erzählte. Bei einer Abendgesellschaft erzählte ein Gast, er habe erfahren, daß die Señora und der Señor sich trennen würden. Gerade an diesem Morgen habe er von einem Mann, der einen Mann kannte, der einen Freund hatte, der im Präsidialbüro in der Casa Rosada arbeite, gehört, daß die Señora den Präsidenten oft anschreie und daß man ihre Stimme noch am anderen Ende des Korridors vor seinen Räumen hören könne. Diese Trennung, fuhr der Gast fort, stimme völlig mit dem Gerücht überein, die Señora begehre selber die Präsidentschaft und habe im geheimen befohlen, Hunderttausende von Plakaten zu drucken mit ihrem Bild und den Worten ›Der erste weibliche Staatspräsident‹. »Wenn die Zeit gekommen ist«, sagte der Gast, »wird sie ihn vergiften.« Ein anderer Gast war ebenfalls voll von Gerüchten. Der Präsident, sagte er, sei von der Señora fasziniert. In ihrer Gegenwart benähme er sich wie ein liebeskranker Jüngling. Bei offiziellen Abendgesellschaften würde sie ohne Unterlaß Einzelheiten ihrer berühmten Auslandsreise erzählen, und der Präsident würde bei jeder langweiligen Episode in die Hände klatschen und »Wunderbar, wunderbar!« ausrufen. Aber die Gastgeberin sagte, man habe ihr erzählt, der Präsident sei der Señora überdrüssig und trüge sich mit dem Gedanken, sie zum Verlassen des Landes zu zwingen. Wenn sie darauf beharre, Gäste mit Reminiszenzen aus ihrer Reise zu langweilen, würde der Präsident ostentativ das Kinn auf die Brust fallen lassen und unschickliche Schnarchgeräusche von sich geben.

Gewisse Geschichten bildeten das Hauptthema. Wenn die Señora Widmungen auf Fotos schreibe, buchstabiere sie die meisten Wörter falsch; die Señora habe riesige unbezahlte Rechnungen in Rom hinterlassen; jeden Abend begebe sie sich nach der Arbeit zur Zentralbank, wo sie ›echten französischen Champagner‹ mit den Direktoren tränke und Komplotte schmiede zur Unterminierung der Finanzstruktur des Landes; sie trage mehrere Millionen Pesos Bargeld in einer kleinen schwarzen Tasche mit sich herum; sie habe unlängst einen 550 000 Pfund Sterling teuren Brillanten von Cartier in Paris gekauft; auf Abendgesellschaften bewundere sie die Juwelen anderer Damen mit solch katzengleicher Emphase, daß man sie ihr unweigerlich noch vor Ende des Abends schenke.

Dennoch, das immer wiederkehrende Erzählen solcher Klatschgeschichten trug wenig dazu bei, die bedrückende Atmosphäre der Depression und der Niedergeschlagenheit, die über der Stadt lag, zu heben. Die Intellektuellen des Landes – Studenten, Schriftsteller, Künstler – waren deprimiert durch ein Gefühl der Unentrinnbarkeit, der Frustration und der zunehmenden Dunkelheit. Ein Rechtsanwalt mittleren Alters erinnerte sich an seine Studententage in den 40er Jahren. »Auf diesem Kontinent«, sagte er, »waren wir an Herrscher vom Typ des Diktators gewöhnt – rücksichtslose, arrogante ›starke Männer‹. Es ist eine jammervolle Tradition. Aber dieser Mann, dieser Perón, war ein Diktator ganz anderen Typus. Er war gerissen, verschlagen, charmant. Er kam nicht einfach offen heraus und schlug Schädel ein. Er tat sein Werk geräuschlos und zynisch. Sehen Sie, es gab so wenig, worauf wir unsere Finger hätten legen können – alles, was er tat, geschah im Namen der Demokratie und des sozialen Fortschritts –, und dennoch, wir spürten den Geruch des Bösen in der Luft und den schmalen Grat, auf dem wir wanderten.«

9
Evas Herrschaft

In den frühen Morgenstunden des 24. September 1948 begannen die Rundfunksender von Buenos Aires die Nachricht über einen Komplott zur Ermordung Evitas und ihres Ehemannes auszustrahlen. Dreizehn Verschwörer seien bereits verhaftet worden, erklärte der Chef der Bundespolizei, Arturo Bertollo, auf einer im Morgengrauen anberaumten Pressekonferenz. Er nannte den Namen ihres Anführers, und es fiel schwer, es zu glauben, handelte es sich doch um den Erz-Descamisado Cipriano Reyes, den Anführer der Arbeiter der Fleischkonservenfabriken. Drei Jahre zuvor, an jenem schicksalsschweren 17. Oktober, hatte er seinen zerlumpten Mob von Arbeitskollegen ins Herz von Buenos Aires geführt und Juan Perón wieder an die Macht gebracht. Wenn es stimmte, dann hatte Reyes nun, enttäuscht und in der Opposition, vorgehabt, eine Bombe auf die Peróns zu werfen, wenn sie zu einer Galavorstellung das Teatro Colón, das Opernhaus, betraten. Ebenfalls als Verschwörer angeklagt war ein ehemaliger Beamter der amerikanischen Botschaft, John D. Griffiths, der wegen angeblicher, gegen Perón gerichteter Aktivitäten im April des Vorjahres aus dem Lande gewiesen worden war. Die Polizei gab keine Erklärung ab für dieses verzweifelte Abenteuer. Aber innerhalb weniger Stunden wurden in der ganzen Stadt Plakate angeklebt, die diese Verschwörung anprangerten. Lautsprecherwagen fuhren durch die Straßen und verkündeten einen 24stündigen Generalstreik, damit die Arbeiter ihrer Empörung Ausdruck geben konnten. Bereits bis zum Mittag war die Stadt lahmgelegt.

Fabriken und Geschäfte blieben zu. Der Zugverkehr wurde eingestellt. Daher setzte die Regierung, um sicherzustellen, daß genügend große Menschenmassen aufmarschierten, Lastwagen ein, die die Arbeiter aus den Elendsvierteln der schäbigen Vororte zum Zentrum der Stadt fuhren. Im hellen Schein der Frühlingssonne strömten sie auf die Plaza de Mayo, und viele von ihnen trugen Transparente, auf denen die Verschwörung gegen ihre geliebten Führer verurteilt wurde. An Gebäuden und Bäumen prangten Galgen – ein vielsagender Hinweis auf die scharfe Rede zwei Wochen zuvor, bei der Perón seinen Gegnern versichert hatte, seine Stimme würde nicht zittern, wenn er befahl, sie aufzuhängen. »An den Galgen mit Cipriano«, brüllte die riesige Menge auf dem Platz. Aber dann, als der Nachmittag immer weiter fortschritt, wechselte der Chorgesang über zu dem vertrauten Reim: »Evita! Evita! Perón! Perón!« Ein Gebrüll, das gut zehn bis fünfzehn Minuten anhielt, als der Präsident und seine Frau, begleitet vom Innenminister Angel C. Borlenghi, endlich auf den Balkon heraustraten.

Als die Menschenmassen sich so weit beruhigt hatten, daß Perón anfangen konnte zu reden, ließ er einen emotionsgeladenen, fast hysterischen Angriff vom Stapel gegen die Vaterlandsverräter, die einen Anschlag auf sein Leben geplant hätten, weil internationale Kapitalisten es so wollten. Seine Zuhörer kannten das Perón'sche Stenogramm auswendig. »Es sind die Yankees«, schrien sie. Der Präsident erzählte ihnen nichts Neues. Aber dieser griff wütend John Griffiths an als »diesen internationalen Spion, der ungehindert in unser Land kam, dem man Vertrauen entgegenbrachte und der dann seinen diplomatischen Status nur zum Spionieren gegen die Republik mißbrauchte«. Dann trat Evita auf mit dem Versprechen, sie würde bereitwillig »tausendfach den Tod erleiden« für ihre ›descamisados‹, und dann stellte sie mit stockender Stimme hörbar die Frage, wieso irgend jemand eine ›armselige Frau‹ töten wolle, nur, weil sie zufällig die ›demütigste Mitarbeiterin des Generals Perón‹ sei. Auf dem Platz unter ihnen antwortete die Menge mit einem tosenden »Hängt sie, hängt sie!«

Doch bevor die Dinge außer Kontrolle gerieten, rief Perón alle auf, sich zu beruhigen. Er habe die Geduld, sagte er, »die Aufrührer zu bezähmen oder, falls erforderlich, zu liquidieren«. Er sagte ihnen, sie sollten nach Hause gehen und fügte, gleichsam als nachträglichen Einfall mit einem Grinsen hinzu, sie sollten auf dem Wege aber nicht Halt machen und die Zeitung ›La Prensa‹ angreifen, was sie für gewöhnlich taten, wann immer sie zu einer Versammlung auf der Plaza de Mayo in die Stadt kamen. Was dies alles allerdings sollte, darüber war sich keiner so ganz sicher. Nicht viele Argentinier, mit Ausnahme der fanatischsten Perónista, nahmen die Geschichte mit der Verschwörung ernst.

John Griffiths, der in die Geschichte verwickelte und auf dem anderen Ufer des La Plata-Flusses, in der uruguayischen Hauptstadt Montevideo lebende amerikanische Diplomat, nannte sie »einen Witz von schlechtem Geschmack«. Von Cipriano Reyes hörte man nichts. Auch nicht in den nächsten siebzehn Jahren. Er blieb im Gefängnis und wurde hin und wieder gefoltert. Unter den anderen angeblichen Verschwörern befanden sich drei Priester, ein halbblinder Arzt und zwei Frauen, die alle politisch völlig unbekannt waren. Was die Beziehungen zu den Vereinigten Staaten anbelangt, so schien sie Perón auf den gleichen niedrigen Stand verwiesen zu haben, den sie in den Anfangstagen seiner Macht erreicht hatten. Dafür schien es nur eine einzige vernünftige Erklärung zu geben, nämlich daß die Peróns ihre Gegner, wer immer diese auch sein mochten, darauf aufmerksam machen wollten, daß sie noch immer kurzfristig eine gewaltige Menge Getreuer auf die Beine stellen konnten.

Angriff also hieß die Parole, und dafür gab es keine geeignetere, wildere Verfechterin als Eva Perón. »Wartet, bis wir die Opposition aus dem Wege geräumt haben«, sagte sie zu einer Gruppe von Gewerkschaftsführern, die sie kurz nach ihrer Rückkehr aus Europa aufsuchten. »Dann werdet ihr richtig was erleben.« Zu einem neugewählten peronistischen Abgeordneten namens Astorgano, einem ehemaligen Rausschmeißer in einem Lokal, der zugab, nervös zu sein, weil er im Kongreß sprechen sollte, sagte sie: »Oh, du brauchst da nicht viel zu reden. Aber du kannst sehr viel aufschnappen. Und wenn du hörst, daß jemand schlecht über mich redet, dann schlage ihm den Schädel ein.«

Der eine Kopf im Kongreß, den Evita insbesondere blutig geschlagen sehen wollte, gehörte dem Abgeordneten der Radikalen Partei Ernesto Enrique Sammartino, der höhnisch im Sitzungssaal des Kongresses bemerkt hatte: »Ein Staatspräsident, der glaubt, die Geschichte des Staates beginne und ende mit ihm, beweist zumindest einen Mangel an geistigem oder moralischem Gleichgewicht.«

Perón machte sich nichts daraus und zog es vor, über derartige Angriffe Witze zu reißen, außer sie gerieten aus der Kontrolle. Evita aber nicht. Sie war nicht bereit, eine Beleidigung dieser Art ungestraft hinzunehmen. Sie wies

Hector Campora, den Präsidenten der Abgeordnetenkammer, an, Sammartino aus dem Kongreß auszustoßen. Campora, ein Zahnarzt aus einer Kleinstadt, war durch eine berechnende sklavische Hingabe an Evita bis an die oberste Spitze in der peronistischen Politik emporgestiegen. Er hatte sich einmal sogar gebrüstet: »Man sagt, ich sei Evitas Diener. Ich fühle mich geehrt, wenn man mich ihren Diener nennt, denn ich diene ihr loyal.« Er verlor also keine Zeit, ihren Befehl auszuführen.

Nach der Verfassung Argentiniens konnten Mitglieder des Kongresses wegen ›schwerwiegender Verfehlung‹ mit Zweidrittelmehrheit ausgestoßen werden. Was Evita anging, so konnte es keine schwerwiegendere Verfehlung geben, als die Ehre ihres Mannes zu beleidigen. Es gab niemals einen Zweifel, wie die Sache ausgehen würde. Die Peronisten verfügten bereits über mehr als eine Zweidrittelmehrheit in der Abgeordnetenkammer und eine hundertprozentige im Senat. Alles, was die Radikalen tun konnten, um ihren eigenen Mann zu beschützen, war, während der Debatte öffentlich für ihn einzutreten. Als der peronistische Abgeordnete Conte Grand in der Kammer den Antrag auf Ausschluß stellte und dabei Sammartinos Angriff auf den Staatspräsidenten als Grund für die Anklage anführte, schrie ein Abgeordneter der Radikalen: »Und damit hatte er auch völlig recht!«

Als der Augenblick gekommen war, da Sammartino sich verteidigen sollte, sprach er mit maßvoller Überheblichkeit. »Wir sind nicht hierhergekommen, um uns vor der Knute zu beugen oder nach Madame Pompadours Pfeife zu tanzen«, sagte er. »Dies ist nicht ein eleganter Nachtclub oder das Vorzimmer eines Palastes. Es ist das Parlament eines freien Volkes, und es sollte dem Volke hier und jetzt klar vor Augen geführt werden, daß diese

Kammer weder den Befehlen eines vorwitzigen Obristen gehorchen, noch die Anweisungen beachten wird, die in parfümierten Briefen aus dem Boudoir irgendeiner Herrscherin gegeben werden.« In diesem Augenblick schlug Campora auf die Klingel auf seinem Tisch und machte jeder weiteren Debatte ein Ende. Ein prominenter Peronist eilte zu einem Telefon in der Garderobe, kehrte danach zurück und flüsterte Campora etwas ins Ohr. Dann kam die namentliche Abstimmung, und die Abgeordneten gaben ihre Stimmen ab, indem sie die elektrischen Anzeigen auf ›Ja‹ oder ›Nein‹ drehten. Die Lichter auf der Anzeigentafel über dem Podium zeigten das Ergebnis an: 104 zu 42 für den Ausschluß. »Mal sehen, wer jetzt davoneilt, die Señora anzurufen!« schrie der Abgeordnete der Radikalen, Emir Mercador.

Nachdem seine parlamentarische Immunität aufgehoben worden war, verschwand Sammartino im Untergrund, da die Bundespolizei die Stadt nach ihm durchkämmte. Schließlich tauchte er, wie so viele andere Gegner der Peróns, am anderen Flußufer, in Montevideo, wieder auf, von wo er seinen Kollegen in der Radikalen Partei eine Botschaft schickte, in der er voraussagte: »Morgen werdet Ihr mir alle folgen müssen.« Nach Sammartinos Ausschluß hatten sie die Abgeordnetenkammer verlassen. Aber das öffnete lediglich Tür und Tor für ein hemmungsloses Absegnen von Kongreßvorlagen. Ohne auch nur auf den vervielfältigten Haushaltsentwurf auf ihren Tischen zu blicken, verabschiedeten die peronistischen Abgeordneten einen 5,1-Millarden-Mark-Etat, dann peitschten sie 28 Gesetzesvorlagen in vier Stunden durch, von denen eine dem Präsidenten diktatorische Rechte einräumte, per Dekret zu regieren, falls er meine, das Wohl des Staates erfordere es. Ein anderes gab ihm die Befugnis, jeden einzusperren, der einem Beamten gegenüber, vom Staatspräsidenten bis zum Hundefänger, ›Mißachtung‹ zeigte.

Als die Peronisten jedoch ihre Aufmerksamkeit einer weiteren Gesetzesvorlage zuwandten, durch die eine verfassungsändernde Versammlung genehmigt werden sollte, um die Landesverfassung von 1853 abzuändern, eilten die Radikalen zurück in die Kammer für eine letzte Abwehrschlacht zur Rettung wenigstens einiger Reste der so brüchig gewordenen Demokratie in Argentinien. Sie attackierten die Regierung, weil diese den Reformantrag im Kongreß durchgepeitscht hatte, ohne daß das Land Gelegenheit gehabt hätte, diesen vorher zu prüfen. »Wir erleben jetzt die Zerstörung des Parlaments«, rief der Abgeordnete der Radikalen, Alfredo R. Vitolo. Ein anderer Radikaler schrie: »Wir wollen Reformen für das Volk, und nicht für den Präsidenten.« Von 4 Uhr nachmittags bis um 2.50 Uhr des nächsten Morgens leistete die Opposition einen vergeblichen hinhaltenden Widerstand. Dann wurde das Gesetz verabschiedet. Eine seiner Bestimmungen gab Perón, sobald es von der Verfassunggebenden Versammlung ratifiziert worden war, die Möglichkeit, ohne vorherige Wahlen die eigene Nachfolge als Präsident anzutreten, ein Schritt, der die Radikalen zu der Warnung veranlaßte, das Land steuere auf eine Situation zu, in der »alle politischen, wirtschaftlichen und kulturellen Befugnisse in einer Staatspartei und ihrem Führer« konzentriert sein würden. Diese Warnung erreichte nur wenige Argentinier. Die von der Regierung kontrollierte Presse und Rundfunk sorgten schon dafür.

Aber einige alte Gegner Evitas beschlossen, ihren Protest gegen die Verfassungsänderungen öffentlich kundzutun. Eine Gruppe der wohlhabendsten und gesellschaftlich prominentesten Frauen Argentiniens paradierten auf der Calle Florida – die wohl berühmteste Einkaufsstraße in ganz Südamerika – mit Transparenten und riefen: »Rettet die Verfassung!« Es war ein unwahrscheinlicher Anblick, eine zusammengedrängte Gruppe älterer und mittelalterlicher Damen in Pelzmänteln, die alle ein wenig verängstigt aussahen ob ihres eigenen Wagemuts. Dennoch sangen sie vor dem Gebäude der oppositionellen Zeitung ›La Nación‹ die Nationalhymne mit ihrem Refrain »Libertad! Libertad! Libertad!« (Freiheit, Freiheit, Freiheit), und sofort waren sie umringt von jubelnden Kauflustigen. Die Straße – mit ihren hohen Preisen – hätte Evitas ›descamisados‹ nicht anlocken können. Aber das Jubelgeschrei und das Singen der Damen der Gesellschaft zog bald die Aufmerksamkeit eines Polizeitrupps auf sich. Sieben Frauen wurden verhaftet, zwei von ihnen uruguayische Touristinnen, Mutter und Tochter, die auf der Calle Florida Einkäufe gemacht hatten und stehengeblieben waren, um die Demonstration zu beobachten. Sie alle wurden über Nacht ins Gefängnis geworfen und am nächsten Morgen, nach einer Standpauke des Richters, entlassen. Doch das war nicht das Ende der Geschichte. Evita war zu dem Zeitpunkt nicht in der Stadt gewesen. Als sie zurückkehrte und erfuhr, was sich zugetragen hatte, ordnete sie sofort die erneute Verhaftung der Frauen an.

Sie wurden in Zellen getrieben, die für Prostituierte reserviert waren, ein grausam rachsüchtiges, von Evita hinzugefügtes i-Tüpfelchen. Das gleiche hatte sie bereits einer Gruppe von jungen Mädchen angetan, die verhaftet worden waren, weil sie während der Ansprache eines peronistischen Provinzgouverneurs auf der Landwirtschaftsausstellung über dessen bäurischen Akzent gelacht hatten. Diese Ausstellung ist immer ein besonderes gesellschaftliches Ereignis in Argentinien, wegen ihrer engen Verbindung zu den Großgrundbesitzern. Eva wußte genau, welche Schrecken und Empörung diese Strafe in einer Gesellschaft auslösen würde, die solch ungeheuren Wert auf die Unberührtheit eines Mädchens legte. Daher machte sie dasselbe mit den älteren Frauen und sorgte dann dafür, daß sie vor einem von Perón eingesetzten Richter erschienen, der sie zu 30 Tagen Gefängnis verurteilte, wiewohl einer von ihnen, die 72 Jahre alt war, gestattet wurde, die Strafe zu Hause zu verbüßen.

Am gleichen Abend widmete die peronistische Zeitung ›La Epoca‹ den größten Teil der ersten Seite der Verdammung der Frauen, weil sie absichtlich versucht hatten, die Regierung im Ausland in Verlegenheit zu bringen. »Das Volk wird seine Feinde geißeln«, donnerte die Zeitung. »Volksverräter werden nicht geduldet.« Die Peróns schienen in der Tat entschlossen, ein Exempel an den Frauen statuieren zu wollen. Möglicherweise war es ein Teil des Rachefeldzugs Evitas gegen die Sociedad de Beneficiencia, denn alle fünf beteiligten argentinischen Frauen waren Mitglieder. Die uruguayische Regierung versuchte, allerdings erfolglos, die Argentinier zu bewegen, die beiden uruguayischen Frauen freizulassen. Was die anderen angeht, so sorgte die peronistische Mehrheit im Kongreß dafür, daß es keine öffentliche Debatte gab, und zwar einfach dadurch, daß sie der Kammer so lange fernblieben, bis die Frauen ihre Strafe verbüßt hatten. Und um sicherzustellen, daß auch ja jeder begriff, daß in Argentinien Opposition nicht länger toleriert werden würde, donnerte Perón, er erkenne »das unveräußerliche Recht einer überlebten Oligarchie an, in ihrem Todeskampf ein letztes Mal um sich zu treten. Aber selbst trotz dieses Rechts muß sie begreifen, daß, wenn wir es so wollen, wir sie so fest verschnüren werden, daß sie nicht mehr um sich treten kann.«

Am nächsten Tag erschien auf den Straßen von Buenos Aires eine Untergrundausgabe der verbotenen sozialistischen Wochenzeitung ›Vanguardia‹ mit einer besonders gelungenen Karikatur ihres berühmten Zeichners Tristan. Sie zeigte Perón in voller Uniform, bewaffnet mit Keule, Messern, Kanone, Lanze, Bomben, Seil, Geldbeutel und Mikrophon. Er redete auf eine geknebelte, an Händen und Füßen an einen Pfahl gefesselte Gestalt ein, die ein Umhängeschild ›Opposition‹ trug. »Hör auf zu prahlen, komm raus und kämpfe«, sagte der General auf der Karikatur. »Du kannst mir keine Angst einjagen, du Verräter, Oligarch, Dieb, Betrüger, Heuchler und Lügner.«

Während sich die ›porteños‹ insgeheim darüber amüsierten, schickten die Peróns die Bundespolizei zu einer weiteren Razzia gegen die lästige Wochenzeitung. Sie hatte schon so oft die beiden zur Raserei gebracht mit ihren ätzenden persönlichen Angriffen, daß sie sie schlossen, aber so, wie sie für gewöhnlich mit ihren Gegnern verfuhren – durch Auslegung der Gesetze, wie es ihren Zwecken entsprach. Gegen ›Vanguardia‹ wurden Anschuldigungen vorgebracht – ihre Druckereipresse verstoße gegen eine städtische Verordnung über Geräuschminderung, eine Waffe, die von den Peróns mit kühler Ironie gewählt wurde, da diese Verordnung einige Jahre zuvor von den Sozialisten unterstützt worden war; das Aufladen der Zeitungen auf Lieferwagen behindere den Verkehr auf der Straße, und im Maschinensaal sei keine geeignete Erste-Hilfe-Ausrüstung vorhanden.

Die Geschäftsführung von ›La Vanguardia‹ sagte, sie würde das Drucken nachts einstellen und das Verladen zu Tageszeiten vermeiden, wenn der Verkehrsstrom dicht sei, wies indessen auch darauf hin, daß mehrere peronistische Zeitungen auf derselben Straße ihre

Druckerpressen nach Sonnenuntergang laufen ließen, ohne deswegen von den Behörden gemaßregelt zu werden. Die Zeitung sagte ebenfalls zu, dafür Sorge zu tragen, daß der Maschinensaal mit der notwendigen Erste-Hilfe-Ausrüstung ausgestattet werden würde. Es half aber nichts. Sie war gezwungen, in den Untergrund zu gehen, verlegte ständig ihren Standort von einer Druckerei zur nächsten und erschien manchmal auf Packpapier. Der Karikaturist Tristan machte sich ein besonderes Vergnügen daraus, die blumenreichen Reden Evitas mit ihren ständigen Hinweisen auf ›das Herz Peróns‹ und das ›Herz Evitas‹ aufs Korn zu nehmen. Er zeichnete sie juwelenbeladen, mit leerem Gesicht und einem herzförmigen Mund als einziges Erkennungsmerkmal.

Niemand, der Eva kennenlernte, vergaß sie jemals. Milton Bracker, der Argentinien-Korrespondent der ›New York Times‹ während der Jahre ihrer Herrschaft, erinnert sich an sie als eine Frau von unglaublicher Humorlosigkeit, verblüffender Energie und ätzender Böswilligkeit, die völlig unfähig war zu vergessen oder zu vergeben. Wenn man ihre Reden las, vermochten sie niemals dieses ständige Gefühl der beleidigten Rechtschaffenheit in ihrer Stimme, die Verschmelzung von Spannung und Empörung, die auf ihre Zuhörer eine tiefere Wirkung gehabt haben mag als ihre eigentlichen Worte, und die halbmystische, ehrfurchtgeladene Rolle zu vermitteln, die sie zur wahrscheinlich meist vergötterten, verhaßten und beargwöhnten Frau ihrer Zeit machten. Ihr Temperament war notorisch. Ein hochrangiger Diplomat hörte, wie sie in Gegenwart anderer hoher Beamter den Finanzminister anschrie: »Halt die Schnauze, Cereijo, halt die Schnauze!« Und dennoch, sie konnte auch sanft und liebevoll reden, wie etwa um

Mitternacht am Heiligen Abend über Radio zu ihren ›geliebten descamisados‹.

Aber es war vom Balkon aus, wo Evita mit höchster Vollkommenheit herrschte. Das ist auch stets das Podium der südamerikanischen Demagogen gewesen. Der populäre Vertreter der Volkspartei Ecuadors, José Maria Velasco Ibarra, der mit schöner Regelmäßigkeit zum Staatspräsidenten gewählt und ebenso regelmäßig abgesetzt wurde, rief einst vom Exil aus: »Gebt mir einen Balkon in jeder Stadt, und ich werde von Ecuador Besitz ergreifen.« Juan und Eva Perón hatten die gleiche faszinierende Anziehungskraft für die Arbeiterklasse Argentiniens. Die Begeisterung der riesigen Volksmassen, die sich auf der Plaza de Mayo dicht an dicht drängten, schien in der Tat auch nach Jahren nicht nachzulassen. Ob die Peróns einen Jahrestag feierten, wie etwa den 17. Oktober, oder ob sie in Zeiten der Krise Rückendekkung suchten, die Argentinier strömten herbei zu Zehntausenden, schwenkten Transparente und Bilder ihres Helden und ihrer Heldin sowie an Stecken gebundene Hemden, das Symbol der Hemdenlosen.

Nachdem das Getöse, das Absingen peronistischer Lieder und Skandieren von Slogans, das zu einem Crescendo von »Evita! Evita! Perón! Perón!« anschwoll, stundenlang gegangen war, stießen der Präsident und seine Frau, wie Schauspieler, die auf ein Stichwort warten, die großen Flügelfenster auf und traten auf den Balkon hinaus. Das Drehbuch änderte sich selten. Perón sprach als erster. Er hatte kaum Zeit, »hemdenlose Kameraden« zu sagen, da unterbrach ihn die Menge mit dem Ruf: »Die Jacke, die Jacke.« Perón lachte dann, zog die Jacke aus und begann seine Rede in Hemdsärmeln. Seine kraftvolle Stimme dröhnte gewaltig über den Platz, so, daß sie alle diejenigen betäubte, die zu nahe an den Lautsprechern standen. Seine Worte flossen nach einem gewissen Rhythmus, steigerten sich im Tempo, wurden langsamer, pausierten, und in solch einem Augenblick fingen die Uneingeweihten, diejenigen, die zum ersten Male dabei waren, an zu klatschen, wie ein Konzertgänger, der das Ende eines Satzes für das Ende der Symphonie hält. Dann, mit einer schwülstigen Redewendung und dem Ruf »companeros descamisados« legte er wieder los.

Wenn er aufhörte, begann das Staccato »Evita! Evita!«, und die schlanke, winzige Gestalt mit den glühenden Augen und dem blonden Haar, eingehüllt im Nerz und diamantenfunkelnd, trat vor an die Mikrophone, mit zum Volk unter ihr ausgebreiteten Armen. Sie sprach schneller als Perón und peitschte ihre Zuhörer durch das Schrille ihrer Stimme zu einem wahren Taumel der Loyalität und Hingabe. Wie stets spielte sie die Unterwürfige gegenüber dem Mann, den sie öffentlich anbetete als einen weisen, gnädigen, halbgöttlichen König. »Er ist für uns ein Gott«, rief sie aus. »Wir können uns den Himmel ohne Perón nicht vorstellen. Er ist unsere Sonne, unsere Luft, unser Wasser, unser Leben. Ich will nichts weiter sein als das Herz Peróns. Denn obwohl ich mein möglichstes versuche, ihn zu verstehen und seine wunderbaren Wege zu begreifen, wage ich kaum zu murmeln, wann immer er eine Entscheidung trifft. Wann immer er spricht, äußere ich kaum ein einziges Wort. Wann immer er einen Rat erteilt, wage ich kaum einen Vorschlag zu machen. Was er sieht, nehme ich praktisch nicht wahr. Aber ich sehe ihn mit den Augen meiner Seele… Ich habe gelobt, die Hoffnungen des argentinischen Volkes zusammenzutragen und sie in das wundervolle Herz Peróns auszuschütten, so daß er sie in Realitäten umwandeln kann.« Dann wandte sie sich an ihren Mann. »Das einfache Volk, Herr General, ist hierhergekommen, um, wie es es immer getan hat, den Beweis zu erbringen, daß das Wunder, das vor 2000 Jahren geschah, wieder geschieht. Die Reichen, die Gelehrten, die Männer an der Macht haben Christus nie verstanden. Es waren die Demütigen und Armen, die ihn verstanden, denn ihre Seelen, anders als die Seelen der Reichen, waren nicht verschlossen durch Gier und Egoismus.« Unten brüllten die Massen ihre Zustimmung: »Uno, dos, tres, cuatro/tenemos Perón para rato« – eins, zwei drei, vier/wir haben Perón für immer hier.

Sollten Evitas Worte in einem solch katholischen Land wie Argentinien fast wie Häresie geklungen haben, so war ihr das auch recht. In ihrer Autobiographie schrieb sie: »Gott, der sich den Himmel ohne seine Mutter, die er so liebte, nicht vorstellen konnte, wird mir vergeben, denn mein Herz kann ihn sich nicht ohne Perón vorstellen... Ich bin sicher, daß Perón, in seiner Nachahmung Christi, eine tiefe Liebe für die Menschheit empfindet und daß dies, mehr als alles andere, ihn groß macht, unendlich groß.«

Keiner, der sie kannte, zweifelte daran, daß sie es mit jeder Faser ihres kleinen Körpers so meinte. Es war eine Glaubensschwärmerei, ein wilder Fanatismus an ihr, und das gab sie selber zu. »Ich habe mich fanatisch Perón und den Idealen Peróns verschrieben«, sagte sie oft. »Ohne Fanatismus kann man nichts vollbringen.« Und sie tadelte alle um sich, die ihn nicht an den Tag legten. »Wir wollen keine verschämten Peronisten, wir wollen keine politisch Neutralen«, war ihr ständiger Refrain. Ihr Mann, toleranter und milder, schien bereit, ihr zu erlauben, ihren Ambitionen nachzugehen. Zu Beginn seiner Präsidentschaft gab er ihr ein Büro und einige Aufgaben im Arbeitsministerium. Innerhalb von zwei Jahren war sie es, die praktisch das Land regierte.

Sie steuerte ihre eigene, fünf Millionen Arbeiter umfassende politische Armee, ihre ›descamisados‹, Mitglieder des Allgemeinen Gewerkschaftsbundes, der CGT. Dessen Generalsekretär, José Espejo, ein gedrungener kleiner Mann mit schwarzem Schnurrbart, war Portier in dem Haus auf der Calle Posadas, wo sie ihre Wohnung hatte, als sie ihn dort herausriß und ihn zu ihrem Druckknopf bei der Gewerkschaft machte. Als Andeutung dessen, was seine Funktion sein würde, blieb er während der Pressekonferenz, auf der seine Ernennung mitgeteilt wurde, stumm, während Evita alle Fragen beantwortete. Von da an verbrachte er die meiste Zeit nicht etwa in der Zentrale der CGT, sondern im Arbeitsministerium, wo er auf Evitas leisesten Wink zur Verfügung stand. Sie regierte die Gewerkschaften durch ihn. Diejenigen von ihnen, die nicht kooperierten, bekamen keine Gehaltserhöhungen zugesprochen. Sie wurden verboten, deren Führer eingesperrt und durch völlig neue Gewerkschaften ersetzt, die von ausgesuchten Gefolgsleuten Evitas angeführt wurden. Das war z. B. das Schicksal der Gewerkschaft der Büroangestellten in Córdoba, der Gewerkschaft der städtischen Arbeiter in Buenos Aires und der Gewerkschaft der landwirtschaftlichen Lastwagenfahrer.

Die Taxifahrer von Buenos Aires waren Mitglieder einer anarcho-syndikalistischen Gewerkschaft, die schon von jeher bekannt dafür war, den argentinischen Regierungen zu sagen, sie sollten sich zum Teufel scheren. Das versuchten sie auch bei Evita. Prompt bildete sie eine Gegen-Gewerkschaft und setzte pro-peronistische Fahrer in deren neue Taxis. Als die Anarcho-Syndikalisten sich der Umarmung weiter widersetzten, führte die Regierung eine Benzinrationierung ein und gab Bezugsscheine nur an Mitglieder der pro-peronistischen Gewerkschaft ab. Innerhalb weniger Wochen waren alle Taxifahrer Mitglieder der Gewerkschaft Evitas. Sie durften von da an an den sehr realen Wohltaten teilhaben – verdoppelte, oft verdreifachte Löhne, bezahlten Urlaub, Prämien, Erholungsheime und Ferienlager –, die die Arbeiter in der CGT, dank ihrer Wohltäterin, zum ersten Male in der Geschichte Argentiniens genossen.

Zu den fünf Millionen Arbeitern, die bis in alle Ewigkeit Evita preisen würden, fügte sie vier Millionen Frauen hinzu, die durch sie von den Fesseln ihrer traditionell untergeordneten Stellung in der romanischen Gesellschaft befreit worden waren. Bis dahin hatten sie wenige Rechte, zivile oder politische, gehabt. Nach den Worten einer erbosten, verbitterten Feministin aus der Zeit waren sie »durch die Handlungsweise einer Gesellschaft intellektuell abgestumpft, die es für gefährlich hält … daß sie lesen und schreiben können … die zutiefst beherrscht ist von religiösen Überzeugungen, geformt durch patriarchalische Vorurteile, durchdrungen von einem Geist, der so spanisch ist, daß er den Mann dazu bringt, die Frau galant zu behandeln, ihr aber gleichzeitig eine eigene Persönlichkeit abzustreiten; ihre Anmut und ihre Schönheit hoch zu schätzen, aber ihre Schwäche und Ignoranz auszubeuten, und kein Vertrauen in ihre Intelligenz zu haben; ein Duell auszutragen, wenn er meinte, seine eigene Frau sei beleidigt worden … aber jede Frau, der er auf der Straße begegnet, mit unverschämten Bemerkungen zu überschütten.« Das waren genau die Vorurteile, gegen die Evita ihr Leben lang hatte ankämpfen müssen.

»Weil ich erlebt habe, daß Frauen niemals weder substantielle noch spirituelle Möglichkeiten gehabt haben – nur die Dichtkunst hat sich ihrer angenommen –, und weil ich weiß, daß Frauen eine moralische und geistige

Quelle in der Welt sind«, sagte sie, »habe ich mich an die Seite der Frauen meines Landes gestellt, um mit ihnen zusammen nicht nur uns selbst, sondern auch unsere Heime, unsere Kinder und unsere Ehemänner zu verteidigen.«

Zuallererst mußte sie ihren Mann überzeugen, der ein halbes Jahrhundert lang gelebt hatte, ohne jemals eine Abweichung von der normalen argentinischen ›macho‹-Haltung gezeigt zu haben. Seine Revolution im Jahre 1943 hatte im Gegenteil einen strengen Aufruf an die Frauen des Landes erlassen, sich auf das Familienleben zu konzentrieren. Denn es war eine Zeit, da man gerade begonnen hatte, Bürostellen, insbesondere in den Ministerien, auch für Frauen zu öffnen. Aber die Militärregierung setzte dem unverzüglich ein Ende. Die Einstellung war in der Tat derartig, daß Staatspräsident Farrell indigniert beklagen konnte, die Demonstrationen gegen die Regierung seien von »Personen des anderen Geschlechts« angeführt worden, »die die Arbeit der Polizisten erschwert hätten, weil sie den Umstand ausgenutzt hätten, daß diese ›caballeros‹ (Herren) seien«.

Es besteht kaum ein Zweifel, daß Perón mit seinem altmodischen Charme Farrells schockierten Ausspruch nachgebetet haben würde. Aber Evita hat das alles anscheinend geändert. Als er Präsident wurde, sorgte sie dafür, daß die Frage des Frauenstimmrechts auf der Liste des Gesetzgebungsprogramms der Regierung stand. Aber es gab eine ganze Menge Argentinier, auch Peronisten, die einen deutlichen Mangel an Begeisterung ob der Aussicht an den Tag legten, daß emanzipierte Frauen ihren Lebensstil auf den Kopf stellen würden. Die Gesetzesvorlage zum Frauenstimmrecht schien bei den Ausschüssen des Kongresses in die Länge gezogen zu werden, während andere Gesetzesvorlagen eiligst behandelt wurden. Daher marschierte Evita kurz nach ihrer Rückkehr von der Europareise in den Kongreß und verkündete den Abgeordneten, sie würde nicht eher weggehen, als bis das Gesetz verabschiedet worden sei. Angesichts der von Frauen überquellenden Besuchergalerie in der Kammer und Tausender von Frauen draußen rings um das Gebäude taten die eingeschüchterten Volksvertreter, wie ihnen geheißen. Zwei Tage später strömten 100 000 Peronisten zur Plaza de Mayo, um dabei zu sein, wenn Perón das neue Gesetz verkündete, und um Evita zuzuhören, wenn sie den Frauen, aber auch den Männern verkündete, eine neue Ära sei in Argentinien ausgebrochen.

Der nächste Schritt war die Mobilisierung der Kräfte, die sie in Bewegung gesetzt hatte. Evita gründete die Peronistische Feministinnen-Partei. Wie das jetzt immer in Argentinien der Fall war, zog sie die 1500 Frauen, die den Teatro Cervantes in Buenos Aires bis zum letzten Platz ausfüllten, völlig in ihren Bann. Die einführenden Worte des einzigen anwesenden Mannes, des Gouverneurs der Provinz Buenos Aires, Domingo Mercante, ließen sie völlig kalt. Aber sie brachen in wilde Jubelstürme von »Evita! Evita!« aus, als diese im nüchternen grauen Anzug mit schwarzem Samtkragen und mit roteingefaßter Aktentasche eintraf. Sie sprach zwei Stunden lang, wobei sie ständig vom skandierten »Unser Leben für Evita« unterbrochen wurde. Natürlich wurde sie zur Vorsitzenden der Partei gewählt, und sie übernahm auch sämtliche anderen Führungsämter. Innerhalb von wenigen Tagen wurden überall im Lande Parteibüros eröffnet. Selbst im allerkleinsten Städtchen konnte man das Clubhaus der Peronistischen Feministinnen-Partei sofort an dem riesigen, im Neonlicht gebadeten Portrait Evitas erkennen, auf dem sie mit huldvoll geneigtem Kopf sanft lächelte.

Aber ihre Macht über das argentinische Volk betraf

nicht nur die Frauen, die ihr das Wahlrecht, oder die Arbeiter, die ihr die letzte Lohnerhöhung verdankten. Sie hing insgesamt mit dem zusammen, was ihre Gegner den gigantischsten Bestechungs- und Schmiergeld-Fonds nannten, den die Welt je gesehen hatte – ihre Sozialhilfe-Stiftung. Diese hatte sie mit rund 5000 Mark eigenen Geldes ins Leben gerufen, um gegen die Wohlfahrtsorganisation anzutreten, die von den stolzen aristokratischen Witwen, die sie so bitterlich haßte, betrieben wurde. Innerhalb von drei Jahren war diese Organisation verschwunden, weil die Regierung, auf Evitas Betreiben hin, die Subventionen eingestellt hatte, die deren Haupteinnahmequelle darstellte. Im gleichen Zeitraum kletterte das Einkommen ihrer Stiftung auf 500 Millionen Mark pro Jahr und war damit zum größten Einzelunternehmen geworden.

Jeder einzelne in Argentinien – ob Botschafter, Stubenmädchen oder Multimillionär – zahlte einen ›freiwilligen‹ Beitrag an die Stiftung. Die Mitglieder der von Evita beherrschten CGT spendeten ihr zwei Tageslöhne pro Jahr. Im ersten Jahr gab es ein derartiges Protestgebrüll seitens der Freiwilligen, daß der Finanzminister, Ramón Cereijo, verkündete, die Stiftung würde das Geld zurückerstatten. Aber gleichzeitig ließ man durchsickern, daß eine verletzte und wütende Evita es sich dann wohl zweimal überlegen würde, weitere Lohnerhöhungen zu gewähren. Wie durch Zauberhand hörten die Proteste auf, und der Generalsekretär der CGT, Espejo, teilte Evita auf einer Sonderveranstaltung im Arbeitsministerium mit, daß die Arbeitnehmer des Landes sich einmütig geweigert hätten, ihr Geld wieder anzunehmen. Huldvoll sagte sie, sie nähme ihre ›großartige Geste‹ an und fügte hinzu: »Ich hatte nichts anderes von meinen geliebten ›descamisados‹ erwartet. Ich nehme ihren Beitrag tiefbewegt an.« Von da ab nahm sie auch einen gewissen Prozentsatz der Lohnerhöhungen an, die sie ihnen gewährte, und zwar machte sie die Erhöhung mit einmonatiger Rückwirkung wirksam, wobei die Hälfte der Erhöhung für diesen Monat an ihre Stiftung abgeführt wurde. Auch die Gewerkschaften überschlugen sich mit Extra-Beiträgen zum Fond, um sich ihr Wohlwollen zu erhalten – 3 312 000 Mark von der Eisenbahner-Gewerkschaft, 1 932 000 Mark von der Gewerkschaft der städtischen Arbeiter, 1 656 000 Mark von der Straßenbahner-Gewerkschaft.

Evita sahnte auch 20 Prozent von den Einnahmen der Staatslotterie ab. Sie erhielt Millionen von Pesos aus öffentlichen Mitteln in Form von Beihilfen des Staates, die von den Peronisten im Kongreß genehmigt worden waren. Auch die Großunternehmen spendeten großzügig, nachdem Firmen das Strafmaß fürs Nichtmitziehen erkannt hatten. Das Massone Institut, eines der führenden südamerikanischen Hersteller von biochemischen Produkten, weigerte sich, einen Beitrag an die Stiftung zu zahlen, weil Arnaldo Massone, der Firmenpräsident, die Peróns verabscheute und nicht bereit war, Evita Perón auch nur einen Peso zu geben. Auch unter Druck weigerte er sich. Die Strafe folgte auf dem Fuße. Er und weitere Direktoren des Unternehmens wurden angeklagt, die chemische Zusammensetzung in den Aufschriften einer Anzahl biochemischer Produkte gefälscht zu haben. Sie wurden zu drei Monaten Gefängnis verurteilt, und das Institut mußte eine Geldstrafe von über 134 000 Mark bezahlen. Wie üblich in solchen Fällen, gab die Polizei Arnaldo Massone genügend Zeit, seine Koffer zu packen und über den Fluß zu fliehen, wo er sich zu der wachsenden Gruppe argentinischer Flüchtlinge gesellte.

Ihnen folgten bald die Direktoren der Süßwarenfabrik

Mu-Mu. Evita hatte sie um 100 000 Pakete Bonbons gebeten. Sie sandten einen Boten mit der Mitteilung, sie würden sie zum Selbstkostenpreis verkaufen. Zurück kam die Antwort, sie erwartete sie umsonst. Als die Herren sich weigerten, erschien ein Regierungsinspektor im Werk. Sein Bericht, der in allen peronistischen Zeitungen abgedruckt wurde, gab an, er habe in der Karamelmasse Rattenhaare gefunden. Die Fabrik wurde geschlossen und das Unternehmen zur Zahlung einer hohen Geldstrafe wegen Betreibens einer unhygienischen Anlage verurteilt. Der Richter, der den Fall verhandelte, leitete umsichtigerweise die Geldbuße weiter an die Stiftung. Wann immer danach einer von Evitas Geldeintreibern eine Firma aufsuchte, die sich als schwierig erwies, nahm er schlicht ein Bonbon aus der Tasche und kaute nachdenklich vor den Direktoren darauf herum. Er mußte selten einen zweiten Besuch machen.

Für das Geld gab es niemals eine Buchführung. Fleur Cowles, die Frau eines amerikanischen Verlagsmagnaten, besuchte Evita in der Casa Rosada und fragte sie, wie sie das Geld kontrolliere, das laufend in die Stiftung flösse. »Ich habe ihr die Frage ganz behutsam gestellt, indem ich sagte, ich nähme an, sie führe ganz genau Buch über jeden Dollar, den sie ausgebe. ›Wie sonst kann die Geschichte Ihnen Lob spenden für Ihre wohltätige Arbeit?‹ waren meine Worte. Ohne mit der Wimper zu zucken, schob sie Geschichte und Buchhaltung beiseite. ›Über Wohltätigkeit Buch zu führen, ist kapitalistischer Unsinn‹, sagte sie. ›Ich gebe das Geld für die Armen aus. Ich habe keine Zeit, es zu zählen.‹«*

Wieviel sie tatsächlich für sich selbst abzweigte, wird man niemals erfahren – genug jedenfalls, um ihre un-

---

* Aus ›Bloody Precedent‹ von Fleur Cowles.

schätzbare Juwelenkollektion zu bezahlen und eine Anzahl von Bankkonten in der Schweiz aufzufüllen. Die Armen Argentiniens profitierten fraglos in einer Art und Weise, wie sie es nie zuvor getan hatten. Evita baute tausend Schulen für sie, ließ Millionen in die Gesundheitsfürsorge fließen, die es für die Armen früher nie gegeben hatte. In ganz Argentinien gab es tatsächlich nur 57 Krankenhäuser, als Perón an die Macht kam. Aber bereits Ende 1949 waren es 119, von denen die meisten den Stempel der Sozialhilfe-Stiftung der Eva Duarte de Perón trugen. Ihre Schwesternschulen bildeten 1300 Krankenschwestern pro Jahr aus, die dann entweder in den Elendsvierteln arbeiteten oder ins Landesinnere gingen, um in den Kliniken, die im Takt von jeweils einer pro Woche eröffnet wurden, tätig zu sein. Sie verfügte über ein eigenes Rotes Kreuz und schickte Erste Hilfe und Ärzteteams an Schauplätze von Katastrophen nicht nur in Argentinien, sondern in ganz Lateinamerika. Nach dem Erdbeben von 1949 in Ecuador, bei dem 800 Menschen ums Leben kamen, schickte Evita Hilfe in großem Umfang – Ärzte, Krankenschwestern, Blutplasma, Medikamente, Lebensmittel, Bekleidung. Der junge Staat Israel erhielt ganze Schiffsladungen von Lebensmitteln und Bekleidung für die Einwanderer, ebenso eine Washingtoner Wohlfahrtsorganisation, sehr zur Verlegenheit der Amerikaner.

Sie baute Heime für ledige Mütter, Altersheime, Parkanlagen und Erholungszentren, ganze Seebäder für die Arbeiter. Es gab ein Hotel für berufstätige Mädchen, die zum ersten Male in die ›Große Stadt‹ kamen und keine Bleibe hatten, ganz so, wie es Evita nicht viele Jahre zuvor ergangen war. Sie baute Waisenhäuser für die »Tausende von kleinen Kindern, die ohne Schulausbildung, ohne Gesundheitsfürsorge, ohne jedwedes Familienleben, in greulichen Hütten zusammen hausen und allen möglichen Krankheiten leicht zum Opfer fallen«. Zu Weihnachten erinnerte sie sich an ihre eigene entbehrungsreiche Kindheit. Über die Stiftung verteilte jedes Postamt im Lande eine Flasche Apfelwein, einen Laib des traditionellen Süßbrotes sowie Spielzeug an jede Familie, die Heiligabend vorsprach. In jedem Paket war ein Bild Evitas und ihres Mannes mit einem Weihnachtsgruß der beiden an ihre ›geliebten descamisados‹.

Eine ihrer größten Freuden war ein Modell-Kinderdorf, das sie in einem Vorort von Buenos Aires bauen ließ. Es bestand aus maßstabgerechten kleinen Häusern, Läden, einer Kirche und einer Bank sowie luxuriösen Schlafräumen, Eßzimmern und Spielräumen. Mindestens 200 Kinder im Alter zwischen zwei und fünf Jahren sollen angeblich in dem Dorf gelebt haben. Sonderbarerweise schien das Dorf immer verlassen wie eine Geisterstadt, wenn Evita ausländische Gäste dorthin führte, was sie gerne tat. Nachdem Evita sie auf die große Tour genommen hatte, sagte Fleur Cowles naserümpfend: »Es erinnerte mich an das Bühnenbild zu einem Ballett – nicht als Behausung für Menschen. Mengen von teurem Spielzeug, das meiste davon größer als irgendein Bewohner, waren sorgfältig in Fluren, in Spielräumen, in Schlafzimmern aufgestellt. Aber es schien am jeweiligen Standort festgenagelt zu sein; mit Sicherheit war es niemals von Kindern im Spiel verrückt worden. In den Schlafzimmerschränken, die Evita voller Stolz öffnete, um sie mir zu zeigen, hingen wunderschöne handgearbeitete kleine Kleider und Mäntel staubig auf Kleiderbügeln. Die Betten waren fast alle unberührt. Es tobten keine Kinder durch die Spielzeughäuser, -läden, -bücherei und -schule, durch die Evita uns schleppte. Wir senkten die Köpfe, um uns in die Miniaturgebäude mit ihren Vorgärten hineinzwängen zu können.« – »Alle Kinder sind heute unterwegs auf einem riesengroßen Picknick«, erläuterte Evita. Eine andere Besucherin, die Frau eines Diplomaten, bemerkte hinterher: »Es ist der in Erfüllung gegangene Traum eines kleinen Mädchens, das nie ein eigenes Puppenhäuschen besaß.«

Es mag schon die Erfüllung eines Traums gewesen sein. Aber die Schulen, Krankenhäuser, Kliniken, Waisenhäuser konnte man nicht so leicht durch höhnische Bemerkungen abtun. Einer ihrer intelligenteren Gegner bemerkte einmal: »Wenn wir für die Arbeiter auch nur einen winzigen Bruchteil dessen getan hätten, was Evita getan hat, dann hätte es niemals einen Perón gegeben, und sie wäre nach wie vor nur eine schlechte Schauspielerin.« Aber sie hatten es nicht getan. Und in der Tat hatte keiner von ihnen das Recht, das zu sagen, was sie voller Stolz sagte: »Ich verbringe jede Stunde des Tages damit, mich um die Bedürfnisse der ›descamisados‹ zu kümmern, um ihnen zu beweisen, daß hier, in der Republik Argentinien … der Abgrund, der das einfache Volk von der Regierung bisher getrennt hat, nicht mehr existiert.«

Ihr normaler Tagesablauf änderte sich nie, es sei denn, sie war verreist. Aufstehen um 5.30 Uhr, Frühstück mit ihrem Mann um 6.30 Uhr, Audienzen in ihrer Residenz um 8 Uhr, in ihrem Büro im Arbeitsministerium in der Mitte des Vormittags. Das Büro schaute auf die Straße Hipolito Irigoyen, nur ein paar Häuserblocks* von der Casa Rosada entfernt. Vier Vasen mit täglich frischen Blumen standen auf einem langen Mahagonitisch an einer Wand. Es gab auch drei Telefone, eins davon elfen-

---

* In den argentinischen Städten haben alle Häuserblocks jeweils 100 Meter Seitenlänge. – *Anm. d. Übers.*

beinfarben – eine Direktverbindung zu ihrem Mann im Regierungspalast. Das Zimmer war klein, 4,57 m lang mal 3 m breit, mit einem Sofa und drei Sesseln, obwohl sich niemand je dorthin zu setzen schien. Denn Evita verbrachte für gewöhnlich den Vormittag damit, im Ministerium von Empfangssalon zu Empfangssalon zu eilen und Abordnungen zu empfangen, die den ganzen Tag lang aus allen Ecken des Landes hereinströmten. Für jede einzelne stand eine Batterie von Fotografen bereit, einer davon von ihrer eigenen Zeitung, ›Democracia‹, die täglich im Durchschnitt acht Fotos von Evita brachte und gar bis zu 25, als sie aus Europa zurückkehrte.

An einem x-beliebigen Vormittag empfing sie z. B. die Vereinigung der Arbeiter der Staatlichen Getreidesilo-Kommission, den Arbeits- und Sozialverband der Hausangestellten des Jockey Clubs, die Gesellschaft der Casino-Kassierer, den Schutzverband der Arbeiter der Staatlichen Schulen, die Union der Arbeiter der Lebensmittelhersteller von Buenos Aires, die Vereinigung der Litauischen Katholiken und den Dachverband der Argentinischen Musiker. Zu dem Zeitpunkt war ihre Privatsekretärin, Isabel Ernest, eifrig darum bemüht, sie zum Mittagessen mit ihrem Mann zu drängen. »Er paßt sehr auf sie auf. Sie arbeitet so schwer. Aber er besteht darauf, daß sie regelmäßig ißt. Er wartet seit 12.15 Uhr auf sie mit dem Essen und, sehen Sie, es ist schon 12.45 Uhr. Er wird so ungeduldig.«

Alle beide, sie und Perón, gönnten sich für gewöhnlich eine lange Mittagspause. Aber gegen 17 Uhr war sie wieder auf dem Weg zum Ministerium, um ihre liebste Rolle zu spielen, die der Guten Fee. Milton Bracker von der ›New York Times‹ war dort einen Nachmittag und schickte seiner Zeitung einen faszinierenden Bericht über ihre Vorstellung:

»Zwei Polizisten bewachen den Eingang zum Ministerium, das die Señora praktisch an sich gerissen hatte. Farbige Posters der beiden Peróns bedecken die mit Menschen vollgestopfte Halle. Evita hat zwei nebeneinanderliegende, aber nicht miteinander verbundene Büros. In das eine werden ärmliche Mütter eingelassen, und zwar auf der Grundlage von Papierstreifen, auf denen die Audienz für 16 Uhr festgelegt ist. In das andere gelangen besser gekleidete Besucher, die zu einer Sonderaudienz um 17 Uhr eingeladen worden sind. Der Wagen der ›Presidenta‹ fährt kurz nach 17.30 Uhr vor, und Evita gleitet durch eine Seitentür in das zweite Büro.

Das Büro ist kaum weniger überfüllt als die Halle. Dennoch sind viele der Wartenden bedeutende Leute: der Gouverneur der Provinz Buenos Aires, die Frau des Erziehungsministers, ein berühmter italienischer Schauspieler. Evitas Technik ist wie die eines Schachgroßmeisters, der 25 Simultanspiele in großer Eile spielt. Sie geht von einem zum anderen, hört kurz zu, wenn auch mit nur scheinbarer Aufmerksamkeit, spricht hastig mit schnellen Gesten und häufigem Lächeln, das ihre Zähne aufblitzen läßt.

Ihre Stimme wird lauter, als sie eine Beschwerde über ein Benefiz-Konzert zurückweist. (›In dieser Angelegenheit ist Gigli eine Autorität. Er weiß, was er tut.‹) Sie sagt einem Bankier, daß, wer auch immer eine bestimmte Arbeit übertragen bekommt, sehr verbindlich, sehr geduldig sein muß. Sie ruft gebieterisch nach dem Chef der CGT (José Espejo). Sie schickt einen Publizisten weg, der förmlich strahlt, nachdem sie ihm gesagt hat, er würde einen guten Botschaftsrat an der Botschaft in Washington abgeben. Sie tätschelt den Gouverneur von Buenos Aires und führt ihn zurück zu einem ungeduldigen, beim Fenster stehenden Personenkreis, dem der Konversationsstoff langsam ausgeht.

Sie geht einer Frage über ihre persönliche Empfindung über ihre Arbeit aus dem Wege.

›Alle diese Menschen, sehen Sie‹, sagt sie. ›Ich bin nichts – meine Arbeit ist alles.‹

Fort ist sie wieder zu einem weiteren Rundgang. Als sie wiederkehrt, gibt es erneut ein bißchen Spiegelfechterei, und sie streckt eine weiche, warme Hand aus, lächelt majestätisch.

›Zeit ist mein größter Feind‹, sagt sie.

Inzwischen quillt das andere Zimmer über von Kindern. Sie rutschen unruhig hin und her, kichern, krabbeln auf dem Boden herum und weinen. Gegen 18.15 Uhr macht ein voreiliges Gemurmel die Runde. ›Ya viene!‹ (›Sie kommt!‹) Kurz danach tritt die Señora schnellen Schrittes ein. Sie sitzt unter einem riesigen Ölgemälde, ›Amalia‹, eine melancholisch dreinschauende Dame in schwarzer Mantilla, von Juan Carlos Alonso. Die übrigen Bilder auf den mit rotem Damast bespannten Wänden stellen die Peróns oder Christus dar.

Vier Sekretärinnen stehen um den Tisch. Die Synchronisation ist wie in einem Operationssaal. Eine legt ihr einen Bleistift in die Hand, die andere hält einen Block mit Kleidercoupons parat, eine dritte reicht ihr einen Telefonhörer. Señora Perón spricht in lebhaftem Ton. ›Ja, ja. Wir sind Ihnen sehr dankbar. Wenn Sie sonst noch etwas brauchen, lassen Sie es uns wissen. Hasta luego.‹ Die Mehrzahl der Menschen im Raum hört schweigend zu. Eine langhaarige Mutter wiegt ihr Kind.

Die erste Bittstellerin ist eine grobschlächtige Frau mit verhärmtem Gesicht. Die Erste Lady wendet ihre braunen Augen ab; eine Traube aus schwarzen Kristallen klimpert auf der Krempe ihres Strohhuts.

20
Prinz Bernhard der Niederlande zeichnet bei seinem Aufenthalt in Buenos Aires am 6. April 1951 Evita Perón mit dem Großkreuz von Oranien / Nassau aus.

21
Evita Perón krönt am 1. Mai 1951 die »Königin der Arbeit«.

22
Evita Perón feuert die Massen zur Unterstützung der Politik ihres Mannes an.

23
Evita Perón mit Staatspräsident General Juan Perón in ihrem Präsidentenpalais in Buenos Aires im April 1951.

22

23

›Ich lebe in einem Zimmer‹, sagt die Frau. ›Ich möchte in einem Haus wohnen …‹

›Wie viele Kinder haben Sie?‹

›Acht.‹

Die ›Presidenta‹ murmelt etwas zu einer ihrer Sekretärinnen. ›Wir können ein Holzhaus zur Verfügung stellen‹, beginnt sie. Die Frau stellt Fragen. Eva diktiert. ›Bekleidung für neun Personen … ein großes Bett, voll ausgestattet …‹ Sie wendet sich mit einer kurzen Nebenbemerkung an einen zu Besuch weilenden Botschafter. Dann nimmt sie das Blatt vom Block der Sekretärin und zeichnet es mit ›E. P.‹ ab. Die Frau schlurft hinaus mit dem Blatt.

Señora Perón verteilt Kleidung, Bettzeug, Möbel, Medikamente und 50-Peso-Noten (damals etwa 40 Mark). Das Medikament ist in aller Regel Streptomycin. Es gibt keinerlei Hinweis, warum der Patient das wirklich braucht. Aber Evita sagt ›vier Gramm‹, und der Vertreter der Gesundheitsbehörde schreibt das Rezept aus. Die 50-Peso-Noten kommen aus einem anscheinend unerschöpflichen Vorrat unter der Schreibtischunterlage. Alle sind neu und in der Mitte gefaltet. Evita verteilt sie einzeln oder zu zweit. Es wird darüber nicht Buch geführt, und Evita teilte mir in einer schriftlichen Antwort mit: ›Das wird es nicht geben.‹ Die Stiftung sei keine ›geschäftliche Angelegenheit‹.

Allmählich wird die Kinderschar kleiner. Ein Priester aus einer entlegenen Provinz spricht eindringlich. ›Eine Audienz für den Padre am Montag um 8 Uhr in der Residenz‹, sagt sie und erhebt sich, derweil der Schein für die Audienz ausgestellt wird. Mit dem Botschafter, der 100 000 Pesos (ca. 90 000 Mark) gespendet hat, stellt sie sich zu einem Foto. Als sie zu einem ›acto‹, d. h. einer öffentlichen Veranstaltung aufbricht, schaut ein junger

Mann sie enttäuscht an. ›Montag‹, sagt sie zu ihm mit süßlichem Bedauern.

Sie schreitet über das Amphitheater. Etwa tausend Arbeiter des graphischen Gewerbes jubeln lautstark. Der bewegende Text der Nationalhymne geht ihr leicht von den Lippen. Ein anderer ›acto‹ schließt sich an. Als Evita nach vier Stunden geht, sind alle anderen erschöpft. Mittwochs verlagert sich die Szene in die Casa Rosada, wo sie und ihr Juancito gemeinsam auftreten.«

Abends war sie für gewöhnlich wieder unterwegs, zu einem anderen ›acto‹. Fleur Cowles begleitete sie einmal nachts ins Opernhaus von Buenos Aires. »Die Zuhörer hingen buchstäblich von den Deckenbalken. Von jeder Hand wanden sich so viele Papierschlangen, und es wurden so viele Fähnchen geschwenkt, daß das große Halbrund der Sitzreihen wie ein gesprenkelter, goldfarbener Flickenteppich aussah. Frauen und, trotz der späten Stunde, Kinder drängten sich in jeder Loge und an den Seiten. Jeder schrie, warf Blumen und schwenkte eine kleine, mit einem Bild Evitas geschmückte weißblaue Fahne.

Als Evitas Wagen auf den Platz vor dem Opernhaus fuhr, verwandelte sich die nächtliche Stille in einen Hexenkessel. Die dunklen Straßen, durch die wir in Evitas kugelsicherem Wagen gefahren waren, waren ruhig und menschenleer gewesen, bis wir um die Ecke bogen und auf eine dichte Menschenmasse stießen. Die Polizei gab sich alle Mühe, eine Gasse für den Wagen freizumachen. Alles, was diese drängende Volksmenge tatsächlich wollte, war Evita entgegenzustreben. Diejenigen, die Evita am nächsten standen, nämlich die am Eingang, durchbrachen sogar die Polizeiabsperrungen, um sich auf sie zu stürzen, ihren Rock zu berühren, aus nächster Nähe das von Dior eingekleidete Aschenputtel mit seinem über drei Millionen Mark teuren Schmuck zu sehen. Es war die reinste Orgie an Neugier und Bewunderung.

Der Anlaß war die Aushändigung von Pensionen an über 70jährige Arbeiter... Auf der großen leeren Bühne wartete eine Handvoll gebeugter, zittriger alter Männer, die herbeizitiert worden waren, um ihre mildtätige Gabe entgegenzunehmen. Sie saßen in einem an Breughel erinnernden teilbeleuchteten Halbkreis vor der Rückwand, still und verängstigt. Abertausende waren gekommen, um zu sehen, wie sie reiche Geschenke austeilte, und um sie reden zu hören. Sie kamen, Evita zu bewundern und, wenn das Glück es so wollte, bei einer ungewöhnlichen Lotterie zu kassieren.

Das Spiel war kindlich: Jeder wirft ein kleines gefaltetes Stück Papier mit Namen und Adresse Evita zu, wo immer sie öffentlich auftritt. Tausende von winzigen gefalteten Papierstücken flatterten durch das Opernhaus während der Veranstaltung in dieser Nacht.

Wann immer sich Evita herunterbeugt, um solch ein Papier aufzuheben, bedeutet diese Geste den Gewinn des ›Jackpots‹ für den glücklichen Menschen, dessen Name auf dem zusammengeknüllten Wurfgeschoß steht. Eine Audienz bei Evita in ihrer Sozialhilfe-Stiftung folgt automatisch.«

Aber für Evita war das weder ein Lotteriespiel noch Wohltätigkeit, wie andere es bezeichneten. Es gäbe einen Unterschied, wie sie stets nachdrücklich betonte, zwischen der Wohltätigkeit der reichen Witwen und der sozialen Hilfe ihrer Stiftung. »Wohltätigkeit demütigt, aber Sozialhilfe verleiht Würde und stimuliert«, sagte sie. »Wohltätigkeit wird nach Gutdünken, Sozialhilfe nach zweckmäßigen Gesichtspunkten gegeben. Wohltätigkeit verlängert den Zustand der Not, Sozialhilfe behebt ihn... Wohltätigkeit ist die Großzügigkeit der vom Glück Begünstigten, Sozialhilfe beseitigt soziale Ungleichheiten. Wohltätigkeit trennt die Reichen von den Armen, Sozialhilfe hebt die Bedürftigen auf die gleiche Ebene der Habenden.« Ihre Stiftung, so behauptete sie immer, war entstanden, um mit den Zuständen fertig zu werden, unter denen Millionen Argentinier leben mußten, »mit Hungerlöhnen, ohne Sicherheit des Arbeitsplatzes, ohne Recht auf Weiterbildung, ohne eine einzige Garantie für sie selber, für ihre Familien oder für die Zukunft«. Während ihre Gegner sie also für nicht einmal der Verachtung wert fanden, sie als Scharlatan, Diebin, Demagogin betrachteten, glaubten alle anderen Argentinier, sie sei die ›Dame de la Esperanza‹, die Dame der Hoffnung.

10
Kinderkrankheiten

Im Juni 1950, an einem dieser grauen argentinischen Wintertage, wenn der Wind vom La-Plata-Fluß heranfegt, mit bitterem Ungetüm durch die Straßen von Buenos Aires weht, klebten im Zentrum der Stadt völlig neue Plakate an den Hauswänden wie jahreszeitlich unpassende Farbkleckse, und sie trugen eine Botschaft: »Eva Perón, die Bannerträgerin der Armen, sollte 1952 gewählt werden.« Gewählt zu was? Die Plakate gaben darüber keine Auskunft, obwohl in Argentinien die meisten Menschen es als gegeben annahmen, daß Evita beschließen würde, sich auf der Wahlliste ihres Mannes für eine weitere sechsjährige Amtsperiode als Kandidatin für die Vize-Präsidentschaft aufstellen zu lassen. Hatte sie sich jetzt entschlossen, ein noch höheres Ziel anzustreben? In den wohlhabenden Kreisen von Buenos Aires, in denen selbst die bloße Erwähnung des Namens ›dieser Frau‹ als gesellschaftlicher Fauxpas betrachtet wurde, war diese Möglichkeit viel zu faszinierend, um ignoriert zu werden. Sie hatte die Macht. Wollte sie jetzt auch noch das Amt?

Solcher Art waren die Spekulationen, die die Gerüchteküche der Cocktailgesellschaft von Buenos Aires mit Geschichten über eheliche Schwierigkeiten in der Casa Rosada fütterte. Aber es waren ausgeschmückte Versionen alter Geschichten, die bereits die Runde gemacht hatten. Es gab mit Sicherheit keinerlei Beweise, die darauf hätten hinweisen können, an ihnen wäre irgend etwas Wahres. Im Gegenteil. Die Peróns schienen sehr glücklich zu sein. Sie führten in vielerlei Hinsicht eine ideale Ehe. Sie hatten sich gemeinsam den Weg nach oben erkämpft. Sie hatten gemeinsam das Land fest im Griff. Sie ergänzten einander; sein Intellektualismus und sein onkelhafter Charme entschärften das Rohe, Schneidende ihrer politischen Leidenschaftlichkeit; sie trieb ihn an, die Engagements zu verteidigen, die er möglicherweise ohne ihre Festigkeit und ohne ihre Stärke, die ihm Kraft gaben, nicht eingegangen wäre. Wie Kaiser Justinian und Theodora, ebenfalls eine Schauspielerin und die schönste Frau des Oströmischen Reiches, die Justinian heiratete und als Mitregentin auf den Thron setzte, wankten die Peróns niemals in ihrer Liebe füreinander, als sie auf der Berg- und Talbahn der politischen Macht fuhren.

Das war auch oft in der Öffentlichkeit zu beobachten. Bei einer Gelegenheit, als Perón Evitas Kinderdorf einweihte, lobte er sie in so hohen Tönen, daß ihr Tränen in die Augen stiegen. Mit einem Lächeln hielt er in seiner Rede ein, wandte sich um und küßte sie. »Diese beiden Tränen«, sagte er, »weisen auf das große Verdienst bei dieser Arbeit, nämlich die menschliche Empfindung.« Er war so eindeutig stolz auf sie, daß er keine Gelegenheit verstreichen ließ, es jedem deutlichzumachen. »Sie sehen ihren außergewöhnlichen Einfluß – woher kommt er? Kommt er daher, daß sie sich gut anzieht und hübsch ist? Nein. Sie wird von allen einfachen Menschen geliebt und geachtet und verehrt, weil sie vor lauter Bemühen, Gutes zu tun, weder essen noch schlafen noch leben kann.« Wann immer sie sich von ihm trennen mußte, weil sie eine ihrer häufigen Reisen in die Provinzen antrat, verabschiedete er sie mit altmodischer Höflichkeit, verbeugte sich feierlich und küßte sie auf die Stirn. Er besaß einen Charme und eine Wärme, die ihr abgingen. Die Art und Weise, wie sie ihn in ihrer Heldenverehrung in der Öffentlichkeit pries, war so überspannt, daß sie oft ans Lächerliche grenzte. Dennoch, auf 30 Jahre alten Fotos von ihnen beiden zusammen läßt sich der Blick inniger Zuneigung in ihren Augen nicht leugnen. Und es gab einen Tag im Jahre vor ihrem Tode, da in einer Augenblickskrise ihr sprödes Lächeln zerbröckelte und sie, in Tränen ausbrechend, sich mit zuckenden Schultern in seine Schutz bietende Umarmung vergrub.

Sie führten ein ruhiges Leben zusammen. Da sie immer sehr früh aufstanden, gingen sie abends selten aus, es sei denn zu offiziellen Veranstaltungen. Gelegentlich luden sie Freunde ein zum Abendessen, und dann eilte Perón selber die Treppen hinab, um die Wagentür ihrer Gäste aufzureißen. Vielleicht, weil sie beide auf dem Lande aufgewachsen waren (vielleicht auch, weil sie keine Kinder hatten), hatten sie gerne Tiere um sich. Evita besaß zwei oder drei Pudel, und zum Haushalt gehörten zwei Hirsche, zwei Gazellen und eine zutrauliche Schwarzdrossel, die sich auf die Schulter des Generals setzte. Auf ihrem 45 Morgen großen Landsitz in San Vicente, einem weit außerhalb liegenden Vorort von Buenos Aires, hatten sie sogar noch mehr Tiere. Peróns Bruder war der Direktor des städtischen zoologischen Gartens, und so konnten sie sich natürlich die Tiere aussuchen – fünfzehn Strauße, acht Störche, zwei Flamingos, fünf Lamas und elf ›chajás‹,* eine einheimische Vogelart.

---

* Der chajá ist ein truthahngroßer, dunkelgefiederter flugfähiger Vogel, den man sich in Argentinien gerne wie einen Wachhund hält, weil er, einmal an seine ›Familie‹ gewöhnt, bei Annäherung von Fremden sein unmelodisches ›Tschaha, Tschaha‹ (daher der Name) als Warnruf ertönen läßt. – *Anm. d. Übers.*

Evita liebte ihr Wochenendhaus (in Argentinien ›quinta‹ genannt, weil es nie weiter als 50 km von der Stadt liegt). Dort trug sie lange bequeme Hosen, was viele »Pfui-Pfuis« und »Was habe ich dir gesagt« bei den modebewußten argentinischen Damen auslöste, während Perón zum Wochenend-Gaucho in bauschigen Hosen wurde. Wann immer sie Gäste hatten, ernannte er sich selbst zum ›asador‹, zum Grillmeister, und sie bereiteten die ›empanadas‹ (mit Gemüse, Fleisch, Eiern oder Konfitüre gefüllte Teigtaschen) in ihrem eigenen ›criollo‹, dem Ofen, zu. In dieser Anfangszeit nahm sie etwas zu. Es gab Anzeichen eines Doppelkinns, Andeutungen, daß die Rundlichkeit der Familie Ibarguren darauf lauerte, die ranke Gestalt zu sprengen. Aber das ist nie eingetreten. Die strikte Einhaltung einer Diät und das hektische Tempo ihres Lebens hielten sie von da an schlank.

Evita hatte sich im Verlauf der Jahre gewaltig verändert. Aus der lockigen Brünetten in rüschenbesetzten Blusen und mit viel zu viel Lippenstift ihrer Anfangstage in Buenos Aires hatte sie sich in eine Blondine mit rötlichem Schimmer verwandelt, bis sie 1946 in die Residenz des Präsidenten einzog. Sie trug Kleider, die ihre hübsche Figur gut zur Geltung brachten, tiefgeschnittene Luxusroben. Zu der Zeit waren sie ein bißchen zu grell und zu aufwendig, und sie trug zuviel Schmuck. Aber die Reise nach Europa verwandelte sie. Sie fing an, über 10 000 Dollar pro Jahr für exquisite Pariser Modelle von Dior, Fath und Balmain auszugeben. Dann, als sie zur beherrschenden Figur im Lande wurde, veränderte sich ihr Aussehen erneut. Jetzt war sie die energische, tüchtige Karrierefrau, die einfache, konservative Kleider und das blonde Haar nach hinten gekämmt, zu einem altmodischen Knoten gebunden, trug.

Fleur Cowles war ob ihres Aussehens überrascht, als sie ihr zum ersten Male im Juli 1950 begegnete. »Sie war ganz und gar nicht die glitzernde Gefährtin, auf die man durch alte Zeitungsberichte vorbereitet war … eine ranke, eindeutig vielbeschäftigte Frau, mit einem Auftreten, das energisch, aufmerksam, gelassen war. Wenn man von ihrem Schmuck absieht, wirkte sie auf den ersten Blick sogar bescheiden. Sie war elegant gekleidet in einem marineblauen Kostüm von Jacques-Fath und trug auf dem blonden Haar ein teures marineblaues Barett aus Samt. Über den Arm geschlagen trug sie Zobelfelle, und zwar so, als hätte sie immer welche getragen. Sie war so angezogen, wie Millionen Frauen gerne angezogen gewesen wären. Das einzig Verräterische war die Orchidee auf dem Revers. Keine echte Blume, o nein, sondern aus Brillanten, größer sogar als eine echte Orchidee, ungefähr 13 cm breit und 18 cm lang – eine Brosche aus großen reinweißen Brillanten, die gut und gerne 250 000 Dollar wert gewesen sein muß. Walzenförmige Ohrclips aus Brillanten-Baguettes und ihr kugeliger Brillantring waren im Vergleich dazu unbedeutende Accessoires.«

»Anfangs starrte sie mich an mit einem kalten, unfreundlichen Blick.« Aber »nachdem sie jede Einzelheit an mir gemustert hatte (einschließlich der Nadel mit schwarzer Perle und Brillant, den ich trug)«, bat Evita Fleur noch eine Weile zu bleiben. »Sie legte eine Bereitschaft (später einen Eifer) an den Tag, ›Mädchengespräche‹ über Kleider, Schmuck, Frisuren zu führen … Sie schaute immer wieder auf den Schmuck, den ich trug. Perón zwinkerte mir zu und sagte in seinem stockenden Englisch: ›Das ist ein Stück, das sie nicht haben kann.‹« Als Fleur die Bemerkung machte, Evitas Frisur stünde ihr »sehr gut, so nach hinten gekämmt und schlicht, fragte sie mich, ob ich mir Fotos ansehen würde mit den Frisuren, die sie im Laufe der Jahre getragen habe und ihr dann sagen würde, ob die jetzige die vorteilhafteste sei. Irgend jemand wurde losgeschickt, ihr eine Auswahl ihrer besten Fotos zu holen, und dann breitete man sie auf dem Fußboden des Empire-Zimmers aus. Von den Wänden blickten lebensgroße Gemälde von Evita und Perón auf uns herab, und Evita trug auf einem davon das Haar in dem schlimmen wurstartigen Pompadourstil, den sie ursprünglich als First Lady bevorzugte. Ich stimmte ihr aufrichtig zu, daß sie am besten aussah, wenn sie das Haar auf die neuere, gefälligere Art trug, wie sie es an dem Abend hatte. Ich bin mir nicht sicher, ob Perón mir beipflichtete, obwohl er wie immer bereitwillig lächelte.«

Das Geld für Evitas Schmuck, den sie bei Van Cleef und Arpels in Paris kaufte, kam wohl kaum aus der Tasche ihres Mannes. Sein Salär als Präsident betrug 500 Mark pro Woche. Selbst mit den Einkünften aus ihren drei Zeitungen hätte sie nicht ihre Juwelensammlung finanzieren können, die mittlerweile so umfangreich geworden war, daß sie zu jedem Kleid die passende Garnitur an Brillanten, Smaragden und Saphiren besaß. Es bereitete ihr Vergnügen, sie zu tragen, wenn sie in die allerärmsten Elendsviertel ging, wobei sie sich dabei sehr wohl bewußt war, daß ein Teil ihrer Anziehungskraft auf ihre Anhänger ihre Erfolgsgeschichte als Aschenputtel war. »Ich nehme den Reichen den Schmuck weg für euch«, erzählte sie ihnen. »Eines Tages werdet ihr die ganze Kollektion erben.«

Wenn man von dieser Prämisse ausgeht, dann hat sie sich fraglos überlegt, daß sie ihre Einkünfte in Paris durch ihre Stiftung finanzieren könne, da, wie sie nie müde wurde herauszustreichen, es die Aufgabe der Sozialhilfe sei, »die Bedürftigen auf das Niveau der Reichen zu heben«.

Wie sie das tat, hat ihren Mann mit Sicherheit nie gekümmert. Eines Tages, als er einen Besucher durch die Residenz führte, öffnete er einen Kleiderschrank Evitas nach dem anderen. »Nicht gerade eine ›descamisada‹, was?« grinste er. Keiner in der Partei hat anscheinend Anstoß daran genommen (und wenn doch, dann hat er Verstand genug gehabt, den Mund zu halten), und was die politischen Gegner angeht, so zählten sie nicht. Es wurde schlicht akzeptiert, daß Evita, ähnlich wie die Blondinen in dem Film ›Gentlemen Prefer Blondes‹ (›Blondinen bevorzugt‹), der Ansicht war, »wenn jemand dir die Hand küßt, ist das ein wunder-wunderschönes Gefühl, aber ein Armband aus Brillanten und Saphiren ist was Dauerhaftes«. Folgerichtig schenkte ihr die Gewerkschaft der Taxifahrer einmal eine Brillantuhr zum Geburtstag. Die peronistischen Zeitungsredakteure fügten Brillantohrringe hinzu, und im Kabinett teilten sich die Minister die Kosten für eine Perlenkette mit Brillanten.

Ein Abgeordneter der Opposition, Oberst Atilio Cattaneo, hatte allerdings den Mut, über den Dieb zu murren, der als armer Mann ein Amt übernimmt und es als reicher abgibt, und über die Verwandten der Señora, »die 1943 arm waren und nun Multimillionäre sind«. Perón war wütend. Er beorderte 50 in- und ausländische Reporter und das gesamte Kabinett für 8.30 Uhr in die Casa Rosada zu seiner ersten Pressekonferenz in fast vier Jahren und verkündete, er fühle sich verpflichtet, vor der ganzen Nation ein ›Exempel zu statuieren‹ hinsichtlich dessen, was zu tun sei, wenn falsche Anschuldigungen erhoben werden. »Ein Mann, der ein Amt innehat, muß auf seinen Ruf achten«, sagte er. »Nun, da ich beschuldigt werde, die Staatskasse zu plündern, habe ich die Absicht, anhand von Unterlagen zu beweisen, daß die Anschuldigungen falsch sind. Und da ›Prensa‹ und ›Nación‹ diese dreisten Verleumdungen nachgeplappert haben, beabsichtige ich nunmehr, dafür Sorge zu tragen, daß diese Verleumder vor Gericht kommen.«

In diesem Augenblick hatte Perón, der wie üblich breit lächelte, als er das Zimmer betrat, das Gesicht voller Tränen. Auf dem Tisch lag ein großer weißer Umschlag. Der Umschlag, sagte Perón, enthielte eine Aufstellung seiner Vermögensverhältnisse vor seiner Amtsübernahme, dieser sei vor drei Jahren versiegelt worden. Er überredete zwei amerikanische Korrespondenten, Milton Bracker von der ›New York Times‹ und William Horsey von der Nachrichtenagentur United Press, den Umschlag zu öffnen. Dann rief er die Reporter von ›La Prensa‹ und ›La Nación‹ nach vorne, um Aussagen zu unterschreiben, durch die der Inhalt bestätigt wurde. Die am 6. Juli 1946 (einen Monat nach Peróns Amtsübernahme) datierte Aufstellung besagte lediglich, daß sein damaliges Vermögen aus der ›quinta‹ in San Vicente, einem Packard und einem Anteil am bescheidenen Besitz seines Vaters bestand.

All das bewies natürlich überhaupt nichts. Was die Leute wissen wollten, war nicht, was Perón in Form von Vermögenswerten besessen hatte, als er das Amt übernahm, sondern was er seit damals erworben hatte. Keiner, außer Oberst Cattaneo, hatte es gewagt, diese Frage zu stellen. Die Peronisten im Kongreß hoben seine parlamentarische Immunität auf, und ein Haftbefehl wegen ›desacato‹ (Mißachtung des Staatspräsidenten), einem gerade in Kraft getretenen neuen Gesetz, wurde gegen ihn erlassen. Auf der Suche nach ihm machte die Polizei eine Razzia in achtzehn Häusern in Buenos Aires. Aber zu diesem Zeitpunkt hatte der Oberst bereits den Fluß Richtung Uruguay überquert.

Zu dem Zeitpunkt gab es noch einige andere Dinge, die dem für gewöhnlich überschwenglichen Juan Domingo Perón Ärger bereiteten. Zum Beispiel seine Zähne. Sein Zahnarzt war ein guter Freund gewesen, was vielleicht erklärt, warum Perón die Tatsache übersah, daß dieser mal wegen Führung einer Praxis ohne Lizenz festgenommen worden war. Bei Rückkehr von einer Reise in die Vereinigten Staaten, wo er Wagen für allerhöchste Regierungsbeamte gekauft hatte, stellte Oliva Paz fest, daß die Zähne des Präsidenten in einem so schlimmen Zustand waren wie nie zuvor. Er öffnete das Zahnfleisch mit einer Lanzette. Aber bei der schrecklichen Parodontose seines Patienten brachte das überhaupt nichts. Daher bestand Perón darauf, einen Spezialisten heranzuziehen. Sein Erziehungsminister, Oscar Ivanissevich, ein erfahrener Chirurg, der den Präsidenten am Blinddarm operiert hatte, empfahl Professor Stanley D. Tylman von der Universität Illinois, der gerade in Buenos Aires eingetroffen war. Dr. Tylman erklärte sich bereit, sich Peróns Mund anzusehen. Die Untersuchung verlief in etwa so:

Tylman (in Peróns Mund schauend): »Sie haben so ziemlich die schlimmste Parodontose, die ich je gesehen habe. Die Behandlung, die Sie bisher gehabt haben, war unglaublich schlecht.«

Oliva Paz (übersetzte): »Wenn Sie auch eine der schlimmsten Parodontosen haben, die ich je gesehen habe, Ihr Zahnfleisch ist sehr gut behandelt worden.«

Tylman: »Da Ihr Mund so vernachlässigt und schlecht behandelt worden ist, gibt es keine Möglichkeit, die Extraktion von mindestens sechs Zähnen zu umgehen.«

Oliva Paz (weiter übersetzend): »Aufgrund der guten Behandlung, die Sie bisher gehabt haben, werden Ihr Mund und Ihr Zahnfleisch in ein paar Wochen wieder in Ordnung sein.«

Obwohl Perón nur wenig Englisch sprach, hatte er aufmerksam der Übersetzung zugehört, und als er die gute Nachricht vernahm, verzog er sein Gesicht zu einem breiten Lächeln, dann schüttelte er dem Professor kräftig die Hand und sagte: »Thank you, thank you.« Dr. Tylman erkannte sofort, daß da etwas nicht stimmen konnte. Er rief Ivanissevich herein, der eine korrekte Übersetzung lieferte, dann riß er die sechs kranken Zähne heraus. Perón war so entzückt von der Behandlung, daß er und Eva den Professor jeden Abend zum Essen in die Residenz einluden und er ihn dann persönlich zum Flughafen fuhr, als er in die USA zurückkehrte. Was Oliva Paz anbelangt, so beschritt er den ausgetretenen Pfad über den Fluß nach Uruguay.

Aber so peinlich und schmerzlich Peróns Anfangsschwierigkeiten auch sein mochten, das war nichts im Vergleich zu dem sein Ego so erschütterndes Debakel, als Argentinien in die Welt der Atomkraft eintrat. Eines Tages erklärte er, sein Land habe Atomenergie erzeugt. Natürlich sorgte diese Nachricht für Schlagzeilen rund um die Welt und katapultierte Argentinien, durch eine simple Aussage, in die Oberliga der Supermächte zusammen mit den Vereinigten Staaten, der Sowjetunion und Großbritannien. Perón behauptete, daß es einer Gruppe argentinischer Physiker unter Leitung des Österreichers Ronald Richter gelungen sei, Kernfusionen zu erzeugen, und zwar unter Verwendung von Sonnenenergie und von Uran.

Ausländische Wissenschaftler äußerten derart lautstarke Zweifel, daß Perón in einem Interview mit Evitas Zeitung ›Democracia‹ seinem Ärger Luft machte: »Mich interessiert nicht, was die Vereinigten Staaten oder irgendein anderes Land der Welt denkt«, grollte er. »Ich spreche nur zum argentinischen Volk, dem ich Rechenschaft schuldig bin, denn ich habe stets den Kurs vermieden, den Politiker und Zeitungen anderer Staaten der Welt verfolgen, indem sie bewußt lügen, ihre Lügen dem eigenen Volk auftischen und in der ganzen Welt verbreiten. Sie haben bisher nicht einmal die Wahrheit gesagt, während ich nicht einmal gelogen habe.« In Argentinien bezichtigte natürlich niemand den Präsidenten der Lüge. Derartiges zu tun hieße ein oder zwei Jahre Gefängnis wegen ›desacato‹, Mißachtung, zu riskieren. Gleichwohl, wenige Monate später, setzte sich der Schwindler Richter über den Fluß nach Uruguay ab, nachdem er einige Millionen Dollar aus den rasch schwindenden Devisenreserven Argentiniens verschwendet hatte.

Dennoch war das atomare Abenteuer ein kleines Mißgeschick, verglichen mit den Schnitzern, die sich Perón mit der Wirtschaft des Landes leistete. Bei Ende des Zweiten Weltkrieges betrug das Devisenguthaben Argentiniens über 500 Milliarden Dollar, womit es zu den reichsten Ländern dieser Erde zählte. Der Peso stand bei vier zu eins gegenüber dem Dollar, und für jeden einzelnen dieser Pesos war eine Deckung von jeweils anderthalb Pesos in Gold vorhanden. Perón wußte, was er mit all dem Geld machen wollte, und seine Absichten waren edel. Er würde die Arbeitnehmer aus ihrem feudalistischen, sie auslaugenden Sklavendasein emporheben, das Land aus seiner langjährigen Knechtschaft als Wirtschaftskolonie der Briten befreien, die Auslandsschulden des Landes begleichen und eine industrielle Basis aufbauen, so daß Argentinien nicht länger ein Bauernstaat sein würde, der von der industrialisierten Welt und den eigenen Großgrundbesitzern auf Gnade und Ungnade abhing. Er pflasterte den Weg seiner Vorhaben mit dem Gold des Staates, und schon Ende der 40er Jahre begann dieses Gold knapp zu werden.

Das Problem lag darin, daß Argentinien einfach nicht über die Grundvoraussetzungen für eine Industriewirtschaft verfügte. Es besaß keine nennenswerten Kohle- oder Eisenerzvorkommen, produzierte weniger als die Hälfte des eigenen Ölbedarfs und hatte eine Bevölkerung (16 Millionen im Jahre 1947), die nicht ausreichte, um sowohl eine große industrielle Produktion als auch eine große landwirtschaftliche Erzeugung zu decken. Die Regierung zahlte den Landwirten und Viehzüchtern niedrige Preise für ihre Erzeugnisse, die sie zu hohen Preisen im Ausland verkaufte, und verwendete die Gewinne zum Aufbau der Industrie. Eine Zeitlang war Argentinien führend in der Welt hinsichtlich der industriellen Zuwachsraten. Aber gerade dieser Erfolg schadete der Landwirtschaft des Landes. Von den hohen Löhnen und den Reizen des Stadtlebens angezogen, verließen Hunderttausende von Landarbeitern die Farmen und zogen in die schmutzigen, überfüllten Elendsviertel der Großstädte. In einem Jahr wuchs die Einwohnerzahl von Buenos Aires um eine Million. Aber was noch schlimmer war, die Natur selbst trug noch zur Not der Bauern bei. Zwei Jahre hintereinander litt Argentinien unter verheerenden Dürren. Die einst an Mais, Weizen und Vieh reichen

Pampas dörrten aus, rissen auf und wurden in Wolken von Staub davongeweht. Der Herausgeber der Wirtschaftszeitschrift ›La Revista del Rio de la Plata‹ schrieb: »Letzte Woche besuchte ich eine der westlichen Farmen im Süden der Provinz Santa Fé, und während ich mich dort aufhielt, sah ich einen Teil der Provinz Córdoba in Form einer riesigen gelben Wolke vorüberwehen.«

Durch das verringerte Angebot an Getreide und Fleisch für den Verkauf ins Ausland erhielt Argentinien weniger Devisen, mit denen es Kohle, Öl, Rohstoffe und Maschinen hätte kaufen können. Die Industrieproduktion nahm ab, die Arbeitslosigkeit zu. Die Devisenreserven schmolzen dahin, und die Handelsbilanz veränderte sich zu ungunsten Argentiniens. Zum ersten Male in seiner Geschichte mußte Argentinien Weizen einführen. In Buenos Aires, der legendären Rindfleisch-Hauptstadt der Welt, kam es sogar zu einer Verknappung des Rindfleisches. Für Juan Perón, ja für alle Argentinier, konnte es keine schlimmere Krise geben. Der amerikanische Schriftsteller Bernard Collier behauptete, die charakteristischste Eigenart von Buenos Aires sei der ›olor porteño‹ – der Geruch von frischem Rindfleisch auf dem Grill.

»Ein Argentinier muß frisches Rindfleisch haben«, schrieb er. »Ohne frisches Rindfleisch fühlt er sich schwach, ist wütend, unruhig und hungrig, stets und immer unbefriedigt. Gib ihm Lammfleisch, und er kann den Geschmack nicht ausstehen; Hühnchen, Fisch und Schweinefleisch lehnt er als Babynahrung ab. Gehe nachmittags um ein Uhr eine Straße entlang und beobachte die Rohrleger, die Kabelspleißer, die Kanalarbeiter, die Erdarbeiter und Pflasterer, wie sie aus den Löchern in den Straßen auftauchen, um nachzusehen, ob ein Zwei-

Pfund-›Bife‹*, das über einem Holz- oder Holzkohlenfeuer auf einem aus einem Teerfaß und Bewehrungsstahl zusammengezimmerten Grill brutzelt, schon gar ist. An einem heißen Sommernachmittag wird man gegen 14 Uhr in der ganzen Stadt Arbeiter in blauen Hemden und Ledersandalen im Schatten von Gebäuden oder Bauzäunen herumliegen sehen. Im Winter hocken sie um kleine Feuer. Sie sind schläfrig, nachdem sie das große Steak, den größten Teil einer guten Flasche Rotwein und einen halben Laib knusprigen italienischen Brotes intus haben. Um 15 Uhr kehren sie erfrischt und gestärkt an ihre jeweilige Arbeit zurück. Wenn sie abends nach Hause zurückkehren, wollen sie zum Abendessen wieder ein Steak haben.«

Die Geschäftsleute in den Wolkenkratzern, die Händler und der Gaucho in der Pampa empfinden genauso. Sie wollen jeden Tag ihr Steak, und wenn das knapp wird, dann werden die Argentinier im ganzen Land sehr unruhig. Als sich also die ›porteños‹ gezwungen sahen, für aus Uruguay importiertes Rindfleisch Schwarzmarktpreise zahlen zu müssen, begannen selbst Peróns geliebte ›descamisados‹ zu murren, obwohl Evita fortfuhr, die Löhne zu erhöhen, um sie bei Laune zu halten. Aber die Preise kletterten jetzt genauso schnell in die Höhe. Aus dem vier Peso pro Dollar im Jahre 1945 waren 1949 16 Peso pro Dollar geworden, eine Tatsache, die der General mit dem Kommentar beiseite zu fegen trachtete, daß es ihm egal sei, ob der Peso außerhalb Argentiniens nichts wert sei, da »ich im Ausland nichts zu kaufen brauche«.

Aber selbst wenn seine treuesten Anhänger das auch

* ›bife‹, mit langem ›i‹, argentinischer Ausdruck für Beefsteak. – *Anm. d. Übers.*

glauben mochten, so müssen selbst sie schwer daran zu schlucken gehabt haben, als er behauptete, er habe jeden Morgen auf seinem Weg in die Casa Rosada die Mülltonnen untersucht. Das Ergebnis seiner Feststellungen, sagte er, sei, daß man mit den Mengen an Brot und Fleisch, die täglich weggeworfen würden, eine andere, ebenso große Stadt wie Buenos Aires hätte ernähren können. Es gäbe genug für jeden, sagte er mit Nachdruck, wenn die verschwenderischen Argentinier alles aufessen würden, was auf ihre Teller kommt, anstatt es wegzuwerfen.

Aber es gab viele Argentinier, die diese Rhetorik gar nicht komisch fanden. Die Armee zum Beispiel sah eine Chance, alte Rechnungen mit dem Verräter zu begleichen, der 1945 die Maschinengewehre ihrer Waffenkameraden mit seinen ›descamisados‹ übertrumpft hatte. Im Sommer 1949 wurde Buenos Aires mit Gerüchten überschwemmt, das Heer habe den Rückzug Evitas aus dem öffentlichen Leben gefordert. Da alle Zeitungen in Buenos Aires streikten, wußte kein Mensch, ob an den Gerüchten etwas Wahres dran war. Das an sich war schon eigenartig genug. Denn nach allen peronistischen Regeln wäre der Streik der Schriftsetzer leicht beizulegen gewesen. Ihre Forderung nach einer 25%igen Lohnerhöhung zum Ausgleich der rasant steigenden Lebenshaltungskosten schien, gemessen an den von Evita in der Vergangenheit gesetzten Maßstäbe für Lohnabschlüsse, sehr maßvoll. Die Gewerkschaftsfunktionäre hatten ihr ihre Forderungen vorgetragen. Aber zu ihrer Überraschung hatte sie diese nur zur Hälfte erfüllt und ihnen dann eine Standpauke über die Notwendigkeit einer Mitverantwortung in wirtschaftlichen Dingen gehalten. Wie üblich, wenn Gewerkschaftsbosse mit der Señora auf Konfrontationskurs lagen, gaben sie nach. Doch zur Verblüffung aller revoltierte das Fußvolk. Evita ließ Häftlinge aus dem Zuchthaus von Buenos Aires als Streikbrecher heranschaffen. Aber auch sie weigerten sich zu arbeiten. Innerhalb von wenigen Tagen hatte jede Zeitung in Buenos Aires, einschließlich ihrer eigenen ›Democracia‹, ihr Erscheinen eingestellt. Und die Gerüchte waren im vollen Schwange.

11
Repression

In Argentinien ist der Mittsommer normalerweise keine geeignete Zeit für eine Revolution. Eine schläfrige Stimmung überzieht die Hauptstadt. Die Regierungsämter arbeiten nur halbtags, und der größte Teil der Einwohner zieht um nach Mar del Plata, dem volkstümlichen Badeort, so etwas wie der Timmendorfer Strand Südamerikas. Es gab wahrscheinlich ein paar Generäle – an deren Spitze der Kriegsminister Humberto Sosa Molina –, die bereit waren, im Sommer 1949 sofort einen ›golpe‹, einen Staatsstreich, durchzuführen. Aber sie waren durch Mangel an Offizieren und Mannschaften gehandicapt. Der größte Teil von ihnen befand sich ebenfalls in Mar del Plata, lag auf den auf sie entfallenden 60 cm Strand, hörte im größten Spielcasino der Welt Hector y Su Jazz Band zu, verspeiste allabendlich fünf Zentimeter dicke Steaks und tanzte Tango nach dem neuesten Hit, ›El Cafetín de Buenos Aires‹, bevor er einen Teil seiner jüngsten großen Solderhöhung an den Roulettetischen verspielte. Was General Sosa Molina so in Rage geraten ließ, war, daß ein ›golpe‹ gerade zu dem Zeitpunkt, hätte er nur ein paar Soldaten auftreiben können, kaum auf Widerstand gestoßen wäre. Denn Tausende der begeistertsten ›descamisados‹ befanden sich ebenfalls in Mar del Plata, in den großen, an der Uferpromenade liegenden Regierungshotels, die Evitas Sozialhilfe-Stiftung für sie errichtet hatte.

Der Minister mußte sich also zufriedengeben mit täglichen Krisensitzungen mit den Peróns, die selber Urlaub machten auf ihrer ›quinta‹ in San Vicente. Sosa Molina sagte ihnen unumwunden, daß die Armee nicht nur Evita aus der Politik heraushaben wollte, sondern auch die Auflösung ihrer Stiftung sowie ein Ende der Bestechung und der Korruption in der Regierung. Als Beweis, daß die Armee es auch ernst meinte, verwehrte die Wache des Campo de Mayo, dem Standort der Heeresgarnison außerhalb der Stadt, Evita den Zutritt zum Lager, als sie ohne Einladung zu Besuch erschien. Einige Tage lang schien alles an einem seidenen Faden zu hängen, als die Peróns ums politische Überleben kämpften. Er erschien nicht zur Eröffnung einer internationalen Touristikkonferenz in Buenos Aires. Sie annullierte plötzlich Pläne, auf der verfassunggebenden Versammlung zu sprechen, die mit dem Zweck einberufen worden war, die Verfassung von 1853 durch eine neue, den Peronisten mehr zusagende abzulösen.

Als sie dann doch in der Öffentlichkeit zusammen auftraten, streckte sie die Arme aus und schüttelte den Kopf, als der unvermeidliche Singsang »Evita! Evita!« einsetzte. Vor einer großen Menschenansammlung im Parque Palermo (Palermo-Park) griff Perón sofort wütend die Gerüchtemacher an. Er sagte, er habe lediglich eine Ruhepause in seinem Wochenendhaus in San Vicente eingelegt, und er habe sich mit dem Überbringer der Nachricht, jeder glaube, er sei »ein Gefangener seiner eigenen Regierung«, köstlich amüsiert. Er versicherte seinen Zuhörern, er und Evita seien »absolut ruhig und in Sicherheit«. Aber in der zeitungslosen Stadt gingen die Gerüchte weiter um – Perón habe seinen Rücktritt angeboten, Evita habe ein Flugzeug gemietet, das sie nach Brasilien schaffen sollte.

Als sich dann der Staub gesetzt hatte, stellte man fest, daß es die Armee war, die wieder verloren hatte. Erbost über die Behandlung, die seine Frau auf dem Campo de Mayo erfuhr, wies Perón seinen Kriegsminister zornig darauf hin, daß es seine Regierung gewesen sei, die den Sold der Mannschaften um ein Beachtliches angehoben und daß seine Frau durch ihre Stiftung die Lebensbedingungen ihrer Familien ebenfalls aufgebessert habe. Wenn also die Herren Generäle herauszufinden wünschten, auf wessen Seite die Soldaten stünden, dann sollten sie nur so weitermachen und einen ›golpe‹, einen Staatsstreich, versuchen. Das war das Ende dieser Sache.

Doch Evita wollte sichergehen, daß die Generäle richtig gedemütigt wurden. Sie befahl ihnen, sie und ihren Mann zu einem Essen auf dem Campo de Mayo einzuladen, auf dem die Frauen der Offiziere anwesend sein mußten. Für viele von ihnen war es das erste Mal, daß sie mit Eva Perón sprachen. Sie würgten wortlos an ihren ›bifes‹, als sich der Kriegsminister, vor einer landesweiten, grienenden Radiozuhörerschaft, vor ihr demütigte. »Die verehrungswürdige Señora des hervorragendsten Präsidenten«, sagte General Sosa Molina, »verdient wegen ihrer vielfältigen Aktivitäten zur Linderung der Not ihrer Mitmenschen und weil sie in den Herzen des Volkes wie in einem Schrein verwahrt ist, unsere ganze Sympathie und respektvolle Hochachtung. Daß sie unter uns weilt als geehrter Gast, bedeutet nichts weniger als eine eindeutige Widerlegung von Gerüchten, die die Armee so hinstellen, als sei sie gegen ihre Handlungsweise und somit gegen die Gefühle der Menschen, die sie unterstützen.«

Es war ein Augenblick des Triumphes für Evita, und sie kostete ihn aus. Wenige Tage später stand sie an der Seite des Staatspräsidenten, als dieser den Eid auf die neue, von der peronistenbeherrschten verfassunggebenden Versammlung verabschiedete Verfassung leistete. Der riesige Saal der Kongreßhalle war voll von hohen Angehörigen der Streitkräfte, von Mitgliedern des diplomatischen Corps und von peronistischen Abgeordneten, die sich auch über die Bänke der oppositionellen Abgeordneten der Radikalen Partei verteilten, welche sich geweigert hatten zu erscheinen. Als der Präsident auf einer von Evitas Stiftung zur Verfügung gestellten Bibel den Eid leistete, echote eine über 100 000köpfige, auf der drei Häuserblocks großen Plaza del Congreso dichtgedrängt stehende Menschenmasse sein Versprechen, die neue Verfassung zu verteidigen. In diesem Augenblick verwandelte sich die Zeremonie, sehr zur Verlegenheit der Diplomaten und Generäle, die in der Halle so eingezwängt waren, daß sie nicht wegkonnten, in eine peronistische Kundgebung. »Evita« wurde wieder und wieder skandiert. Als sie sich mit Lächeln und Kußhändchen bedankte, fiel die Masse in das Marschlied der Partei ›Los Muchachos Peronistas‹ (Die Peronistischen Burschen) ein:

Wir Peronistische Burschen
Kämpfen immer gemeinsam
Und rufen auf ewig
Aus übervollen Herzen
Viva Perón! Viva Perón!

Evita war nun mächtiger denn je. Mittels ihrer Stiftung und ihrer Beherrschung der Rundfunksender und der Zeitungen war sie in jeder Stadt und in jedem Heim Argentiniens allgegenwärtig. Es gab kein Entkommen. Ihr Bild beherrschte die Bretterzäune. Ihre Gedanken wurden alle paar Stunden den ganzen Tag lang landesweit über Radio ausgestrahlt. Ihr Name zierte das größte Gaswerk und das größte Passagierschiff des Landes. Ein neuentdeckter Stern wurde nach ihr benannt. Das gleiche galt für eine neue U-Bahnstation in der Innenstadt von Buenos Aires, wo der Name ›Eva Perón‹ lichtumrandet prangte und ihr Porträt von farbigen Wandfliesen alle Vorübergehenden anstarrte.

In Rosario gab es eine Maria Eva Duarte de Perón-Straße, in Tucumán eine Avenide Eva Perón, in San Juan einen Chirurgie-Trakt ›Eva Perón‹, in der Nähe des internationalen Flughafens von Buenos Aires eine Wohnsiedlung ›Evita-Stadt‹, einen Fernstrecken-Bahnhof ›Evita‹ und zwei Evita-Lieder – den ›Eva-Perón-Marsch‹ und ›Capitán Evita‹. Sie wurden beide bei der Eröffnungsfeier der Olympiade der westlichen Hemisphäre, den Pan-Amerikanischen Spielen, die im Februar 1951 in Argentinien stattfanden, gesungen. Sportlern und Funktionären aus siebzehn Nationen der Hemisphäre wurde der Peronismus in seiner vollsten Pracht vorgeführt. Als Evita und ihr Mann in seiner Limousine in das neue, flutlichterleuchtete, flaggenumsäumte, von Evitas Stiftung in Avellaneda, dem Fleischkonservendistrikt von Buenos Aires, erbaute riesige Fußballstadion einfuhren, wurden sie von den gewaltigen, dichtgedrängten Massen stürmisch bejubelt. Zwei ihrer Aussprüche umrandeten in 1,80 m hohen Buchstaben die Frontseite des obersten Ranges. Ein Teil des nach ihr benannten Stadions war gefüllt mit Tausenden von Kindern, die argentinische Fähnchen mit dem Aufdruck ›Perón‹ und ›Evita‹ zu beiden Seiten auf dem weißen Streifen der Fahnen schwenkten. Während des gesamten Programms bildete eine aus Krankenschwestern der Evita-Perón-Stiftung gebildete Ehrenwache eine spektakuläre Schneise in Dunkelblau und Weiß quer über die Rasenfläche.

Während der rituellen Eröffnungszeremonien – dem Anzünden der olympischen Flamme und dem Grußwort Präsident Peróns an die Hunderte von Athleten – beherrschte Evita die Szene in der Ehrentribüne. Eine argentinische Sportlerin überreichte ihr einen riesigen Blumenstrauß im Namen aller teilnehmenden Frauen. Ihr Einfluß machte sich auch beim Sprechen des olympischen Eides bemerkbar. Entgegen dem bis dahin üblichen olympischen Brauch sprachen ein Mann und eine Frau gemeinsam die Eidesformel. Hinterher huldigte Avery Brundage, der Präsident des Organisationskomitees der Pan-Amerikanischen Spiele, Señora Perón, »ohne deren bewundernswerte Unterstützung« die Spiele nicht hätten durchgeführt werden können. Was er damit meinte, war, daß Evita die Rechnungen bezahlt hatte, oder sagen wir, ihre Stiftung, was aber auf das gleiche hinausläuft. Lobhudeleien kamen auch von jenseits der argentinischen Grenzen. Bolivien schmückte sie mit dem Orden vom Kondor der Anden. Die Kolumbianer gaben ihr das Kreuz von Boyaca. Sie erhielt das peruanische Großkreuz des Sonnenordens, Mexicos Orden vom Azteken-Adler und Ecuadors Großkreuz des Verdienstordens »für die spontane und großherzige Art, in der sie zur Linderung der Not der Erdbebenopfer Ecuadors« 1949 beigetragen hatte.

Sie war nur 31 Jahre alt, aber ihre Landsleute, Männer wie Frauen, verehrten sie bereits wie eine Heilige. Es mag also vielleicht nicht überraschen, wenn es Anzeichen dafür gab, daß sie begann, wirklichkeitsfremd zu werden. Sie erzählte den Provinzgouverneuren des Landes mit unbewegtem Gesicht und äußerster Aufrichtigkeit, die Kinder in Argentinien lernten jetzt eher ›Perón‹ zu sagen als Papa. Einem Reporter gegenüber sagte sie: »Auf meinen Reisen habe ich manchmal in den Augen von Kindern, Frauen und sogar Männern einen Ausdruck der Anbetung gesehen, als sei ich ein übernatürliches Wesen. Ich glaube, daß das gerade deswegen geschieht, weil der Unterschied in den Lebensbedingungen in Argentinien, zwischen den Tagen der Oligarchie und jetzt, in den Augen der einfachen und armseligen Menschen fast genauso groß ist wie zwischen dem Natürlichen und dem Übernatürlichen. Ein Beispiel, das das bestätigt, was ich sage, ist ein Kind in Jujuy, das sich mir näherte und sagte: ›Mutter Eva, gib mir deinen Segen‹.«

Für ihre Gegner aber gab es keinen Segen, ebensowenig wie einen Funken Vergebung für die Verschwörer, die sie hinter jedem Laternenpfahl zu sehen meinte. Die Unterwürfigkeit des Generals Sosa Molina auf dem Essen für Evita rettete ihm auch nicht die Stellung. Er wurde zum Verteidigungsminister wegbefördert. Theoretisch übte er zwar die Kontrolle über die Streitkräfte aus, aber praktisch hatte er keinerlei Kontakt mehr mit ihnen.

Auch der Außenminister, Juan Bramuglia, verlor sein Amt, wiewohl keiner je herauszufinden vermochte, warum Evita den ältesten Freund ihres Mannes so abgrundtief haßte. Vielleicht war es die internationale Anerkennung seiner staatsmännischen Fähigkeiten – er spielte eine führende Rolle in der Beilegung der Berlin-Krise 1948 –, was den Argwohn der Señora auslöste. Aber die meisten intelligenten Argentinier meinten, Evita begleiche da eine alte Rechnung, da sie der Ansicht sei, Bramuglia habe nicht schnell genug gehandelt, um Perón zu helfen, als dieser im Oktober 1945 vorübergehend seines Amtes enthoben wurde. Es gab aber andere, die glaubten, es sei andersherum gewesen; daß nämlich nach Peróns Verhaftung Evita Bramuglia angefleht habe, sie außer Landes zu schaffen, daß er ihr gesagt habe, sie solle sich zusammenreißen, und daß er dann die Arbeiter der Fleischkonservenfabriken aufgewiegelt habe, nach Buenos Aires zu marschieren und Perón wieder an die Macht zu hieven.

Solch ketzerische Neufassung einer der klassischen Geschichten aus der Perón-Mythologie besaß eine gewisse Glaubwürdigkeit. Evitas alte Freundin, die Schauspielerin Pierina Dealessi, behauptete, Evita habe sich während jener stürmischen Tage in ihrem Haus versteckt. »Sie glaubte, man habe Perón getötet und würde sie wahrscheinlich auch töten«, erinnerte sich Pierina. »Ich werde niemals den Ausdruck panischer Angst in ihrem Gesicht vergessen, als sie zu mir ins Haus kam.« Was immer auch die Wahrheit sein mag, Evita sorgte dafür, daß der Name Bramuglia nie in der peronistischen Presse erwähnt wurde, selbst dann nicht, als er mit dem amerikanischen Präsidenten Harry S. Truman zusammentraf oder ein neues Abkommen zwischen Argentinien und Italien unterzeichnet wurde. Er mußte einfach weg, und am Ende verschwand er dann auch.

Selbst Miguel Miranda, Peróns Wirtschaftszar und der Mann, der das Industrialisierungsprogramm leitete, mußte Hals über Kopf eine Tasche packen, um das Schiff über den Fluß noch zu kriegen, da er den Zorn der Señora erregt hatte. Sie waren mal Geschäftspartner gewesen. Miranda war in Wirklichkeit der Mann mit dem Geld gewesen, der hinter Evita stand, als sie Zeitungen und Rundfunksender aufkaufte. Aber das rettete ihn nicht. Er hatte den Fehler begangen, eine Gruppe von Wollexporteuren anzuvertrauen, es sei nicht sein Fehler, wenn sie solch niedrige Preise für ihre Wolle von der Regierung erhielten. Es sei Señora Perón, die den Preis für Wolle festsetze, sagte er ihnen, wie sie überhaupt alles in Argentinien täte. Da Argentiniens Bauern Miranda ohnehin haßten, weil er sie ausbluten ließ, um sein Industrialisierungsprogramm in Gang zu halten, hatten sie keinerlei Bedenken, den Inhalt der Unterredung an die Señora weiterzuleiten. Vierundzwanzig Stunden später ruhte sich Miranda bereits in einem Hotelzimmer in Montevideo aus.

Andere hatten nicht so viel Glück. Achtzehn Reporter wurden von ihren Zeitungen entlassen und auf die schwarze Liste gesetzt, nachdem die adleräugige Presidenta festgestellt hatte, daß sie es unterlassen hatten, die Rede ihres Mannes bei der feierlichen Eröffnung des Kongresses gebührend zu loben. Ein junger ›porteño‹ wurde ins Gefängnis geworfen, weil er es öffentlich abgelehnt hatte, den von ihm in einem Rundfunk-Quiz gewonnenen Jackpot für die Evita-Stiftung zu spenden. Selbst der höfliche, gutaussehende spanische Botschafter in Argentinien, José Maria de Areilza, Graf von Motrico, mußte am eigenen Leibe erfahren, was es hieß, bei der Señora in Ungnade zu fallen. Als die Verhandlungen mit Spanien über ein neues Handelsabkommen eine schlechte Wendung für Argentinien nahmen, wurde er gebieterisch in die Residenz beordert, wo man ihn in der Halle zwei Stunden daumendrehend warten ließ. Schließlich hörte er, wie Perón Evita lauthals fragte, wer denn unten warte. »Dieser ›mierda de gallego‹«, schrie Argentiniens First Lady zurück. Da ›mierda‹ Scheiße bedeutet und ›gallego‹ die taktlose argentinische Bezeichnung für Spanier ist, die auf der Annahme beruht, sie alle stammten aus der Provinz Galicia, rief Botschafter de Areilza einen Diener heran und bat ihn lächelnd, der Señora mitzuteilen, daß der ›gallego‹ leider gehen müsse, daß aber die Scheiße zurückbliebe. Er nahm das nächste Schiff zurück nach Spanien, und damit waren denn auch die über neun Millionen Mark, die Franco in den Besuch Evitas in Madrid investiert hatte, in den Wind geschrieben.

Evita hatte keinen Humor, wie Graf Motrico offensichtlich wußte, als er seine Abschiedsbemerkung machte. Aber Humor ist ja auch keine typische Charaktereigenschaft der Argentinier, vielleicht weil sie schon fast schmerzlich besessen sind von der ›dignidad‹ (Würde).

Nachdem ›Time magazine‹ schon ständig auf der schwarzen Liste stand, geriet es dann auf Evitas permanente Verbotsliste mit einem Bericht über die feierliche Heimkehr der sterblichen Überreste der Eltern des Nationalhelden, General José de San Martín, nach Argentinien. Der Bericht beschrieb die feierliche Handlung und schloß damit, daß er die Bemerkung eines jugendlichen Zuschauers zitierte: »Nächstes Jahr werden sie sein Pferd heimbringen.« Für die Argentinier war das eine Beleidigung der nationalen Würde. Der Botschafter in Washington überreichte eine Protestnote. Es wurde die Forderung erhoben, den Korrespondenten von ›Time‹ in Buenos Aires des Landes zu verweisen. Um den Schandfleck auszumerzen, legte schließlich das National San Martin Institute öffentlich einen Kranz an einem Monument nieder, aber nicht von San Martín, sondern von George Washington, um damit den Zwischenfall in einer Art und Weise beizulegen, die der ›dignidad‹ Argentiniens am angemessensten erschien. Aber sowohl ›Time‹ als auch ›Newsweek‹, ›Life‹ und andere amerikanische Zeitschriften wurden auf dem Flughafen beschlagnahmt, sobald sie im Gepäck von Reisenden gefunden wurden.

In einer Diktatur ist kein Platz für eine freie Presse. Da Argentinien nur selten ohne Diktatur gewesen ist, hat es in der Geschichte dieses Landes auch nur wenige Perioden gegeben, in denen es sich einer wirklichen freien Presse hat erfreuen dürfen.

Bis 1951 hatte Evita mit Hilfe ihrer handverlesenen Günstlinge im Informationsministerium fast 100 Zeitungen und Magazine geschlossen. Die meisten von ihnen waren eines ›legalen‹ Todes gestorben. Einige wurden geschlossen, weil sie es unterließen, eine Regierungsverordnung zu befolgen, wonach alle Zeitungen verpflichtet waren, oben auf jedem einzelnen Blatt den Aufdruck zu tragen: »Das Jahr des Befreiers General San Martín.« Andere, die die Peróns kritisierten – wie etwa die kleine Tageszeitung ›El Intransigente‹ in der nordwestlichen Provinzstadt Salta, die den Präsidenten immer ›den Nazi-Oberst‹ nannte –, wurden durch eine von der Regierung betriebene Erpressung mit Zeitungspapier stranguliert, weil sie die Kontrolle über alle Zeitungspapierlieferanten ausübte. Aber es gab auch andere ›legale‹ Möglichkeiten. ›Los Principios‹, eine einflußreiche katholische Tageszeitung in Córdoba, wurde geschlossen, weil die Wandfarbe in ihren Räumen nicht mehr frisch war und einige Fenster gebrochene Scheiben aufwiesen. Manchmal waren die Gründe persönlicher Art. ›Que‹, ein wöchentlich erscheinendes Nachrichtenmagazin, brachte eine Titelgeschichte über Libertad Lamarque, die Schauspielerin, die einst Evita geohrfeigt hatte. Nachdem die Peróns an die Macht gelangt waren, war sie nach Mexico geflohen, und ihre Filme wurden in Argentinien verboten. So war es also von ›Que‹ einigermaßen provokativ, Libertads Gesicht auf der Titelseite zu bringen. Die Drucker weigerten sich, den Distribuenten zu gestatten, die Ausgabe aus der Druckerei zu holen. Das war denn auch die letzte Nummer des ›Que‹. Danach wagte sich kein Drucker mehr daran.

Aber ›Que‹ war nur eine Kleinigkeit im Vergleich

zum Sturmangriff der Peróns auf die größte und berühmteste Zeitung des Landes: ›La Prensa‹ aus Buenos Aires. Von ihrem Gebäude aus grauem Granit auf der Avenida de Mayo aus war ›La Prensa‹ seit ihrem ersten Erscheinen im Jahre 1869 stets ein Dorn im Fleische der diktatorischen Regierung Argentiniens gewesen, obschon Perón auch darüber anderer Ansicht war. »Seit hundert Jahren«, donnerte er, »hat sich ›La Prensa‹ mit endlosen Lügen und Dummheiten autoritativ aufgeführt.« Die ersten Schüsse in dieser Schlacht fielen 1944, als Perón, damals Kriegsminister, die Zeitung für fünf Tage wegen »Wahrheitsverdrehung und Irreführung der öffentlichen Meinung« schließen ließ. Ein Jahr später warf er für kurze Zeit den Inhaber und Chefredakteur von ›La Prensa‹, Dr. Alberto Gainza Paz, zusammen mit Dr. Luis Mitre, dem ältlichen Besitzer von ›La Nación‹, einer weiteren führenden oppositionellen Zeitung, ins Gefängnis.

Danach versuchte ›La Nación‹ eine vorsichtige, nicht aggressive Linie zu steuern. Nicht aber ›La Prensa‹. Infolgedessen hetzte Perón neun Monate nach seiner Amtseinführung als Staatspräsident öffentlich den peronistischen Pöbel auf die Zeitung. Er habe vier Feinde, brüllte er von seinem Balkon herab, die Oligarchie, die Oppositionspolitiker, die Kommunisten und ›La Prensa‹. Was Evita anging, so waren zwei davon – die Oligarchie und die Zeitung – ein und dasselbe. Mit dieser Aussage lag sie nicht ganz falsch. Die redaktionelle Politik der reichen Familie Paz und die Interessen der Großgrundbesitzer stimmten in der Regel überein, wenn es darum ging, die Geschicke des Landes zu bestimmen. Und ›La Prensa‹ war niemals gegen die feudalistische Leibeigenschaft der Bauern oder gegen die erschreckend niedrigen Löhne und abscheulichen Ar-

24

25

24
Evita besucht einen römischen Kindergarten, 1947.

25
Staatsbesuch Prinz Bernhards von den Niederlanden in Argentinien.

26
Großer Empfang für Evita in Mailand, 1947.

27
Eines der letzten Fotos von Evita und Juan Perón.

27

beitsbedingungen der Arbeiter in der Stadt zu Felde gezogen! In Evitas Augen war das schon Grund genug, die Zeitung zu verdammen. Überdies gab es aber auch noch ein persönliches Hühnchen zu rupfen. Die Familie Paz konnte ebensowenig wie andere reiche Argentinier den Gedanken ertragen, daß diese Frau die First Lady des Landes sein sollte. Ihr Name wurde aus den Nachrichtenkolumnen verbannt (man erwähnte sie als ›die Frau des Staatspräsidenten‹), und gleichgültig, wie hochkarätig ihre Gäste auch sein mochten, ihre Diners und Partys wurden niemals in den Gesellschaftsnachrichten erwähnt. Ihr Stolz war aufs äußerste verletzt, und das war ein ganz besonderer Grund, ›La Prensa‹ in die Zange zu nehmen.

Sie rief zu einem ›patriotischen‹ Boykott der Zeitung auf. Ihr Informationsministerium beklebte die ganze Stadt mit Plakaten, auf denen zu lesen war: »›La Prensa‹ gegen das Vaterland«, und der staatliche Rundfunksender griff sie 28 Tage lang dreimal am Tage an. Aber Evita mußte zu ihrer Bestürzung feststellen, daß die Auflage um so größer wurde, je mehr sie sie angriff. Dann ergriff sie härtere Maßnahmen. Der Zeitung wurde mitgeteilt, daß lange Schlangen von potentiellen Inserenten den Verkehr aufhielten. Zwei Kessel ihrer Tiefdruckanlage wurden beanstandet, und die Zeitung wurde gezwungen zu schließen, bis Ersatz da war. Eine neue, zwölf Jahre zurückdatierte Einfuhrabgabe wurde auf das von ihr importierte Zeitungspapier erhoben. Unter Hinweis auf landesweite Verknappung ließ die Regierung Tausende von Tonnen Zeitungspapier, das sich bereits im Lagerhaus der Zeitung befand, abtransportieren. Aus dem gleichen Grund ordnete die Regierung eine Verringerung der Anzahl der Seiten pro Tag an, zuerst auf 16, dann auf 12 Seiten. Bewaffnete Angehörige der Bundespolizei machten eine Razzia in den Redaktionsbüros, nachdem die Zeitung einen Bericht über die Folterung von politischen Gefangenen veröffentlicht hatte. Perón klagte wegen Verleumdung. Evita dekretierte Einschränkungen bei Kleinanzeigen, die Lebensgrundlage der Zeitung. Häuser durften nur an bestimmten Tagen angeboten werden. An anderen konnten nur Arbeitssuchende eine Anzeige aufgeben. Stellenangebote der Regierung mußten kostenlos abgedruckt werden. Und um die Leser von ›La Prensa‹ noch weiter einzuschüchtern, mußten Menschen, die eine Annonce darin erscheinen lassen wollten, von der Regierung eine Genehmigung einholen, was bedeutete, daß ihre Namen in Polizeiakten als Antiperonisten verzeichnet wurden. Aber dennoch weigerte sich Gainza Paz nach wie vor, seine Angriffe gegen die Regierung einzustellen, und die Auflage stieg weiter von 250 000 in der Vorkriegszeit auf über eine halbe Million. Als Evita die Belieferung mit Zeitungspapier ein weiteres Mal einschränkte, gaben die ›porteños‹ die tägliche Ausgabe von Hand zu Hand weiter. Am Ende wurde ›La Prensa‹, all ihrer Mängel zum Trotz, dank Evitas Krieg zu einem Symbol für kampfentschlossene Freiheit, zu einem Sammelpunkt für die Gegner der Regierung. Daher mußte sie verschwinden.

Der tödliche Schlag fiel im Verlauf eines Eisenbahnerstreiks Anfang 1951, der zweite größere Konflikt der Regierung mit den Gewerkschaften innerhalb von zwei Jahren. Den führenden Zeitungsstreik hatte Evita dadurch gelöst, daß sie Drucker aus den Provinzen nach Buenos Aires holte, wodurch viele der Streikenden ihre Stellen auf Dauer verloren. Aber die Eisenbahner waren eine viel zähere Rasse. 18 000 von ihnen begannen, den Befehlen der CGT zum Trotz, eine Serie von Streiks, die die Wirtschaft des Landes lahmzulegen drohten. Evita sprach mit ihnen und drang auf sie ein. Orlando Martinez, ein pensionierter Eisenbahner, erinnerte sich, wie Evita eine Draisine bestieg und mit ihm am Pumpenschwengel acht Kilometer aus Buenos Aires herausfuhr, wo sie die Eisenbahner überredete, den Streik abzubrechen.

»Als wir dorthin gelangten«, so erinnert er sich, »stand sie stark schwitzend auf und sagte, Perón habe sie geschickt, um sie, die Eisenbahner, zu bitten, an ihre Arbeit zurückzukehren. Sie bejubelten sie lautstark, und der Streik war gebrochen. Die paar Bolschewiken blieben dort zurück.« So gedenken die Peronisten liebevoll jener Tage. Aber es war nicht ganz so.

Der Streik war durchaus nicht augenblicklich vorbei. Vielmehr stellten die Züge den Verkehr ein, und in den ärmlicheren Teilen von Buenos Aires, ansonsten durch und durch peronistisches Territorium, erschienen an den Häuserwänden dahingekritzelte, unheilverkündende Parolen: »Viva Perón Viudo!« (Lang lebe der verwitwete Perón!). Die Zeitungen Evitas machten die Kommunisten für den Streik verantwortlich. Aber die Streikenden in den Streikpostenketten schrien: »Wir sind keine Kommunisten. Wir sind hungrige Peronisten!«

Das war nicht nur wahr, sondern ›La Prensa‹ hatte herausgefunden, daß der Streik durch einen ernsthaften Konflikt zwischen den Anhängern Evitas auf der einen Seite und ihrem Mann auf der anderen entstand. Das war eine gefährliche Nachricht. Dennoch entschloß sich die Zeitung, sie zu drucken. Diese Ausgabe vom 26. Januar 1951 erreichte jedoch nie die Straßen von Buenos Aires. Auf Anweisung Evitas schlug die Gewerkschaft der Zeitungsverkäufer, ein Ableger der CGT, in dieser Nacht gegen die Zeitung los. Die Verkäufer, die nicht Angestellte der Zeitung waren, sondern selbständige

Unternehmer, stellten Gainza Paz unerfüllbare Forderungen – 20 % der Einnahmen aus den Kleinanzeigen, Streichung der Abonnements, Auslieferung der gesamten Auflage einer jeden Nummer an die Verkäufer. Das hätte natürlich ›La Prensa‹ vollständig unter Evitas Kontrolle gebracht. Aber der Herausgeber weigerte sich nachzugeben. Das gleiche galt für seine Arbeitnehmer, obwohl die meisten von ihnen selber Gewerkschaftsmitglieder waren. 1300 von ihnen – Redakteure, Reporter, Drucker, Maschinenraumleute, Fahrer und Büroangestellte – gaben eine Erklärung heraus, daß sie keinerlei Ärger mit ihrem Boß hätten und an die Arbeit zurückkehren wollten. »Diese Übereinstimmung mit der Zeitung entspringt im wesentlichen den Idealen von Freiheit und Demokratie, welche die Ausrichtung von ›La Prensa‹ beseelen ... Wir haben keinen Konflikt mit der Zeitung.«

Ende Februar war es den Arbeitnehmern von ›La Prensa‹ klar, daß Evita ein Ende des Streiks nicht zulassen würde. Daher versuchten sie, durch die von der CGT aufgestellten Streikpostenkette zur Arbeit zu marschieren. Die Postenketten eröffneten das Feuer, töteten einen Drucker und verwundeten 14 weitere Arbeitnehmer von ›La Prensa‹. Zwei Monate später enteignete der Kongreß die Zeitung und übergab sie der CGT. Über dem Haupteingang wurde eine Neonlichttafel angebracht mit der Verkündung: »Ahora es Argentina« (Jetzt ist sie argentinisch). Oben auf dem Gebäude wurde ›La Prensa's‹ berühmte Freiheitsfackel durch riesige farbige Porträts von Perón und Evita verdeckt. Vom Balkon der Casa Rosada sagte Perón zu den nach wie vor gewaltigen Massen auf dem Platz: »Diese Zeitung, die seit so vielen Jahren die Arbeiter und die Armen ausgeplündert hat, die ein raffiniertes Instrument im Dienste nationaler und internationaler Ausbeuter zum gemeinen Verrat an unserem Lande war – diese Zeitung wird für ihre Verbrechen Wiedergutmachung leisten, indem sie den Arbeitern dient und deren Errungenschaften und Rechte verteidigt.« Der ›Erz-Verbrecher‹ Alberto Gainza Paz floh über den Fluß nach Uruguay gerade noch einen Schritt vor der Bundespolizei. Alle Zeitungen in den Vereinigten Staaten, in Kanada und Lateinamerika (mit Ausnahme von Argentinien) flaggten Halbmast aus Trauer um ›La Prensa‹. Nun, da die Opposition geknebelt war, verfolgte Evita weiter ihren Plan, Vize-Präsidentin Argentiniens zu werden.

12
»Mein Leben für Perón«

Zwei einbeinige Männer, der eine ohne sein rechtes, der andere ohne sein linkes Bein, fuhren auf Fahrrädern von Sonntag bis Freitag. Ein anderer Mann fuhr in seinem Wagen rund um seine Nachbarschaft 123 Stunden und zehn Minuten ohne Halt. Ein Fahrer des Erziehungsministeriums überbot das, indem er ohne Unterbrechung 129 Stunden und fünf Minuten fuhr. Ein weiterer Kraftfahrer begnügte sich mit einer kürzeren Strecke – im Rückwärtsgang. Mario Aldo Tordo und seine Frau Delia trugen ihre kleine Tochter Maria zu Fuß über ein Viertel der Längenausdehnung Argentiniens. Er trug ein Unterhemd mit der Aufschrift: »Perón hält seine Versprechungen«, vorne auf ihrem Hemd stand: »Evita verleiht Würde.« Ein Mann marschierte quer über die Pampa mit einem Sack Weizen auf der Schulter. Und Juan Martin, ein städtischer Angestellter aus Santa Fé, lief auf einem Fuß von Rosario nach Buenos Aires – eine Strecke von 360 Kilometern. Sie alle hatten nur eines im Sinn – sie wollten ihren Wunsch in die breite Öffentlichkeit tragen, daß Evita Vize-Präsidentin Argentiniens werden sollte.

Der Wahltermin war von Februar 1952 auf den 11. November 1951 vorverlegt worden. Die Monate gingen ins Land, und die Señora hatte noch nicht ihre Bereitschaft öffentlich bekundet, die Ehre anzunehmen, die ihr ihre ›descamisados‹ zuteil werden lassen wollten. Die Schwierigkeiten mit den Eisenbahnern – mehrere hundert waren inhaftiert und eine Anzahl von ihnen gefoltert worden, bevor der Streik zu Ende war – schienen ihrer Popularität keinen Abbruch getan zu haben. Und ihr Tagesablauf war genauso mörderisch wie eh und je. Im Zeitraum von drei Tagen fuhr sie mit dem Wagen nach Rosario, 360 Kilometer von der Hauptstadt entfernt, hielt drei Reden, eröffnete eine Eisenbahner-Wohnsiedlung, und wieder zurück nach Hause; am nächsten Morgen flog sie nach San Juan, 1200 Kilometer entfernt, um der Beisetzung des Gouverneurs beizuwohnen. Am dritten Tag stand sie wie üblich um 5.30 Uhr auf, hielt Audienz in der Residenz um 8 Uhr, war um 11 Uhr in ihrem Büro, besuchte eine Versammlung der Brauereiarbeiter am Nachmittag und eine Tagung der Eisenbahner am Abend. Um 23 Uhr des gleichen Tages brach sie auf zu einer fünftägigen Reise weit ins Landesinnere, wohnte der Amtseinführung des Gouverneurs von Tucumán bei, eröffnete eine neue Schule und eine Kinderklinik in Jujuy, eine weitere Schule in Catamarca, und verteilte Geschenke an Kinder in einem Park in Córdoba.

Sie war so viel unterwegs, daß, wie sie sagte, ihr Mann begonnen hatte, sie auszuschelten, weil sie zu solch unmöglichen Stunden noch auf war. Ein Grund dafür lag darin, daß sie es vorzog, von langen Reisen im Wagen mit ihren Leibwächtern nach Hause zu fahren, anstatt zu fliegen, so daß sie oft erst in den frühen Morgenstunden heimkehrte. Dann lud sie für gewöhnlich die Burschen noch ins Haus zu einem Drink ein, sie selber trank nur mäßig und rauchte nicht, obwohl sie ihre eigenen Zigaretten mit karminrotem Mundstück hatte, und sprach mit ihnen über Politik, bis der wütende Präsident oben von der Treppe herunterrief: »Schmeiß doch diese verdammten ›atorrantes‹ (Nichtstuer) raus.« An dieser Stelle bugsierte sie sie durch die Haustür mit einem:

»›Rajá muchachos‹ (Haut ab, Jungs), der Alte wird wütend.« Das Tempo ihres Lebens war derartig, daß ihre blonde Schönheit einen eiskalten, in sich gekehrten Ausdruck annahm und ihr Gesicht mehr und mehr wie eine Maske wirkte. Als Fleur Cowles sie sah, meinte sie, sie sehe überanstrengt, müde aus – »die Grünfärbung ihrer Haut konnte nur eine Art Warnung bedeuten. Ich dachte, sie müsse einen Anflug von Gelbsucht haben... die Gerüchte argentinischer Freunde in Paris wollten wissen, daß sie sehr schwer an Leukämie erkrankt sei.« Wenn dem so war, dann gab sie zumindest durch das stürmische Tempo ihres Lebens keinerlei Hinweis darauf. Als ein Abteilungsleiter des US-Außenministeriums Argentinien besuchte, verhalf ihm Evita fast zu einem Herzanfall, als sie ihn sieben Stockwerke hoch die Treppen hinauf und hinunter hetzte, um ihm bis zum allerletzten Zimmer ein 600-Betten-Krankenhaus zu zeigen, das von ihrer Stiftung gebaut worden war.

Sie fand auch noch Zeit, an der Spitze einer kleinen Armee ihrer peronistischen Feministinnen-Partei in die Casa Rosada zu marschieren, um ihrem Mann eine goldene Uhr und die Forderung zu überreichen, er solle sich wieder um die Präsidentschaft bewerben. Er dankte ihr, sagte aber nichts über die Vize-Präsidentschaft. Das Land hatte ja schließlich bereits einen Vize-Präsidenten, den 74jährigen Hortensio Jazmin Quijano, der allerdings ein kranker Mann war und im Krankenhaus lag. Er wollte sich nicht erneut aufstellen lassen, und zwischen einigen hochrangigen peronistischen Funktionären liefen Gespräche, daß Peróns alter Freund und Heereskollege, Oberst Domingo Mercante, der Gouverneur der Provinz Buenos Aires, den Zuschlag bekommen sollte. Aber Evitas loyale Genossen in der CGT hatten andere Vorstellungen. Sie gaben Pläne für eine Mammutversammlung bekannt, die am 22. August auf der 140 m breiten Avenida Nueve de Julio stattfinden sollte. Und sie versprachen, daß zwei Millionen Argentinier dort sein würden, um Juan Perón und Evita Perón als ihre Kandidaten für die beiden höchsten Ämter des Staates zu proklamieren.

Seit Perón 1946 die Präsidentschaft übernommen hatte, war das Wetter an seinen National-Fiestas immer gut gewesen. Auch diesmal hatte er seine übliche Glückssträhne, auch wenn der August ein ausgesprochener Wintermonat in Buenos Aires ist. Der Himmel war wolkenlos, als die ›descamisados‹ begannen, mit dem Zug, dem Flußdampfer, mit Lastwagen, Fahrrad und sogar mit drei Fords Modell T, die die 2500 Kilometer von Patagonien hinaufgeknattert waren, in die Hauptstadt zu strömen. Das Landvolk konnte man auf den Straßen an seinen schwarzen Hüten, der sonnenverbrannten Haut und den Ponchos leicht erkennen. Für sie war alles kostenlos – Transport, Essen und Unterkunft. Tausende schliefen in den städtischen Garagen, die von der Regierung beschlagnahmt worden waren. Um sie zu unterhalten, wurden kostenlose Filmvorführungen und Sportveranstaltungen arrangiert. Die CGT rief einen Generalstreik aus, damit jeder teilnehmen konnte. Die Folge war, daß das Leben in der Stadt praktisch zum Erliegen kam. Aber die Massen verhielten sich friedlich und gesittet, und die Regierung hatte wohlweislich einen möglichen Grund für Ausschreitungen aus dem Wege geräumt, indem sie drei Fußballspiele absagte (in Argentinien ist Fußball eine Sportart, von der man weiß, daß sie gelegentlich ausartet und kriegsähnliche Formen annimmt).

Als die Menschenmassen in die riesige Avenida strömten, intonierten sie ihren Schlachtruf »Viva Perón!« »Viva Evita!« und »Perón hält seine Versprechungen!« Lautsprecherwagen schoben sich vorsichtig durch die Menge und spielten ›Wir sind die peronistischen Burschen‹ und ›Evita, unser Kapitän‹. An den Regierungsgebäuden hingen gewaltige Porträts der Peróns und Wahlslogans. Der Krach des Singsangs und der Lieder dröhnte aus den Lautsprechern, die an jedem Laternenpfahl entlang der Avenida angebracht waren. Es klang so, als sei jeder Argentinier im Lande an jenem Nachmittag dort anwesend. Tatsächlich begrüßten aber nur 250 000 Präsident Perón, als dieser auf die angestrahlte, mit blau-weißen argentinischen Fahnen geschmückte Tribüne trat.

Evita war nicht bei ihm, und das löste sofort Rufe aus: »Wo ist sie?« Für José Espejo war das das Stichwort, sich zu Wort zu melden: »Mein General«, sagte er, »wir haben eine Abwesenheit festgestellt, die Abwesenheit Ihrer Frau, Eva Perón, sie, die ohnegleichen ist auf der Welt, in der Geschichte, in der Liebe und der Verehrung des argentinischen Volkes. Genossen, möglicherweise hat ihre Bescheidenheit, die vielleicht ihre größte Tugend ist, sie davon abgehalten, an dieser Versammlung teilzunehmen, aber wir können ohne Genossin Eva Perón nicht weitermachen.« So wurde also ein aus CGT-Funktionären bestehendes Kommando zur Residenz in Marsch gesetzt, um sie zu holen. Fünfzehn Minuten später stand sie auf der Tribüne, ohne Hut, in einem eleganten Kleid, und hob die Arme zum Dank für das Begrüßungsgebrüll der Menge.

Nach dem Abspielen der Nationalhymne bat Espejo den Präsidenten, für eine Wiederwahl zu kandidieren. Er nahm uneingeschränkt an. Aber als der Chef der CGT sich an seinen Boß Evita wandte und sie aufforderte, ihrer Aufstellung für die Vize-Präsidentschaft zuzustimmen, zögerte sie. Zuerst griff sie ihre alten Feinde an, die Oligarchen. Sie könnten General Perón wegen seiner Unterstützung durch das Volk nicht direkt angreifen, sagte sie. Aber sie glaubten, sie könnten ihn durch sie treffen. Sie sei bereit, rief sie aus, den General gegen jeden Angriff mit ihrer Brust abzuschirmen. Was aber die Vize-Präsidentschaft anginge, so bäte sie um vier Tage Bedenkzeit. Aus der riesigen Menge, die sich endlos entlang der Avenida zu erstrecken schien, kam der Aufschrei, niemand würde weggehen, ehe sie nicht Ja gesagt habe. Sie bat um 24, dann um zwei Stunden Bedenkzeit. Die Menge brüllte: »Jetzt, jetzt.« Halb flüsternd versprach sie: »Ich werde tun, was das Volk fordert.«

Aber etwas stimmte nicht. Jedermann wußte das. Die offizielle Annahme der Nominierung war für den 24. August festgesetzt worden, aber die amtliche Bekanntmachung wurde auf unbestimmte Zeit vertagt. Gerüchte über einen unmittelbar bevorstehenden militärischen Staatsstreich überfluteten das Land. Am 30. August brachte dann eine brasilianische Zeitung, ›O Mundo‹, die einem engen Freund und Bewunderer der Peróns, Dr. Gerald Rocha, gehörte, einen Bericht, demzufolge Präsident Perón einer Gruppe zu Besuch weilender brasilianischer Zeitungsleute mitgeteilt habe, daß seine Frau nicht für das Amt des Vize-Präsidenten kandidieren würde, da sie zu jung sei. Wenn sie, wie sie behauptete, 29 Jahre alt war, dann war sie von der Vize-Präsidentschaft ausgeschlossen, da eine der für dieses Amt geforderte Qualifikationen ein Mindestalter von 30 Jahren war. Sie war am 7. Mai 1919 geboren, und demnach war sie 32. Möglicherweise hatte eine altmodische weibliche Marotte sie veranlaßt, nach ihrer Eheschließung jemand nach Los Toldos zu schicken, um die Eintragung ihrer Geburt aus dem Personenstandsregister im Bürgermeisteramt herauszureißen. Aber kein Mensch akzeptierte ohnehin Peróns Ausrede mit dem Alter seiner Frau. Amtlicherseits verlautete nach wie vor nichts. Funktionäre der Peronistischen Partei strömten nach Buenos Aires. Fast den ganzen 31. August über konferierte der Oberste Rat der Partei in geheimen Sitzungen. An diesem Abend machte Evita der Ungewißheit ein Ende. Sie sprach über Rundfunk zum Volk.

Mit einer vor Erregung zitternden, heiser und verzerrt klingenden Stimme sagte sie: »Es ist mein unwiderruflicher Entschluß, die Ehre, die die Arbeiter und das Volk meines Landes mir auf der öffentlichen Kundgebung am 22. zuteil werden lassen wollten, abzulehnen. Ich versichere, daß diese Entscheidung meinem tiefsten Bewußtsein entspringt, daher absolut frei gefällt wurde und die ganze Kraft meines endgültigen Willens besitzt.« Ihre Stimme brach, und es entstanden Augenblicke der Stille, als ob sie ihre Kräfte sammelte, um weitersprechen zu können. »Ich habe die besten Jahre meines Lebens an der Seite von General Perón, meinem Meister, verbracht«, fuhr sie fort, »ich habe kein höheres Ziel im Leben, als ihm und dem argentinischen Volk zu dienen.« Sie hatte nicht vor, sich aus dem öffentlichen Leben zurückzuziehen, das machte sie ganz deutlich. »Ich gebe meine Arbeit nicht auf, ich verzichte nur auf die Ehrungen«, sagte sie und fügte hinzu, sie würde weitermachen als ›bescheidene Mitarbeiterin Peróns‹. In einer emotionsgeladenen Passage sagte sie: »Ich will, daß die Geschichte von mir nur sagt: An der Seite General Peróns stand eine Frau, eine Frau, die ihm die Hoffnungen und die Bedürfnisse des Volkes zutrug, und ihr Name war Evita.«

Es war die Armee, die Evita zum Rückzug gezwungen hatte. Ihr Gefühl für ›dignidad‹ war während der Jahre Peróns an der Macht angeschlagen worden, Erniedrigungen, die man im Offiziersklub auf dem Campo de Mayo bei einem Drink empört der ›Petticoat-Diktatur‹ zuschrieb. Die Generäle machten Perón, ihrem alten Waffenbruder, also deutlich, daß sie seine Frau als Vize-Präsidentin nicht akzeptieren würden. Der Gedanke, daß sie ihr Oberbefehlshaber werden könnte, falls ihm etwas zustieße, war zu unerträglich, als daß man es in Betracht hätte ziehen können. Diesmal, so warnten die Generäle Perón, würden sie es auf eine Revolution ankommen lassen, wenn Evita die Nominierung durch die Peronisten annähme, was, wie sie wußten, gleichbedeutend wäre mit einer Wahl. Vielleicht ermutigte sie die Tatsache, daß am 22. August nur 250 000 anstelle der angekündigten zwei Millionen Anhänger aufmarschiert waren, ihre Stärke zu versuchen. Nach demokratischen Maßstäben war es dennoch eine bemerkenswerte Leistung, eine derartige Menschenmasse aus dem ganzen Land zusammenzubringen – allerdings nur, wenn man außer acht ließ, daß jede Regierungsstelle für diese Aufgabe eingespannt worden war. Perón beschwerte sich bitterlich darüber, daß seine ›descamisados‹ ihn im Stich gelassen hätten. Vielleicht hätte er die Generäle gezwungen, ihre Trümpfe auf den Tisch zu legen, wenn er zwei Millionen Chips gehabt hätte, nicht aber mit lediglich einer Viertelmillion. Das bedeutete, daß Evita verzichten mußte. Aber das hielt die Armee nicht davon ab, auf jeden Fall eine Revolution zu versuchen.

Erste Ahnungen kamen auf im Morgengrauen des 28. September, als sich eine ungewöhnliche Aktivität rund um den Fliegerhorst El Palomar, etwa 20 Kilometer westlich von Buenos Aires, entwickelte. Offiziere der Kadettenanstalt, die sich El Palomar mit den Fliegern teilt, machten sofort dem Präsidenten Meldung, der wie üblich bereits um 6.30 Uhr an seinem Schreibtisch in der Casa Rosada saß. Er rief seine militärischen Führer zu sich, aber Flugzeuge flogen bereits über der Stadt und warfen Flugblätter ab, in denen die Bevölkerung dringend aufgefordert wurde, die Revolution gegen Perón zu unterstützen. Sie waren von Benjamin Menendez, einem pensionierten General, unterzeichnet. Aber außer daß sie so niedrig über die Casa Rosada flogen, daß sie die Schornsteine fast abgerissen hätten, richteten die Flugzeuge keinen Schaden an.

Perón ordnete sofort die standrechtliche Erschießung eines jeden Uniformierten an, der an der Revolte teilnahm. Der Belagerungszustand wurde ausgerufen und die Zensur eingeführt. Die Bundespolizei stellte Wachen an den Rundfunksendern, Zeitungen und staatlichen Banken auf. Die CGT rief zu einem Generalstreik auf und beorderte ihre Mitglieder auf die Straße, damit sie halfen, die Rebellen zu besiegen. Aber von gelegentlichen Handgreiflichkeiten auf den Straßen abgesehen, war da wenig los. Die Polizei rettete einen Mann, der von einem Pöbelhaufen verfolgt wurde, und regierungstreue Truppen gingen gegen El Palomar und Campo de Mayo vor. Die Rebellen hatten anscheinend beide Garnisonen ein paar Stunden lang in ihrem Besitz gehabt, aber die Regierung gewann sie bis zum Nachmittag wieder zurück. El Palomar wurde mit Artillerie beschossen, doch die Granaten trafen die Startbahn und richteten keinen Schaden an. Nur ein Soldat fiel, ein Feldwebel Farina, der gemäß den peronistischen Zeitungen mit einem »Viva Perón!« auf den Lippen starb.

Am Nachmittag erschien Perón auf seinem Balkon und blickte herab auf einen Platz, der mit loyalen ›descamisados‹ vollgestopft war. »Eine Gruppe schlechter Argentinier hat die Uniform des Vaterlandes entehrt«, sagte er zu ihnen. Voller Verachtung fügte er hinzu, die Rebellen hätten »beim ersten Schuß die weiße Flagge gezeigt und sich ergeben. Sie sind Feiglinge, weil sie es nicht riskiert haben, dann zu sterben, als sie Gelegenheit hatten, um ihrer Ehre willen ihr Leben zu opfern«, sagte er. »Das ist der Grund, warum sie die schmähliche Strafe eines Feiglinges erleiden werden. Wie Feiglinge werden sie hingerichtet werden«, versprach er seinen jubelnden Anhängern. »Hängt sie! Hängt sie!« schrie die Menge. »Das werde ich auch tun«, brüllte General Perón und schlug mit der Faust auf das samtbehangene Geländer des Balkons. »Als Exempel. Jeder soll wissen: Wer immer in Zukunft zum Kampf gegen uns auszieht, muß entweder uns töten, oder wir werden ihn töten.«

Aber das tat er nicht. Die meisten Rebellen flohen nach Uruguay, und nur General Menendez wurde ins Gefängnis geworfen. Juan Perón hatte gerade ganz andere Sorgen als unfähige Revolutionäre. Seine Frau war todkrank. Sie war unmittelbar nach ihrem Verzicht auf die Vize-Präsidentschaft krank geworden und litt, wie mitgeteilt wurde, an Grippe und Anämie. Seit über einem Jahr war sie bei einer polnischen Hämatologin, Dr. Helen Zawarski, in Behandlung. Ihr Blutbild war auf drei Fünftel der Normalwerte gefallen. Aber sie hatte ihren aufreibenden Tagesablauf fortgesetzt, bis sie zusammenbrach, und sich geweigert, der Müdigkeit nachzugeben, die an jedem Muskel und jedem Knochen ihres Leibes gezerrt haben muß. Als sie sich schließlich ins Bett legte, erzählte ihr Mann Freunden unter Tränen, sie habe perniziöse Anämie, was wahrscheinlich eine gnädige Umschreibung für Leukämie war. Die Nachricht über den versuchten Staatsstreich löste bei ihr das Verlangen aus aufzustehen, aber schließlich konnte man sie überreden, ihre Rundfunkansprache vom Bett aus zu halten. Mit kaum vernehmbarer Stimme drückte sie ihren ›descamisados‹ ihren Dank aus für deren Unterstützung ihres Mannes. »Euch alle umarme ich aus tiefstem Herzen«, flüsterte sie. »Für mich gibt es nichts auf der Welt als die Liebe Peróns und meines Volkes.«

In ihr war aber noch etwas Kraft. Am 17. Oktober erschien eine schmächtige Gestalt in karmesinrotem Mantel auf dem Balkon der Casa Rosada. Sie sah zerbrechlich und abgezehrt aus. Aber sie schaffte es, zu lächeln und der unten versammelten, jubelnden Menge zuzuwinken. Der Platz war gedrängt voll mit ihren ›descamisados‹, so wie er es sechs Jahre zuvor am 17. Oktober gewesen war. Wenige von ihnen hatten damals gewußt, daß es sie überhaupt gab. Nun waren sie da, um ihr zu huldigen. Im angebrochenen Zeitalter des Fernsehens richteten sich die Kameras auf ihr müdes Gesicht, als der Präsident ihr die Sonderstufe der Großen Peronistischen Medaille in Anerkennung ihres selbstlosen Verzichts auf die Kandidatur an die Brust heftete. Er umarmte sie, und sie weinte in seinen Armen.

»Dieses wundervolle Volk«, sagte Perón, sich den Mikrophonen zuwendend, »das wir bereits als das beste der ganzen Welt bezeichnet haben, hat beschlossen, daß dieser 17. Oktober Eva Perón gewidmet werden soll. Keine Huldigung könnte berechtigter, tiefempfundener, ehrenvoller sein als diese Weihung. Sie ist nicht nur die Leitfigur und Bannerträgerin unserer Bewegung, sondern in der argentinischen Geschichte wird die Gestalt Eva Peróns als eine der größten Frauen der Menschheit betrachtet werden.« Dann bat er um Ruhe, damit seine Frau reden könne, ohne sich anstrengen zu müssen. Als sie es tat, faßte er sie mit den Händen um die Taille, damit sie nicht umfiel. In der Stille begann sie:

»Meine geliebten ›descamisados‹, dies ist ein Tag großer innerer Bewegung für mich. Mit meiner ganzen Seele habe ich mir gewünscht, mit euch und Perón an diesem glorreichen Tag der ›descamisados‹ sein zu können. Ich könnte niemals diese Verabredung, die ich mit dem Volk an jedem 17. Oktober habe, verpassen. Ich versichere euch, daß nichts und niemand mich hätte daran hindern können zu kommen, denn ich habe eine geheiligte Verpflichtung gegenüber Perón und euch, den Arbeitern und den Burschen der CGT, und es spielt für mich keine Rolle, wenn ich, um sie einzulösen, Fetzen meines Lebens am Wegesrand lasse. Ich mußte kommen und ich bin gekommen, um Perón und der CGT und den ›descamisados‹ und meinem Volk zu danken. Perón gegenüber, der mich gerade geehrt hat durch die höchste Auszeichnung, die man einem Peronisten verleihen kann, werde ich niemals meine Schuld ganz abtragen können, nicht, bis ich mein Leben in Dankbarkeit gebe, für die Güte, die er mir immer erwiesen hat. Nichts, was ich habe, nichts, was ich bin, nichts, was ich denke, ist mein; es ist Peróns. Ich werde nicht die übliche Lüge erzählen und sagen, daß ich es nicht verdient habe. Ja, ich habe es verdient, mein General. Ich verdiene es aus einem einzigen Grund, der mehr wert ist als alles Gold der Welt. Ich verdiene es, weil alles, was ich getan habe, aus Liebe zu diesem Land geschah. Was ich getan habe, hat kein Gewicht; mein Verzicht hat kein Gewicht; was ich bin und was ich habe, hat kein Gewicht. Ich habe nur etwas von Gewicht, und das ist mein Herz. Es brennt in meiner Seele, schmerzt in meinem Fleisch, es reizt meine Nerven: Es ist die Liebe zum Volk und zu Perón. Und ich danke dir, mein General, der mich gelehrt hat, dich zu kennen und zu lieben. Wenn das Volk mein Leben fordert, würde ich es singend geben, denn das Glück eines einzigen ›descamisados‹ ist mehr wert als mein Leben.

Ich mußte kommen, um der CGT zu danken für die Lorbeeren, mit denen sie mich geehrt hat und die für mich das liebste Memento der argentinischen Arbeiter sind. Ich mußte kommen, um den Arbeitern und der CGT zu danken, die diesen Tag einer einfachen Frau geweiht haben. Ich mußte kommen, um euch zu sagen, wie ich es dem General gesagt habe, daß es in unserem Kampf notwendig ist, nach allen Seiten erhöht wachsam zu sein. Die Gefahr ist noch nicht vorüber. Die Feinde des Volkes, Peróns und des Vaterlandes schlafen nicht. Es ist notwendig, daß jeder argentinische Arbeiter ein wachsames Auge hält und nicht schläft, denn die Feinde arbeiten im Schatten des Verrats, und manchmal verstecken sie sich hinter einem Lächeln oder einer ausgestreckten Hand. Ich mußte kommen, um allen meinen geliebten ›descamisados‹ aus jedem Winkel des Vaterlandes zu danken, weil ihr am 28. September gewagt habt, euer Leben für Perón zu riskieren. Ich war sicher, ihr würdet wissen, so wie ihr es schon früher gewußt habt, wie ihr als Schanzwehr für Perón zu handeln hattet. Die Feinde Peróns und des Vaterlandes wissen seit langem, daß Perón und Eva Perón bereit sind, für das Volk zu sterben. Heute fordere ich nur eines von euch, Kameraden, daß wir alle öffentlich schwören, Perón zu verteidigen und für ihn zu kämpfen, und wir werden unseren Eid eine Minute lang laut hinausrufen, damit sein Klang bis in die entferntesten Winkel der Welt reicht.«

Das Gebrüll »Mein Leben für Perón« echote wider und wider von allen Seiten des Platzes. Dann setzte sie ihre Rede fort.

»Ich danke euch, Kameraden, für eure Gebete für meine Genesung. Ich danke euch von Herzen. Ich hoffe, Gott erhört das einfache Volk meines Vaterlandes, damit ich bald zur Schlacht zurückkehren und mit Perón für euch und mit euch für Perón bis zum Tode weiterkämpfen kann. Ich habe nichts für mich selbst gewollt und will es nicht. Meine Seligkeit ist und wird immer sein,

Peróns Schutzschild und Banner meines Volkes zu sein, und selbst wenn ich Fetzen meines Lebens am Wegesrand lasse, so weiß ich, daß ihr sie in meinem Namen auflesen und sie wie eine Fahne zum Sieg tragen werdet. Ich weiß, daß Gott mit uns ist, weil er mit den einfachen Menschen ist und den Stolz der Oligarchen verabscheut, und darum wird der Sieg unser sein. Früher oder später werden wir ihn erringen, koste es, was es will, und falle, wer fallen muß.

Meine ›descamisados‹, ich würde euch gerne noch viele Dinge sagen, aber die Ärzte haben mir gesagt, ich dürfe nicht reden. Ich lasse mein Herz bei euch, und ich sage euch, ich bin sicher, weil es mein Wunsch ist, daß ich bald wieder am Kampf teilnehmen werde, gestärkt und mit größerer Liebe, um für dieses Land zu kämpfen, das ich so sehr liebe, wie ich Perón liebe. Ich bitte euch nur um eines: Ich bin sicher, daß ich bald wieder bei euch sein werde, aber wenn ich wegen meiner Gesundheit es nicht sein kann, helft Perón, seid loyal zu Perón, wie ihr es bisher gewesen seid, denn das heißt, loyal zum Vaterland und zu euch selbst zu sein. Und alle ›descamisados‹ im Landesinneren drücke ich ganz fest an mein Herz, und ich hoffe, sie erkennen, wie sehr ich sie liebe.«

Die Leidenschaft, die Liebe, der Haß, es war alles da wie eh und je. Aber etwas war anders. Die Menge wußte es. Es gab viele Männer, die ebenso wie Frauen ganz offen auf dem Platz weinten. Am 6. November wurde sie an Gebärmutterkrebs operiert. Ihre Zeitung ›Democracia‹ schrieb, sie habe, bevor sie anästhesiert wurde, »Viva Perón!« gerufen, was Dr. George T. Pack, dem Krebsspezialisten des New Yorker Memorial Hospital, der die Operation ausführte, einen Schock versetzt haben muß.

Fünf Tage später wurde eine Extra-Wahlurne an ihr Bett geschafft, damit sie bei der Präsidentschaftswahl ihre Stimme abgeben konnte. Am Abend davor hatte sie über Rundfunk zum Volk gesprochen und, schwach wie sie auch war, an ihren Worten war nichts Sanftes: »Nicht für Perón zu stimmen«, sagte sie, »heißt für einen Argentinier – und ich sage es, weil ich es so empfinde – das Vaterland verraten.« Sie warnte die Wähler, daß sie im Geiste bei ihnen sein würde. »Ich werde euch wie ein Schatten verfolgen und in eure Ohren und euer Gewissen den Namen Perón immer wieder sagen, bis ihr euren Stimmzettel in die Wahlurne getan habt als Botschaft der Liebe und des Vertrauens und der Treue an den Führer des Volkes. Möge jede peronistische Wahlstimme am 11. November der unhörbare Ausruf eines argentinischen Herzens sein: ›Mein Leben für Perón!‹«

Damit ihre Stimmabgabe legal sei, mußte ein Wahlbeobachter aus einer Oppositionspartei anwesend sein. David Viñas, ein argentinischer Romancier, hat diesen Augenblick niemals vergessen. Er war Mitglied der Radikalen Partei. »Es war ein regnerischer Tag, und wir drei gingen hinein – ein Mitglied der Wahlleitung, der die Wahlurne trug, ein Vertreter der peronistischen Partei und ich. Einen Augenblick lang waren wir mit ihr allein im Zimmer. Von Scheu ergriffen. Sie war geschminkt, aber ihr Gesicht war verzerrt. Die Schenkel waren angezogen und gespreizt. Auf ihrem Krankenbett lagen die einzelnen Wahlzettel aller Parteien. Wir mußten sie für den Wahlakt alleine lassen, aber als wir wieder zurückgingen, waren sie alle, bis auf den peronistischen, noch da. Doch der ergreifendste Augenblick kam, als wir gingen und zwischen den in der Eingangshalle und draußen vor dem Krankenhaus knienden Frauen laufen mußten. Sie knieten im Regen und griffen hoch in dem Versuch, die Wahlurne zu berühren, weil Evita sie berührt hatte und ihre Wahlstimme sich darin befand.

Eine Wahlurne hatte mystische Eigenschaften angenommen!«

Am Ausgang der Wahlen war nichts Mystisches. Das wäre nur dann der Fall gewesen, wenn die oppositionelle Radikale Partei gewonnen hätte. Ihren Kandidaten wurde kein Platz in den Zeitungen und keine Sendezeit im Rundfunk zugestanden, sie mußten sich auf Wahlversammlungen verlassen, um ihre Aussagen an den Mann zu bringen. Doch selbst die Anzahl der Wahlversammlungen war beschränkt, und sie wurden von der Polizei gestört. Der Wahlvorgang selbst war peinlich korrekt, wie er es schon 1946 gewesen war. Die Armee sorgte schon dafür. Dennoch, Perón errang 66 Prozent der abgegebenen Stimmen. Seine Partei gewann alle 30 Senatssitze und von den 149 Sitzen der Abgeordnetenkammer alle bis auf 14. In allen 14 Provinzen wurden peronistische Gouverneure gewählt. In einigen Gegenden im Landesinnern erzielte Perón einen Stimmenanteil von fünf zu eins gegenüber seinen Gegenkandidaten. Aber am allerbesten schlug sich Evitas Peronistische Feministinnen-Partei. Die Mehrzahl der argentinischen Erstwählerinnen gab ihre Stimme Perón. Und nicht nur das, sie wählten auch sechs Frauen in den Senat und 23 in die Abgeordnetenkammer. Frauen wurden ebenfalls in die Provinzparlamente sowie in Gemeinde-, Stadt- und Dorfämter gewählt. Der althergebrachte hispanische Standpunkt von der männlichen Überlegenheit sollte in Argentinien nie wieder die gleiche Kraft besitzen, auch wenn die Frau, die das zuwege gebracht hatte, daran gehindert wurde, selber ein öffentliches Amt zu bekleiden.

Ironischerweise saß sie auf dem traditionsgemäß dem Vize-Präsidenten vorbehaltenen Platz, als Juan Perón am 4. Juni 1952 den Amtseid ablegte und so sein eigener Nachfolger als Staatspräsident Argentiniens für weitere sechs Jahre wurde. Sie saß dort, weil der Platz vakant war: Vize-Präsident Hortensio Quijano war während der Wahl im November verstorben. Sie sah selber schrecklich krank aus und trug einen knöchellangen Nerzmantel, der ihren eingefallenen Körper wie ein Sterbehemd bedeckte. Im Kongreßgebäude lenkte Perón ihre unsicheren Schritte zum Stuhl des Vize-Präsidenten, dann schwor er hastig, mit einer Hand auf der Bibel, die Verfassung zu schützen. Draußen skandierten Tausende von Mitgliedern der Peronistischen Frauen-Partei: »Viva Evita, die Vize-Präsidentin.« Aber Evita machte sich davon und kehrte in den Präsidenten-Landsitz im Vorort Olivos zurück. Perón vereidigte sein neues Kabinett, nahm eine Kavallerie- und Infanterie-Parade ab, winkte kurz den 100 000 ›descamisados‹ auf dem Platz zu und eilte nach Olivos, um bei seiner Frau zu sein.

13
Tod einer Legende

Das war das letzte Mal, daß die ›descamisados‹ ihre geliebte Evita sahen. Sie lag im Sterben. Der Krebs, gegen den sie sich so lange gewehrt hatte, breitete sich schnell mit marternden Schmerzen in ihrem ganzen Körper aus. Doch das argentinische Volk wußte es nicht, wiewohl es zu vermuten begann, daß sie mehr als nur kränklich sei, als weder sie noch ihr Mann beim traditionellen Tag der Fahne am 19. Juni 1952 in Erscheinung traten. Als sie sich auch bei der Parade am 9. Juli, dem Unabhängigkeitstag, nicht sehen ließ, versuchten die Ärzte mit einem Bulletin, in dem sie angaben, sie brauche Ruhe, die Gerüchte einzudämmen. Aber zu dem Zeitpunkt war schon aus der Residenz in Olivos durchgesickert, daß sie intravenös ernährt wurde.

Am Sitz des Staatssekretariats für Information auf der Avenida de Mayo brannten die ganze Nacht die Lichter, da eine aus fünf Reportern bestehende Sonderwache auf Nachrichten über Evitas Gesundheitszustand wartete. Peronistische Führer, die durch politische Flüsterpropaganda hörten, daß es nur eine Frage von Tagen sei, bis der Tod eintrat, überschlugen sich, um sich gegenseitig in ihren Huldigungen zu überbieten. Der Gouverneur der Provinz Buenos Aires, Carlos Aloe, ordnete an, daß an allen argentinischen Schulen Evitas Autobiographie in der ersten Klasse als Lesebuch, in der fünften und sechsten Klasse als Textbuch für Kurse in Staatsbürgerkunde und in einer Übersetzung als Ergänzungstext in Sprachkursen verwendet werden müsse. Der Gesundheitsminister, Ramón Carillo, verfügte, daß in den seinem Amt unterstehenden 508 Krankenhäusern und Kliniken Messen zelebriert werden sollten für ihre ›baldige und vollständige Genesung‹. Im Kongreß stimmte die peronistische Mehrheit für den Bau eines gewaltigen Denkmals aus Marmor und Bronze mit 24 Nachbildungen für jede der argentinischen Provinzen und Territorien. Während einer der 59 leidenschaftlichen Reden, die zum Lobe Evitas gehalten wurden, fiel die peronistische Abgeordnete Mafalda Piovano in dem Gang auf die Knie und betete: »O Gott, wir flehen dich an, Eva Perón die Gesundheit wiederzugeben, die sie geopfert hat, um uns zu erlösen.« Dann fiel die Abgeordnete in tiefe Ohnmacht. Sobald sie wieder zu sich kam, veranlaßte der Präsident der Kammer, Hector J. Campora, die 124 peronistischen Abgeordneten zum Schwur, Perón als Staatspräsidenten und Evita als ›Jefe Espiritual de la Nación‹ (Spiritueller Chef der Nation) – der Titel, unter dem sie formell, seit ihrem letzten öffentlichen Auftritt bei der Amtseinführung ihres Mannes, im argentinischen Gesetzblatt aufgeführt wurde – die Treue zu halten.

Das ganze argentinische Volk erhielt auch eine Rolle bei der Huldigung zugewiesen. Nach Gewährung eines halben Feiertages versammelten sich überall im Lande riesige Menschenmengen auf staubigen Plätzen in Städten, Dörfern und Gemeinden und verharrten wortlos zehn Minuten lang als Demonstration ihrer Liebe zu ihrer sterbenden First Lady. Aber wie immer, wenn es um Eva Perón ging, traten Ärger und Haß an diesem stürmischen Winternachmittag ebenso offen zutage wie Liebe.

Evitas alter Freund José Espejo, der Generalsekretär der CGT, peitschte im Luna Park-Stadion 50 000 Peronisten auf mit einem giftigen Angriff gegen die amerikanische Regierung, die, wie er behauptete, verhindert habe, daß die Werke ihrer Heiligen die Arbeiter Amerikas erreichten. Das State Department, sagte er, habe mit den amerikanischen Verlegern konspiriert, um zu verhindern, daß eine englischsprachige Ausgabe der Autobiographie Evitas in den Vereinigten Staaten gedruckt wurde. Auf einem mit Plakaten beklebten Hintergrund war eine rosa Krake dargestellt, die auf einem Haufen Totenschädel und Goldmünzen saß, in einem Arm die Wall Street hielt und in dem anderen ein Beil, das auf Eva Peróns Buch gerichtet war. Ein anderes zeigte einen gefräßig aussehenden schwarzen Adler mit einem Sternenbanner am Halsband, der sich auf das gleiche Buch stürzte. Espejo kreischte: »Diese Coupon-Abschneider in der Wall Street, dem Vatikan des Dollars, ersticken die Stimme der Liebe und der Gerechtigkeit. Die hungrigen Wölfe des Yankee-Imperialismus haben Angst davor, daß unsere amerikanischen Arbeitskameraden von dem Glück und dem Überfluß in Argentinien erfahren könnten.« Aber der Arbeiterführer versprach seiner begeisterten Zuhörerschaft, daß die CGT jedem Arbeiter in den Vereinigten Staaten eine Kopie von Evitas Buch zuschicken werde.

Das ist natürlich nie geschehen. Wenn das doch der Fall gewesen wäre, dann hätten die amerikanischen Arbeiter mit Sicherheit genauso reagiert, wie es eine wachsende Anzahl Argentinier tat. Wie etwa in den wenigen Städten, die bei den Präsidentschaftswahlen im November von der Radikalen Partei gewonnen wurden, wo die RP-Bürgermeister Porträts von Eva Perón ebenso wie Kopien ihres Buches aus den Bürgermeisterämtern entfernten und verbrannten. Die Bürgermeister machten geltend, daß, da sie kein offizielles Regierungsamt bekleide, weder ihr Bild noch ihre Autobiographie eine Berechtigung hätten, in ihren Amtsräumen Platz wegzunehmen. In einem Land, in dem der Kult Evitas hysterische Ausmaße angenommen hatte, war das schon eine mutige Tat. Aber sie war nicht sehr weise.

In den beiden größten Städten, wo das geschah, nämlich in Juarez, 370 Kilometer südlich von Buenos Aires, mit 54 000 Einwohnern, und Salta, mit 25 000 Einwohnern und 177 Kilometer nordwestlich der Hauptstadt, legten peronistische Arbeiter beide Stadtbezirke durch Generalstreiks lahm, als Protest gegen die Handlungsweise der Bürgermeister. Das verschaffte dem fanatischen Gouverneur der Provinz Buenos Aires, Carlos Aloe, die von ihm schnell ergriffene Möglichkeit, die RP-Bürgermeister aus dem Amt zu entfernen und sie durch peronistische zu ersetzen, mit der Begründung, die Stadtverwaltung sei zusammengebrochen und dadurch das Wohlergehen der Bürger gefährdet. Es gab noch nicht einmal den Anschein einer rechtlichen Untersuchung der Sache nach allen Seiten hin. Denn bereits um den Mittwinter des Jahres 1952 war der ›Peronismo‹ zum Gesetz in Argentinien geworden, und es gab keinen eifrigeren Verfechter der neuen Rechtsordnung als Carlos Aloe, der, als er Gouverneur wurde, den Amtseid so abgeändert hatte, daß es nun hieß, er regiere die Provinz im Auftrage von Juan und Eva Perón.

In früheren Tagen hätte solch Willfährigkeit wärmstes öffentliches Lob seitens der Peróns verdient. Aber in Olivos konnte man an nichts anderes denken, als an den näherrückenden Tod. Die wöchentlichen Kabinettssitzungen wurden abgesagt. Der Präsident verbrachte die meisten Stunden des Tages am Bett seiner Frau und hielt ihre Hand, während sie, durch starke schmerzstillende Drogen sediert, schlief. Während einer ihrer wachen Perioden überreichte er ihr die Ordenskette des Ordens von San Martín, benannt nach dem General, der im 19. Jahrhundert den argentinischen Befreiungskrieg gegen die Spanier anführte. Trotz all der Juwelen, die Eva Perón in den wenigen Jahren ihrer Macht im Wert von vielen Millionen Mark mit eichhornartigem Eifer gehortet hatte, diese Auszeichnung übertraf sie alle. Die Kette enthielt 758 Brillanten, Smaragde und Rubine, eingefaßt mit 3800 Gold- und Platinelementen. Der große Anhänger bestand aus einer Rosette mit Brillanten und Smaragden, in der, vor einem Hintergrund aus 16 Sonnenstrahlen aus Gold und Platin, ein Bild des argentinischen Befreiers eingefaßt ist. Es spielte keine Rolle, daß die Ordenskette von San Martín laut argentinischem Gesetz speziell als Ehrung für Staatsoberhäupter vorgesehen ist. Als Evas müde, trübe Augen auf der funkelnden Ordenskette ruhten, die auf der Bettdecke über ihrem Schoß lag, und sie mit ihren spindeldürren Fingern über die Juwelen strich, kannte sie nur zu gut den schrecklichen, ironischen Grund für die Verleihung. Sie bedeutete, daß Evita, wenn sie starb, Anspruch auf ein Begräbnis für Staatspräsidenten hatte.

Draußen, vor den Grundstücksmauern der Residenz, knieten zu allen Tages- und Nachtzeiten peronistische Frauen auf dem Bürgersteig und weinten. Das Weinen muß anscheinend im stillen Haus durch die geschlossenen Fensterläden zu hören gewesen sein, denn am 16. Juli vertrieb Bundespolizei die wachsende Menschenmenge auf die andere Straßenseite und stellte Tafeln in der Nachbarschaft auf mit der Aufschrift: »Bitte Ruhe.« Zwei Tage später wurde der gesamte Verkehr durch eine Umleitung aus dem Gebiet gelenkt, und selbst die Minister mußten die letzten paar hundert Meter bis zum Tor der Residenz zu Fuß zurücklegen. Am Sonntag, dem 21. Juli, versammelten sich Tausende von ›porteños‹ im strömenden Regen zu einer Messe unter freiem Himmel im Zentrum von Buenos Aires, wo Evitas Beichtvater, der sie auf der berühmten Reise durch Europa begleitet hatte, Pater Benitez, um ›das Wunder ihrer Wiederherstellung‹ betete. In einem letzten verzweifelten Aufgebot an menschlicher Hilfe zog Präsident Perón zwei deutsche Krebsspezialisten hinzu, Professor Paul Uhlenbruck aus Köln, ein Herz- und Kreislaufspezialist, und Professor Heinrich Kalk aus Kassel, ein Leberspezialist. Sie trafen am 24. Juli ein und wurden eilends geradewegs von ihrem Flugzeug nach Olivos geschafft, mit Polizeikrädern vorneweg, die den Weg freimachten. Aber es war zu spät.

Am Nachmittag des 26. Juli meldeten Evitas Ärzte, daß ihr ›erlauchter Patient‹ in auffälliger Weise verfalle. Irgendwann an dem Nachmittag, so ihre eigene Zeitung ›Democracia‹, habe diese schmerzgepeinigte Frau ihrem Mann zugeflüstert: »Wenn ich in meinem Leben irgendwelche Sünden begangen habe, so büße ich jetzt genug durch diese Schmerzen. Ich habe viele tuberkulöse Arbeiter geküßt in dem Glauben, Gott würde mir schon keine Schmerzen schicken, da ich es für die Armen tat. Nun schickt mir Gott dieses. Es ist zuviel, aber wenn es Sein Werk ist, dann ist es gut.«

Sie verfiel sehr schnell. Ein zweites Bulletin um 18.10 Uhr meldete ihren Zustand als ernst. Um 19 Uhr wurde mitgeteilt, sie sei vor fünfzehn Minuten in Koma gefallen. Um 20.25 Uhr sah die lautlose, aber tränenreich wachehaltende Menge auf der anderen Straßenseite der Residenz, daß in einem Zimmer in der zweiten

Etage eine schwache Lichtquelle ausgeknipst wurde. Im dunklen Raum entfernte sich Präsident Perón vom Bett seiner Frau. Der wartenden Familie und den Kabinettsmitgliedern sagte er schlicht: »Evita ist tot.« Bei ihrem Tod wog die einst schöne Frau ganze 36 Kilogramm. Zum zweiten Male in seinem Leben blickte Juan Perón in dieser kalten Julinacht auf eine an Krebs gestorbene Ehefrau.

Die ganze Nacht hindurch unterbrachen die argentinischen Rundfunksender ihre Kirchenmusikprogramme mit der Meldung: »Der Staatssekretär für Information erfüllt die sehr traurige Pflicht mitzuteilen, daß Señora Eva Perón, der spirituelle Führer der Nation, um 20.25 Uhr verstorben ist.« Im ganzen Land läuteten die Kirchen ein langsames, trauriges Totengeläut. Das Kabinett trat zusammen, um die Aussetzung jeder behördlichen Tätigkeit für zwei Tage sowie eine 30tägige Staatstrauer zu verkünden. Vor der Residenz in Olivos zwängte sich ein Mann mit einer trauerumflorten argentinischen Fahne in die Astgabel eines Baumes und erklärte dramatisch, er werde dort auf ewig bleiben. (Der Regen zwang ihn schon bald herunter.)

Im Haus selbst wurde Dr. Pedro Ara, ein berühmter spanischer Pathologe, der Kulturattaché an der Spanischen Botschaft in Buenos Aires war, von Perón in Evitas Schlafzimmer geführt, um den Leichnam für die Aufbahrung am nächsten Tag im Arbeitsministerium zurechtzumachen. »Ihr Gesicht«, erinnerte sich Ara, »sah friedlich, schön aus, endlich befreit von ihren schrecklichen Leiden. Einer ihrer Ärzte, Dr. Ricardo Finochietto, hatte ihr die Augen geschlossen und ihr Gesicht entspannt. Ihre Mutter und ihr Beichtvater, Pater Benitez, knieten im Gebet neben dem Bett. ›Ich werde Ihnen alle Schlüssel zum Zimmer meiner armen Frau geben‹, sagte Perón zu mir. ›Niemand wird hereinkommen können – weder die Familie noch ich – während Sie arbeiten.‹«*

Durch die über das Grundstück auf den La Plata-Fluß blickenden Fenster in Eva Peróns Zimmer konnte Dr. Ara, während er den ersten Teil seiner Arbeit am Leichnam beendete, das erste Licht der Morgendämmerung sehen, das durch die Sturmwolken durchbrach. Es gab noch sehr viele Monate Arbeit, bis der Einbalsamierungsprozeß beendet war. Aber, wie er Perón nachts zuvor schon gesagt hatte, der Erfolg oder Mißerfolg des Einbalsamierens hing im entscheidenden Maße von diesen ersten Stunden ab. Doch Ara war jetzt zuversichtlich, daß der Leichnam nun nicht mehr verwesen konnte. Es wurde an die Tür geklopft. Evitas Schneiderin und Friseur waren da. Wie Ara hatte auch die Schneiderin die ganze Nacht gearbeitet und das letzte Kleid für ihre Herrin zugeschnitten und genäht. »Sie sieht aus, als schliefe sie«, sagte sie, als sie sie anzog. Evitas Friseur, Julio, der sie schon als kleines Mädchen in Junin gekannt hatte, erzählte Ara, daß er während ihrer Jahre an der Regierung stets die Ehre gehabt habe, ihr erster Besucher am Morgen zu sein. »Keiner sonst hat ihr die Haare geschnitten. Ich bin sogar mit ihr nach Spanien gefahren«, sagte er voller Stolz. »Wenn ich nur könnte…« Ara brachte ihn zum Schweigen. »Machen Sie weiter, Maestro«, sagte er zu Julio. »Zeigen Sie Ihre Kunst ein letztes Mal. Aber machen Sie schnell. Man wartet.« Der Friseur brauchte eine Stunde, um Evitas Haar zu kämmen und zu legen. In dieser Zeit kam ihr Bruder, Juan Duarte, herein und schnitt eine lange Silberlocke ab, um sie ihrer Mutter zu geben.

Gerade als Ara dabei war, den Rosenkranz aus Silber

---

* Aus: Pedro Ara, ›El caso de Eva Perón‹

und Perlmutt, den ihr der Papst geschenkt hatte, um ihre Hände zu legen, kam eines der Dienstmädchen mit einem Manikürset herein. »Herr Doktor«, sagte sie, »die Señora sagte zu mir kurz vor den letzten Augenblicken ihres Leidens: ›Wenn ich sterbe, entferne den roten Nagellack und trage einen durchsichtigen auf.‹« Der überraschte Arzt war sprachlos. Er vermochte nicht zu glauben, daß die sterbende Frau, ausgezehrt, wie sie war von derartigen Schmerzen, an solche Dinge überhaupt gedacht haben könnte. Aber gerade in diesem Augenblick trat Perón ins Zimmer. »Es ist wahr«, sagte er. »Ich habe sie gehört. Machen Sie weiter, Señorita, und tun Sie es.« Dann wandte sich Perón an Ara. »Sagen Sie mir eines, Herr Doktor, wie lange wird der Leichnam so bleiben, bis er verwest?« Der Arzt, der sehr zur Bestürzung der Zollbeamten in verschiedenen Teilen der Welt oft den Kopf eines alten Bauern in seinem Gepäck mitführte, den er einbalsamiert hatte, sagte ganz entschieden: »Herr General, er wird nie verwesen.«

Perón sagte ihm dann, daß, nachdem das argentinische Volk ein paar Tage lang Gelegenheit gehabt habe, ihren Leichnam zu sehen, er sich so viel Zeit nehmen könne, wie er wolle, um den Einbalsamierungsprozeß in der Zentrale der CGT zu Ende zu führen, wo Evita aufgebahrt werden solle, bis das gewaltige Denkmal mit Krypta, das Perón für sie im Zentrum von Buenos Aires vorgesehen habe, fertiggestellt sein würde. Ara zögerte. So diplomatisch wie möglich wies er darauf hin, daß die Geschäftsstelle der CGT nicht der ruhigste oder der friedlichste Ort sei, um die Art Feinarbeit durchzuführen, die er vor sich habe. Es habe Fälle gegeben, da sei diese Stelle das Ziel von Unruhen und Auseinandersetzungen gewesen. Aber Perón schüttelte den Kopf, als Ara äußerte, er würde seine Arbeit sehr viel lieber in einem Krankenhaus oder sogar im Gelände der Residenz in Olivos vollenden. »Nein, Herr Professor«, sagte er. »Meine Frau bat darum, daß ihre sterblichen Überreste bei der CGT aufgebahrt werden, bis sie in die Krypta des Denkmals übergeführt werden könnten, und ich werde genau das tun, was sie wollte. Aber ich kann Ihnen versichern, daß Sie so viel Ruhe und Sicherheit haben werden, wie Sie nur brauchen. Ein Teil des Gebäudes wird zur Zeit in ein Laboratorium für Sie umgebaut. Und die Männer, die sich um meine Frau zu ihrer Lebzeit kümmerten, stehen ab heute unter Ihrem Befehl. Jeder wird Ihnen helfen. Alle Arbeiter haben meine Frau angebetet. Für sie war sie mehr als eine Mutter.«

Da gab es nichts mehr zu sagen. Eine Stunde später fuhr ein schwarzer Lieferwagen an den nichtsahnenden, trauernden Menschenmassen vorbei, durch das Haupttor der Residenz. Darin wurde der silberbeschlagene Sarg aus hellem Mahagoniholz mit Evita zum Arbeitsministerium geschafft, wo der Leichnam in dem Raum mit dem goldenen Gewölbe aufgebahrt wurde, in dem sie sechs Jahre lang die Macht ausgeübt hatte, die das Rückgrat für das Regime ihres Mannes bildete. Der Sarg mit einem ganz aus Glas bestehenden Deckel wurde auf die hufeisenförmige, mit malvenfarbenen und weißen Orchideen geschmückte Bahre gelegt. Blumen bedeckten das Auditorium der zweiten Etage und ergossen sich bis zur Straße. Trotz aller Geheimhaltung der Überführung, die Perón Zeit verschaffen sollte, in aller Ruhe neben dem Leichnam zu beten und einer von Pater Benitez zelebrierten Messe beizuwohnen, breitete sich in der Stadt schnell die Nachricht aus, daß Evita sich im Ministerium befände. Die ganze Nacht über hatten riesige Menschenmassen Wache auf den Straßen gehalten und betend auf

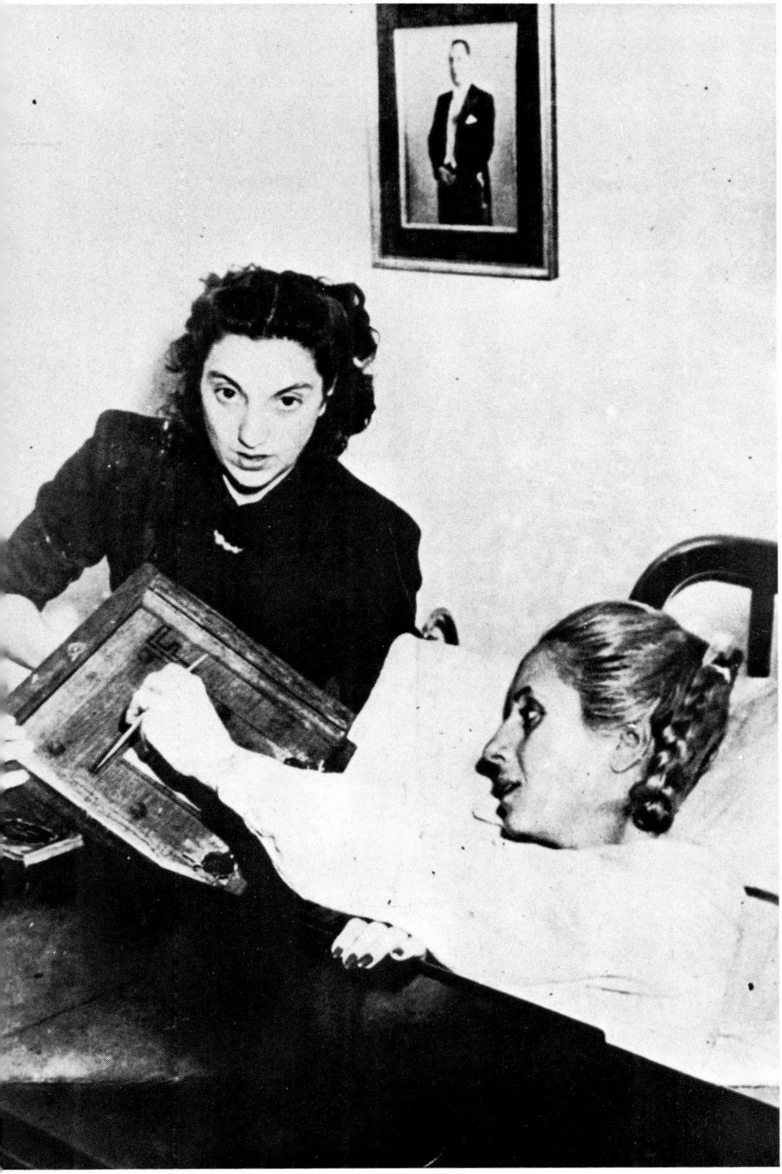

28
Evita Perón – bereits todkrank – bei der Stimmabgabe im Jahre 1952.

29
Nach dem Tode von Evita Perón am 26. Juli 1952 nahmen Hunderttausende am offenen Sarg Abschied.

30
Die Geschützlafette mit dem Sarg Evita Peróns bei der Überführung zum Argentinischen Kapitol.

31
Die dritte Ehefrau Juan Peróns ließ im November 1974 den Sarg Evita Peróns aus Madrid nach Argentinien zurückbringen.

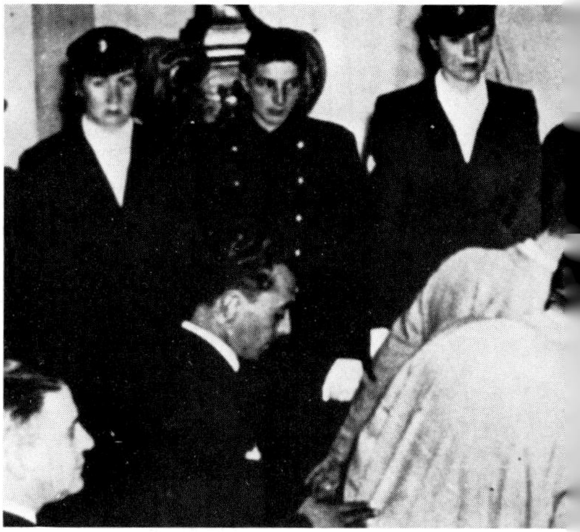
29

30

31

regengepeitschten Bürgersteigen gekniet. Frauen weinten ganz offen, einige von ihnen dem Zusammenbruch nahe. Nun schwärmten sie um das Ministerium herum und riefen: »Wir wollen sie sehen.« Der Polizei gelang es, am Morgen sie einige Stunden lang zurückzudrängen. Schließlich durchbrach die Menge die Polizeiabsperrung und wurde nur durch eine weitere Notmannschaft an den Eingängen aufgehalten. Dann kam der Befehl, die Menschen hereinzulassen.

Die ganze Nation schien verrückt vor Schmerz. In jeder Stadt, jedem Dorf, jeder Gemeinde wehten alle Fahnen auf Halbmast und trugen, ebenso wie alle Laternenpfähle und Gebäude, einen Trauerflor. In ganz Argentinien wurden drei Tage lang keinerlei Geschäfte getätigt. Buenos Aires, eine der großen Städte der Welt, machte vollständig dicht. Kein Geschäft oder Restaurant war geöffnet. Es gab weder Busse noch Taxis. Die Gäste des eleganten Plaza Hotels machten ihre Betten selbst und mußten sich mit einer Mahlzeit am Tag begnügen. Nur die Blumengeschäfte blieben offen und machten einen Bombenumsatz. Blumen bedeckten die Straßen rund um das Arbeitsministerium und türmten sich bis zu sechs Meter hoch an den Wänden des Gebäudes. Als die Blumenläden des Landes völlig ausverkauft waren, wurden Blumen sogar bis aus Chile eingeflogen.

Vor dem Ministerium wuchsen die Menschenmassen mehr und mehr an. Innerhalb von zwei Wochen waren über zwei Millionen zu Evitas Totenbahre gepilgert und hatten sich länger als 15 Stunden im eiskalten Regen angestellt, um einen 20 Sekunden langen Blick auf ihr schmales und abgezehrtes Gesicht zu werfen. Hysterische Frauen stürzten vor, um die gläserne Abdeckung ihres Sarges zu küssen. 16 Menschen wurden von den Massen zu Tode gequetscht, über 4000 mußten in Krankenhäuser zur Behandlung von Verletzungen geschafft werden, und Tausende erhielten an Ort und Stelle erste Hilfe. Um die in Viererreihen stehenden, 20 Häuserblocks weit reichenden Menschenschlangen mit Essen zu versorgen, stellte die Armee Feldküchen auf und verteilte kostenlos Butterbrote und Kaffee.

Abseits der Totenbahre versuchten peronistische Gruppen im ganzen Land unablässig, sich gegenseitig in ihren Huldigungen an ihre First Lady zu übertrumpfen. Typisch für die Eloquenz der Reden war die eines Senators im Kongreß, der behauptete, Evita habe nicht nur die besten Tugenden von Katharina der Großen von Rußland, Königin Elisabeth I. von England, der Jungfrau von Orléans und Isabella von Spanien in sich vereint, sondern sie habe diese Tugenden in ihrem eigenen Wesen sogar in unendlichem Maße vervielfältigt. Der Gesundheitsminister, Ramón Carillo, verfügte, daß eine 100 Kilogramm schwere Kerze, so groß wie Evita (1,65 m), im Ministerium aufgestellt werden und am 26. eines jeden Monats (dem Todestag Evitas) eine Stunde lang brennen sollte. Carillo glaubte, die Kerze würde für mindestens 100 Jahre reichen. Die argentinische Post veranlaßte den Druck von neuen Briefmarken aller Werte mit dem Bild Eva Peróns und verbot den Verkauf jeder anderen Briefmarke für die Dauer eines Jahres. Alle Argentinier auf der ganzen Welt, einschließlich der Athleten, die an den Olympischen Spielen in Finnland teilnahmen, wurden angewiesen, Trauerbänder zu tragen, und den Angehörigen der Peronistischen Partei wurde befohlen, bis zum Ende ihres Lebens auf allen Parteiveranstaltungen eine schwarze Krawatte zu tragen. Selbst die Kinder wurden in diesen Überschwang mit hineingezogen. Die Peronistische Feministinnen-Partei bat die Regierung, in allen Schulen einen ›Eva-Perón-

Schrein‹ zu errichten, damit die Kinder »ihren Durst nach den Werken dieser großen Frau stillen können«. Die Schulen erhielten Preise, die sie an die Kinder verteilen sollten, die die schönsten Gedichte und die besten Aufsätze zum Lobe Evitas schrieben.

Aber es gab Anzeichen dafür, daß das Land nicht einhellig war in seiner Trauer. An der nicht weit von Buenos Aires gelegenen Universität von La Plata verbrannten Studenten eine vor der Tür zur Mensa hängende Drapierung aus Trauerkrepp. Als der Dekan verfügte, daß alle Studenten, die die Mensa, mit ihren besonders niedrigen Preisen, benutzen wollten, als Akt der Buße schwarze Krawatten und schwarzes Armband zu tragen hätten, blieben die Studenten eine Woche lang einfach den Vorlesungen fern – ein relativ milder und harmloser Ausdruck des Protestes. Aber alles, was deutlicher gewesen wäre, hätte mit Sicherheit für sie bedeutet, den Zorn entrüsteter Peronisten auf sich zu ziehen. Es gab ohnehin genügend Beispiele für kleine Gehässigkeiten gegenüber Menschen, die nicht genügend Respekt oder Eifer in ihrer Trauer an den Tag legten. Carlos Aloe, der fanatische Gouverneur der Provinz Buenos Aires, entließ einen Angestellten, der sich geweigert hatte, eine schwarze Krawatte zu tragen. Ein Jugendlicher wurde in Buenos Aires verhaftet, weil er in einer Straßenbahn gelacht hatte. Der Direktor eines der großen Krankenhäuser der Stadt wurde wegen mangelnden Respekts entlassen, weil er während der Trauerperiode weitergearbeitet hatte. »Eine derartige Haltung ist unsozial«, sagte Aloe.

Aber die irren Szenen rund um das Arbeitsministerium hatten anscheinend sogar viele treue Peronisten abgeschreckt. Als der Leichnam am 9. August zum Kongreßgebäude überführt wurde, blieb ein Großteil des

Stadtpöbels abseits der kilometerlangen Route des Leichenzuges. Der staatliche Rundfunk rief in regelmäßigen Abständen seine Zuhörer auf, doch bitte auf die menschenleeren Straßen zu gehen und sich die Trauerparade anzusehen. Evita erhielt in der Tat alle militärischen Ehren, die in Argentinien normalerweise einem Staatspräsidenten zustehen, der während seiner Amtszeit stirbt. Als eine Militärkapelle Chopins Trauermarsch anstimmte, präsentierten die in Zweierreihe entlang der anderthalb Kilometer langen Strecke vom Arbeitsministerium bis zum Kongreß aufgestellten Truppen das Gewehr. Hinter einer Abteilung berittener Grenadiere zogen drei Reihen Arbeiter und Arbeiterinnen in weißen Hemden und schwarzen Hosen eine alte Geschützlafette, auf der der kleine silberbeschlagene Mahagonisarg lag. Präsident Perón führte unmittelbar dahinter das Trauergefolge an – Kabinettsmitglieder, Mitglieder des Kongresses, Arbeiterführer und hohe Offiziere der Streitkräfte. An jeder Seite marschierten Reihen von Schwesternschülerinnen der Eva-Perón-Stiftung, Studenten, Arbeiter und Führerinnen der Peronistischen Feministinnen-Partei.

Evita blieb nur einen einzigen Tag im Kongreßgebäude, eine Schneewittchen-ähnliche Gestalt, gekleidet in ein wallendes weißes Kleid, das blonde Haar auf einem kleinen weißen Kopfkissen ordentlich arrangiert; sie sah so aus, als sei alles, was sie bräuchte, ein Kuß von einem ihrer getreuen ›descamisados‹, um sie wieder zum Leben zu erwecken. Am nächsten Tag kamen die Arbeiter, um sie abzuholen. Aber zuerst gaben die höchsten politischen Führer des Landes einen letzten Erguß rhetorischen Schmerzempfindens von sich. Innenminister Angel G. Borlenghi beschrieb Evita als »Märtyrerin der Arbeit, Schutzheilige, Zuflucht der Armen, Sonne der

Alten und gute Fee der Kinder«. Señora Perón, die sich selber als Gleiche unter den Ärmsten empfand, habe darum gekämpft, deren Los zu verbessern, und habe den Armen nicht milde Gaben, sondern Gerechtigkeit gegeben, fuhr er fort. »Im Orchesterspiel der Regierung war Eva Perón der Diapason der justitialistischen Reinheit – das pure Gold. Sie war die Stimmgabel, mit der jede Maßnahme der Regierung auf ihren Klang hin überprüft wurde. Wenn sie glücklich damit war, dann würde auch das Volk damit glücklich sein. Wenn sie Nachsicht übte, dann tat das auch das Volk. Wenn sie sie ablehnte, lehnte auch das Volk sie ab. Sie war die Quintessenz des Volksempfindens.« Mit ihrem Weggang hieß die an das Volk übertragene Aufgabe, General Perón bedingungslos zu dienen, erklärte Señor Borlenghi. Indem er eine Hand auf den Sarg legte und auf die reglose Gestalt niederblickte, schloß er: »Wir schwören bei unserem Vaterland und dir, Eva Perón, daß wir weiterhin kämpfen werden, Perón loyal zu sein und unser Leben für Perón zu geben.«

Andere Redner waren ebenso blumenreich. Dr. Rudolfo Valenzuela, der für das Oberste Gericht Argentiniens sprach, beschrieb Evita mit den Worten, sie habe »den unbeugsamen Glauben des Missionars, den entschlossenen Mut des fanatischen Soldaten, die überwältigende Leidenschaft des Politikers und die sanfte Zärtlichkeit der verliebten Frau« gehabt. Die argentinische Justiz würde sich von den Lehrsätzen leiten lassen, die sie aufgestellt und vorgeführt habe, versprach er. Dann schluchzte Juana Larrauri, Evitas rechte Hand in der Feministinnen-Partei: »Für uns bist du nicht gestorben. Du bist die ewig brennende Fackel, die uns auf unserem Weg leuchtet.« Schließlich wurde der Sarg erneut auf die Straße getragen, auf eine Geschützlafette gelegt und von fünfzehn Arbeitern über vier Kilometer weit durch die Hauptstraßen der Stadt zur Zentrale der CGT in der Nähe des Hafenviertels gezogen. Anders als am vorangegangenen Tag war diesmal die Route umsäumt von Hunderttausenden von trauernden, weinenden Argentiniern.

Zwei Festwagen der CGT mit brennenden Fackeln und dem Spruch »Die Flamme Deiner Erinnerung wird auf ewig in unseren Herzen leben« fuhren vor dem Sarg. Auf ihnen saßen Arbeiter, die vor die Räder der Geschützlafette Blumen und Blumenblätter streuten. Noch mehr Blumen regneten herab von den dichtbesetzten Fenstern in den Gebäuden entlang dem Weg des Leichenzuges. Als er vor dem mit Kränzen bedeckten Portal des Gewerkschaftshauses hielt, krachten 21 Schuß Salut, und Lincoln-Bomber sowie Meteor-Düsenjäger donnerten im Tiefflug darüber.

Als Juan Perón, das Gesicht vom Leid tief gefurcht, den Leichnam seiner Frau an den Generalsekretär der CGT, José Espejo, übergab, muß er, auf sie herabblickend, gewußt haben, daß er von ihrem Anteil an der Macht Abschied nahm. Wenn nicht, dann hat es ihm Espejo auf der Stelle ganz deutlich gemacht. Auf den Stufen der von Evita erbauten prachtvollen Zentrale der Gewerkschaft versprach Espejo: »Bei der Übernahme der sterblichen Überreste von Eva Perón schwöre ich, daß ich deren Hüter sein werde, heute, morgen und für immer.« Jeder, der Espejo kannte, wußte, daß das mehr Drohung als Rhetorik war. Seine Worte beinhalteten die eindeutige Folgerung, daß von nun an jeder, Präsident Perón selbst eingeschlossen, der danach trachten sollte, der Führung der CGT oder den Errungenschaften der Eva-Perón-Stiftung Zügel anzulegen, es mit den Wächtern Evitas würde aufnehmen müssen. Die Theorie, die dahintersteckte, war, daß in einer Krisensituation ihr Leichnam beim argentinischen Volk weit mehr politischen Zauber entfachen könnte als ein lebender Juan Perón. Wie dieser in den noch vor ihm liegenden Jahren würde feststellen müssen, hatte er einen Mythos geerbt, mit dem zu leben ihm unmöglich war.

14
Heilige Evita?

Am 1. August 1952 schickte die Gewerkschaft der Nahrungsmittelarbeiter ein Telegramm an Papst Pius XII. und bat »im Namen von 160 000 Mitgliedern, Eure Heiligkeit möge den Prozeß der Heiligsprechung von Eva Perón einleiten«. Zur Untermauerung dieses Antrags berichtete die Gewerkschaft von einem kleinen Mädchen, das ihr die letzte Ehre erweisen wollte und dabei gesagt habe: »Eva war eine Heilige. Ich weiß es, weil sie meine Mutter geheilt hat.« Sie habe hinzugefügt: »Viele Kranke sind jetzt gesund, viele Betrübte sind glücklich, und das hat sie gemacht.« Die Antwort des Vatikans kam schnell und war glatt und voraussehbar: »Sind im Falle der Señora Perón die bürgerlichen Tugenden durchaus in augenfälliger Weise praktiziert worden«, sagte der Sprecher des Vatikans, der seine Worte sehr sorgfältig wählte, »so ist über ihre religiösen Tugenden nichts bekannt, und auf den ersten Blick scheint da nichts von dem Heroismus gewesen zu sein, der von der Kirche in solchen Fällen gefordert wird.«

Die Kirche war offensichtlich der Meinung, daß eine Frau, die vor ihrer Ehe so viele Liebhaber gehabt hatte wie Evita, wohl kaum aus dem Holz geschnitzt war, aus dem Heilige gemacht werden. Aber das spielte auch keine Rolle mehr. Für Hunderttausende älterer Argentinierinnen im ganzen Land, die ihr einen Schrein in ihren Häusern errichtet hatten, war sie bereits eine

Heilige. Auch die Regierung plante einen Schrein – den größten der Welt. Ihre einbalsamierten sterblichen Überreste sollten in einer dem Grab Napoleons nachempfundenen Krypta mit einer daraufgesetzten 150 Meter hohen Statue eines ›descamisados‹ aus Carraramarmor ständig zur Besichtigung freigegeben werden. Doch während die italienischen Steinmetze an dem Vier-Jahres-Projekt herummeißelten, schien in Buenos Aires die Evita-Legende leise, aber rasch im Nebel der Geschichte zu entschwinden. Über zwei Monate nach ihrem Tod hatte die in der ersten Stunde der Trauer von hochgestellten Peronisten gegründete ›Asociación Amigos de Eva Perón‹ (Vereinigung der Freunde Eva Peróns) noch nicht einmal ihre erste Sitzung abgehalten. Der kurz nach ihrem Tode herausgekommene Film ›Evita Inmortal‹ (Unsterbliche Evita) wurde schon nach wenigen Vorführungen aus dem Verkehr gezogen. Presse und Rundfunk hatten die ihr gewidmeten Sendezeiten und Zeitungsseiten drastisch reduziert. Selbst der Präsident erwähnte ihren Namen nie mehr in seinen öffentlichen Ansprachen. Es sah so aus, als versuchte der Witwer in der Casa Rosada den Geist um ihn zu exorzieren.

Neun Monate nach dem Tod Evita Peróns war ihr Bruder, Juan Duarte, ihr angebeteter Juancito, auch tot. Man fand ihn in seinem Zimmer mit einer Kugel im Kopf, eine Pistole neben sich. Nach offizieller Darstellung war es Selbstmord. Aber als seine Mutter, Juana Ibarguren, davon erfuhr, schrie sie: »Er hat meine beiden Kinder ermordet.« Die Nachricht von ihrem Ausbruch breitete sich wie der Blitz in der Stadt aus. Es bestand keinerlei Zweifel, auf wen sie mit dem Finger zeigte. Erst drei Tage zuvor hatte Perón seinen Schwager gezwungen, von dem Posten als sein Privatsekretär zurückzutreten, nachdem er öffentlich verkündet hatte, er würde jeden unehrlichen Beamten, selbst wenn er sein Vater wäre (der war gestorben, als Perón noch ein Kind war), entlassen.

Diesmal gab es keine Evita mehr, die Juan Duarte hätte beschützen oder die anderen Männer, die sie wohlüberlegt in einflußreiche Stellungen eingesetzt hatte, hätte retten können. José Espejo war bereits aus der CGT verschwunden, gefeuert innerhalb von fünf Wochen nach seinem emotionsgeladenen Ausbruch an ihrem Sarg, als er schwor, der Hüter ihrer Gebeine auf ewig zu sein. Hector Campora, ihr treuer Diener im Kongreß, war gezwungen worden, als Präsident der Abgeordnetenkammer zurückzutreten. Auch José Maria Freire, der von ihr sorgsam ausgewählte Arbeitsminister, war hinausgeworfen worden. Und Evitas Feinde kehrten in Machtpositionen zurück, als Dr. Ara noch dabei war, in seinem Laboratorium in der Zentrale der CGT letzte Hand an ihre Unsterblichkeit zu legen.

Duartes Schicksal war in Wirklichkeit schon von dem Augenblick an besiegelt, als der neue Generalsekretär der CGT, Eduardo Vuletich, zu einer Kabinettssitzung Arm in Arm mit dem Verteidigungsminister, General Sosa Molina, erschien, der niemals die durch Evitas Tun erlittene Demütigung vergessen oder vergeben hatte. Vuletich prangerte die sich im ganzen Lande breitmachende Korruption an und bezichtigte den Privatsekretär des Präsidenten, die Macht seiner Position dazu zu mißbrauchen, sich selbst zu bereichern. Als ein anderer Minister den Versuch einer zaghaften Verteidigung Duartes wagte, befahl ihm General Sosa Molina, den Mund zu halten. Während der nächsten Stunden erhielt dann Perón einen detaillierten Bericht darüber, wie sein Schwager einigen Schätzungen zufolge ein Vermögen im

Wert von umgerechnet rund 140 Millionen Mark zusammengetragen hatte – eine ganz hübsche Leistung für einen Mann, der neun Jahre zuvor 140 Mark im Monat als Seifenvertreter verdient hatte.

Perón zeigte sich schockiert und wütend, obwohl nur er selber die Schuld trug, wenn er tatsächlich nicht gewußt haben sollte, was sich da abgespielt hatte. Wenn man der Presse einen Maulkorb anlegt und Kritik zum Freifahrtschein ins Gefängnis wird, bekommt ein Diktator nur das zu hören, was die Männer um ihn herum ihn hören lassen wollen. Aber Perón muß gewußt haben, was Duarte trieb. Dr. Oscar Ivanissevich, ein alter Freund, der ihn am Blinddarm operiert und das Marschlied seiner Partei, ›Peronistische Burschen‹, geschrieben hatte, erzählte zwanzig Jahre später, wie er als Erziehungsminister zurückgetreten sei und das Schiff nach Uruguay bestiegen habe, als er entdeckte, daß Geschäftsleute Juan Duarte bestechen mußten, um zum Präsidenten vorgelassen zu werden. Aber Perón sei überhaupt nicht schockiert gewesen, als er es ihm damals erzählt habe. »Sieh mal, Ivan«, erinnert sich der Chirurg, habe sein Staatspräsident ihm gesagt, »das britische Weltreich ist von guten Männern und von Piraten aufgebaut worden, und ich werde das argentinische Weltreich mit guten Leuten und mit Piraten aufbauen.«

Duarte jedoch war ein Pirat, dessen Zeit abgelaufen war und der nun den letzten Gang antreten mußte. Denn Perón hatte eine Rechnung mit ihm zu begleichen. Kurz nach Evitas Tod entdeckte der Präsident, daß seine Frau in den drei Jahren vor ihrem Tod systematisch Koffer voller Juwelen und Bargeld im Wert von möglicherweise 70 Millionen Mark zu einem Banktresor in der Schweiz spediert hatte. Er schickte Duarte nach Europa, um entweder den Tresorschlüssel aufzutreiben oder die Schweizer zu bewegen, das Vermögen auf seinen Namen zu überschreiben. Nach argentinischem Gesetz war er gehalten, diese Reichtümer mit Evitas Mutter zu teilen. Duarte jedoch hatte eine Vollmacht von Perón bei sich – ein vom Präsidenten des Obersten Gerichts unterschriebenes Dokument, wonach Evitas Mutter auf alle Ansprüche, die sich aus dem Nachlaß ihrer Tochter ergaben, verzichtet habe. In Begleitung von Hector Campora war er einen Monat unterwegs, kehrte aber ohne sichtbaren Erfolg zurück. Dann, im April 1953, gerade 24 Stunden vor der Konfrontation mit dem Kabinett, wurde Duarte von einer sitzengelassenen Freundin, Malisa Zini, einer der vielen Schauspielerinnen, mit denen er es in Buenos Aires trieb, verraten. Sie ließ Perón wissen, daß sein Schwager einen gehörigen Teil der Juwelen Evitas in Europa ›flüssig‹ gemacht habe. Sie fügte voller Bitterkeit hinzu, er habe während seines Aufenthalts im Hotel Excelsior in Rom einer zeitweiligen Freundin ein 30 000 Mark teures Schmuckstück geschenkt.

Während der Kabinettssitzung forderte Perón den Rücktritt Duartes und setzte sich durch. Evitas Bruder, der die Zeichen richtig deutete, kam zu dem Schluß, nun sei es an der Zeit zu verschwinden. Er fuhr zum Flughafen, um ein Flugzeug nach Spanien zu besteigen. Aber die Polizei wartete bereits auf ihn und nahm ihm den Paß ab. Dann versuchte er vergebens, ein Motorboot zu mieten, um über den Fluß nach Montevideo zu entkommen. Am nächsten Abend hatte er Freunde zum Abendessen in seinem Apartment: Dr. Raul Margueirate, Chef des Protokolls des Außenministeriums, Raul Apold, Staatssekretär des Presse- und Informationsamtes, und seinen Leibarzt. Sie blieben bis 0.30 Uhr bei ihm. Am nächsten Morgen erschien um sieben Uhr der Industrieminister in Duartes Apartment und fand ihn im Schlafrock quer über dem Bett liegend mit einer Kugel im Kopf.

Die medizinische Untersuchung durch den Polizeiarzt ergab, daß der Tod durch ein Geschoß aus einer Pistole vom Kaliber .45 verursacht worden sei, einer Waffe, wie sie von der Armee und der Polizei verwendet wurde. Er sei zwischen 0.30 und 2 Uhr morgens gestorben. Perón wurde um 10 Uhr davon unterrichtet und trat sechs Stunden später für einen kurzen Augenblick an die Totenbahre des Mannes, der sieben Jahre lang sein Privatsekretär gewesen war. Juan Duartes Mutter hielt allerdings keine Totenwache. In der amtlichen Todesnachricht wurde ihr Name ebenfalls nicht erwähnt. Die offizielle Bekanntmachung, daß der Tod durch Selbstmord eingetreten sei, erfolgte im Verlauf des späten Nachmittags, und am nächsten Morgen wurde Juan Duarte beigesetzt. Erst dann ließ ein Polizeiarzt in aller Stille verlauten, daß die Kugel aus solch einer Entfernung abgefeuert worden sei, daß man einen Selbstmord ausschließen müsse. Und noch eine Information sickerte durch: Das Büro des Toten sei am Morgen des Todes von Beamten der Bundespolizei durchsucht worden. Es wurde kein Grund dafür angegeben. Man kann annehmen, daß die Beamten den Schlüssel zu Evitas Tresor in der Schweiz gesucht haben.

Der Staatspräsident nahm nicht an der Beisetzung Juan Duartes teil. Er mußte sich mit anderen Krisen befassen – hohe Preise, Fleischverknappung, Korruption. Das Land steckte in einem wirtschaftlichen Sumpf. Und ohne Evita war er verloren. Er konnte noch immer gut reden mit seiner tiefen, melodischen Stimme, die um den Platz vibrierte und echote. In früheren Tagen hätte das genügt, um die Menschenmassen lachend und zufrieden wegzuschicken. »Korruption«, schnaubte er, »die Verwaltung hat schon immer solch kleine Regelwidrigkeiten begangen, daß mehr Steuereinnahmen verausgabt wurden, als nach den Vorausschätzungen tatsächlich vorlagen.« Hohe Preise! »Hört mal«, dozierte er, »ich kann nicht genug Polizisten aufbieten, um auf achtzehn Millionen Dummköpfe aufzupassen, die sich ausnehmen lassen.« Aber Rhetorik allein genügte nicht mehr. Die Unzufriedenheit konnte er nicht wegdiskutieren, auch wenn er es durch eine noch wildere, noch hysterischere Demagogie versuchte und seine Polizei die Gefängnisse mit Leuten füllte, die sich beschwerten.

Und seine Feinde taten jetzt mehr als nur Beschwerde führen. Am Wochenende vor dem Tode Juan Duartes explodierten zwei Bomben auf der Plaza de Mayo, als der Präsident zu Tausenden seiner dort versammelten treuen ›descamisados‹ sprach. Sechs Menschen kamen bei der Explosion ums Leben oder wurden bei der panikartigen Flucht der zu Tode erschrockenen Menschenmassen zertrampelt. Perón flehte sie an, Ruhe zu bewahren. Aber dann schien er selber mitgerissen zu werden von der Raserei des Augenblicks. »Geht los und schlagt sie tot, hängt sie auf«, kreischte er. Folgsam ergossen sich seine Anhänger über die Straßen der Stadt. Kein Mensch kam dabei um. Aber der ›Jockey Club‹, das palastartige fünfstöckige Gebäude auf der Calle Florida, das Symbol, das für die Aristokratie des Landes stand, wurde bis auf die Grundmauern niedergebrannt und damit eine der wertvollsten Kunstsammlungen und Bibliotheken des Landes ausgelöscht, dazu ein Weinkeller, der als der beste in Südamerika galt. Auch an die Zentralen der oppositionellen Radikalen und Sozialistischen Parteien wurde die Fackel gelegt, wobei das Benzin von Gruppen Jugendlicher in braunen Hemden mit der Armbinde der Nationalen Allianz geliefert wurde, derweil die Bundespolizei geflissentlich in die andere Richtung schaute.

Das wäre nicht der Stil Evitas gewesen. Sie hatte es vorgezogen, die Aristokraten dadurch zu demütigen, daß sie mitten im Hochsommer einen Fischstand vor dem Gebäude des Jockey Clubs aufstellen ließ. Als deren Mitglieder angeekelt die Festung verließen, hatten Evita und ihre geliebten ›descamisados‹ grölend gelacht.

Doch es war mehr verschwunden als nur ihre in der Gosse gelernte Verschlagenheit. Sie hatte die Casa Rosada und das Land mit ungestümer Leidenschaft regiert. Selbst während ihrer letzten Krankheit war sie fähig gewesen, sich zu kurzen Zornesausbrüchen aufzuraffen, die Minister hatten erzittern lassen. Manchmal wütete sie selbst gegenüber Perón. »Wann immer er sich niedergeschlagen fühlt, treibe ich ihn mit Fußtritten hoch«, sagte sie einmal. Sie kämpfte gegen seine angeborene Indolenz, und ihr unermüdlicher Geist zwang ihn voran. Ohne sie wurde er in kürzester Zeit zu einem altmodischen, durchschnittlichen lateinamerikanischen Militärdiktator, der sich auf die Gewaltmaßnahmen seiner Anhänger verließ, um seine Gegner im Zaume zu halten. Derweil gab er sich dem Zeitvertreib hin, den aufzugeben er gezwungen gewesen war seit dem Tag, als er Evita kennenlernte.

Er hatte seine präsidialen Bürostunden auf den Vormittag beschränkt und war bereits gegen Mittag auf dem Weg zurück in die Residenz in Olivos. Das von Eukalyptusbäumen beschattete Anwesen hatte er in ein Erholungszentrum für Gymnasiastinnen verwandelt. »Nennt mich einfach ›Pocho‹«, sagte er zu den Mädchen. Arbeitskolonnen bauten Tennis- und Basketballplätze, ein Schwimmbad, ein Freilichttheater und Reitställe. Und damit die Mädchen bis zum nahegelegenen Flußstrand gelangen konnten, ohne eine verkehrsreiche Straße überqueren zu müssen, ließ Perón einen teuren Tunnel graben.

Er verbrachte Stunden damit, den Mädchen beim Basketball zuzuschauen, und fuhr mit ihnen über das Anwesen auf Motorrollern, die von da an in Buenos Aires ›pochonetas‹* hießen. Er ließ die Mädchen die Residenz auch als Clubhaus benutzen. »Sie ist zu groß für einen einsamen Menschen wie mich«, sagte er. Er war nicht lange einsam. Eine hübsche 13 Jahre alte Brünette namens Nelly Rivas erregte seine Aufmerksamkeit und wurde bald seine Geliebte in einem Liebesnest, das er sich im Keller der Residenz in Olivos eingerichtet hatte. Er überschüttete sie mit Juwelen und ließ ein kleines solides Haus für ihre Eltern in einem Vorort bauen. (Als er Jahre später von Freunden gefragt wurde, wie er das Andenken Evitas mit einer 13jährigen habe entweihen können, scherzte er: »Sie war also 13? Ich bin nicht abergläubisch.«)

Gerüchte über Sexorgien hinter den Mauern des Präsidenten-Amtssitzes breiteten sich wie ein Lauffeuer durch das ganze Land. Mehr als alles andere waren es vielleicht diese Geschichten, die die Argentinier des Mittelstandes und der Oberschicht so schockierten, daß sie den Entschluß faßten, Perón loszuwerden. Sie konnten jedoch nur wenig tun, solange die Armee den Präsidenten unterstützte. Aber dann beging Perón einen Fehler, der sich schließlich als tödlich erweisen sollte. Er griff die römisch-katholische Kirche an, der 90 % der argentinischen Bevölkerung angehörten. Es war ein Schachzug, den Evita niemals zugelassen haben würde. Obwohl sie nie etwas für die Kirche übrig hatte, emp-

---

* auf spanisch heißen sie sonst ›motonetas‹ – *Anm. d. Übers.*

fand sie Respekt vor ihrer Macht. Sie sorgte stets dafür, daß bei den Versammlungen ihrer ›descamisados‹ ein Priester zur Hand war, um ein Gebet zu sprechen. Sie hatte ein Gesetz durchgedrückt, durch das katholischer Religionsunterricht zum Pflichtfach an den Schulen erklärt wurde, und sie ging nirgendwo hin ohne ihren Priester Pater Benitez. Aber nach ihrem Tode waren viele junge argentinische Priester aus Protest gegen die wachsende Unterdrückung anti-peronistischen Organisationen beigetreten. Was Perón insbesondere aufbrachte, war, daß Katholiken begonnen hatten, eine immer größere Rolle in den Gewerkschaften zu spielen. Er forderte die Kirche unverblümt auf, die Finger davon zu lassen. Und er ließ dieser Aufforderung ganz eindeutige Repressalien folgen. Er erließ ein Gesetz, durch das Ehescheidung und Prostitution legalisiert wurden, und zwar auf eine Art und Weise, die dazu angelegt war, die Kirche im höchsten Maße zu beleidigen. Seine Polizei verhaftete Dutzende von Priestern wegen ›desacato‹, Beleidigung, und er verbot den Religionsunterricht an den Schulen.

Die Ereignisse trieben sehr schnell einer Konfrontation zu. Trotz eines Verbots der Regierung marschierten 100 000 Katholiken auf seine Plaza de Mayo, auf der sich nicht nur die Casa Rosada befindet, sondern auch die Kathedrale der Stadt. Als die berittene Polizei gegen die Menge vorging, sangen Gruppen von Priestern, die in Vierer- und Fünferreihen auf den Stufen des Domes standen: »Lange lebe Christus, der König.« Am folgenden Tag bezeichnete Perón in einer landesweit übertragenen Rede die kirchliche Hierarchie als einen ›Wolf im Schafspelz‹. Er fügte hinzu: »Ich weiß nicht, ob dieses geduldige argentinische Volk nicht eines Tages … das Gesetz in die eigene Hand nehmen wird.« Zwei Bischöfe, die beschuldigt wurden, den Marsch organisiert zu haben, verfrachtete man kurzerhand in ein Flugzeug nach Rom. Am Donnerstag, dem 16. Juni 1955, antwortete der Vatikan, indem er die höchste spirituelle Strafe gegen Perón verhängte, über die er verfügte: Die Exkommunikation für ihn und alle anderen in seinem Regime, die die Rechte der Kirche ›mit Füßen getreten‹ und Gewalt gegen einen Bischof angewendet hatten.

Die Nachricht vom Schritt des Vatikans erreichte Buenos Aires gegen 11 Uhr. Innerhalb von zwei Stunden brach in Argentinien die blutigste Revolution seit fünfzig Jahren aus. Sie begann dramatisch, als um die Mittagszeit Menschenmassen auf die Plaza de Mayo schlenderten. Eine Welle von Flugzeugen tauchte aus einem bedeckten Himmel auf und warf ihre Bombenlast auf die Casa Rosada, die Perón wenige Minuten zuvor verlassen hatte, um zum nur einige Häuserblocks entfernten Heeresministerium zu fahren. Die rebellierenden Matrosen, die im nahegelegenen Marineministerium zusammengezogen worden waren, griffen die Casa Rosada mit Maschinengewehrfeuer an. Als Heereslastwagen mit Peróns loyalen Truppen in Khakiuniformen auf den Platz rollten, stürzten die Flugzeuge erneut heran und warfen eine weitere Bombenladung ab, die auf dem Platz landete. Aber die Revolte war so gut wie vorbei.

Nur eine Stunde später flatterte eine weiße Fahne auf dem Gebäude der Marine hoch. Die meisten Toten waren Zivilisten, die ins Kreuzfeuer geraten oder von den Bomben erwischt worden waren. Ihre Leichen, 400 an der Zahl, lagen kreuz und quer über den Platz verstreut. In dieser Nacht zogen peronistische Mobs durch Buenos Aires und setzten aus Rache katholische Kirchen in Brand.

Drei Monate später, am Freitag, dem 16. September, brach der Aufstand an verschiedenen Stellen Argentiniens erneut aus. Zuerst in Córdoba, wo Studenten und revoltierende Heereseinheiten gegen loyale peronistische Regimenter kämpften. Gleichzeitig dampfte die Flotte aus ihren Stützpunkten und nahm Kurs auf Buenos Aires. Sie drohte mit der Beschießung der Stadt, falls Perón sich nicht ergebe. Vier Tage später floh er an Bord eines paraguayischen Kanonenbootes, das im Hafen von Buenos Aires zur Reparatur lag, ins Exil. An Nelly Rivas kritzelte er einen Abschiedsbrief: »Mein liebes kleines Mädchen... ich vermisse Dich jeden Tag, genauso wie ich meine kleinen Hunde vermisse... Viele Küsse und viele gute Wünsche. Bis ich Dich bald wiedersehe. Papi.« – »Er hat mich geliebt«, sagte Nelly mit Nachdruck. »Er hätte mein Großvater sein können, aber er hat mich geliebt. Er hat mir immer gesagt, ich sei hübsch, aber das bin ich nicht, nicht wahr?«

Die Anti-Peronisten, zehn Jahre lang zum Schweigen verurteilt und voller aufgestauter Gefühle, ergossen sich fahnenschwenkend auf die Straßen, fielen sich um den Hals, lachten, jubelten, skandierten »Es lebe die Freiheit« und wiederholten diesen Satz immer und immer wieder, als ob sie kaum glauben konnten, daß es wahr sei. Peronistische Polizeizentren wurden angegriffen, die Fotos des verhaßten Diktators und seiner toten Frau von Wänden und Gebäudemauern abgerissen und verbrannt. Statuen der Santa Evita wurden gestürzt, durch die Straßen gezerrt, mit Füßen getreten und bespuckt. Zwei 30 Tonnen schwere Marmorstatuen von Perón und Evita auf dem im neoklassizistischen Stil erbauten Gebäude der Eva-Perón-Stiftung (der Universität von Buenos Aires übereignet), wurden mit schwarzen Tüchern abgedeckt und dann zerstückelt, damit Studenten den Marmor verwerten konnten. Evitas Krypta und Denkmal wurden gesprengt und das Grundstück in ein Kinderplanschbecken verwandelt. Die Provinzen ›Presidente Perón‹ und ›Eva Perón‹ nahmen ihre alten Namen, El Chaco und La Pampa, wieder an. Aus der ›Eva-Perón-Stadt‹ wurde wieder La Plata. Im Seebad Mar del Plata zerstörte die Menge ein Evita gewidmetes Blumenbeet und baute es wieder auf in Form einer Uhr, mit den Zeigern auf 8.25, dem Zeitpunkt ihres Todes. Auch das Hotel ›17. Oktober‹, das sie als Urlaubshotel für die Arbeiter hatte bauen lassen, wurde angegriffen und verwüstet und ein im Foyer hängendes Riesenporträt von Evita zerstört. Politische Gefangene wurden befreit und die neue Militärregierung entsandte einen Kreuzer nach Montevideo, um die Emigranten heimzuholen.

Die Arbeiter leisteten keinen Widerstand, obschon sie Evita versprochen hatten, ihr Leben für Perón zu geben, und aus der Gewerkschaftszentrale zwei Wochen vor der Revolution eine Anweisung ergangen war: »Im Falle einer Revolte und der Niederlage General Peróns wird ein Generalstrelk ausgerufen und bis zu seiner Wiedereinsetzung fortgesetzt.« Evitas Zeitung ›Democracia‹ warnte in ihrer letzten Ausgabe die Militärs, daß »das Volk mit leidenschaftlicher Zuversicht auf das Banner jenes Oktobers warten wird«. Aber das war nichtssagende Rhetorik. Die Arbeiter marschierten nicht in Buenos Aires ein, wie sie es an jenem 17. Oktober zehn Jahre zuvor getan hatten. Sie waren unbewaffnet und standen Soldaten gegenüber, die bereit waren zu töten. Die Arbeiter gehorchten statt dessen der Militärregierung, die ihnen befahl, wie üblich an ihrem Arbeitsplatz zu erscheinen, oder sie würden zu Saboteuren erklärt, womit sie unter das Kriegsrecht fielen, und dessen Strafen schlossen die Todesstrafe ein. In den Arbeitervierteln und in den Slums trösteten sich die Frauen mit dem Gedanken, daß ›Evitas Tränen‹ – das schlimmste Gewitter seit Menschengedenken – Perón geholfen hatten, der Gefangennahme und dem fast sicheren Tod zu entgehen, als er durch die militärische Absperrung rund um das Hafengebiet schlüpfte und an Bord eines paraguayischen Kanonenbootes gelangte, das ihn ins Exil trug.

Er fand Zuflucht in einer Reihe von lateinamerikanischen Diktaturen – im Paraguay des Alfredo Stroessner, in Anastasio Somozas Nicaragua, im Venezuela des Marcos Perez Jimenez und in Rafael Trujillos Dominikanischen Republik – bevor er sich im Spanien des Francisco Franco niederließ. Die militärischen Führer, die ihn in Argentinien ablösten, schworen, er würde nie wiederkehren. Um ihn in den Augen seiner Anhänger zu diskreditieren, gaben sie seine Wohnungen für die Öffentlichkeit frei, damit die Argentinier mit eigenen Augen sehen konnten, wie der Führer der ›descamisados‹ gelebt hatte. Zum Schatz gehörten Evitas atemberaubende Juwelensammlung von unschätzbarem Wert, seine 16 auf Bestellung gebauten Sportwagen jeder berühmten ausländischen Automobilmarke, seine 240 Motorroller und seine mit Hunderten von Anzügen und Uniformen vollgestopften Schränke. Die Polizei sagte, sie habe über 58 Millionen Mark Bargeld in diversen Safes in den beiden Präsidentenwohnsitzen, auf dem Landsitz in San Vicente und in zwei Apartmentwohnungen – eine davon als Liebesnest ausgebaut mit Schlafzimmern, deren Wände mit Spiegeln getäfelt und die Böden mit Bärenfellen ausgelegt waren – gefunden. Über einer gut sortierten Bar stand der spöttische Spruch geschrieben: »Irgend jemand wird immer vergewaltigt, wenn ein armer Mann sich amüsieren will.« Um Peróns Ansehen weiter zu demolieren, wurde er von einem Militärgericht in Abwesenheit wegen seiner Liebesaffäre mit Nelly Rivas angeklagt, ihm wurde der Generalsrang aberkannt wegen »eines einem Offiziers und Ehrenmannes unwürdigen Verhaltens«. In der Urteilsbegründung schrieben die Richter: »Angesichts der Beweise für ein derartiges Verbrechen, das von jemanden begangen wurde, der stets behauptet hatte, die einzigen Privilegierten im Lande seien die Kinder, braucht die Erschütterung des Gerichts nicht besonders hervorgehoben zu werden.«

Eva in Mißkredit zu bringen, war da schon wesentlich schwieriger. Die neue Regierung stellte ihre Juwelen, ihre Kleider und Pelze aus. Aber das machte wenig Eindruck auf die argentinischen Arbeiter, denn sie hatte sie nie versteckt. Sie hatte sie vielmehr stolz zur Schau getragen, weil sie wußte, daß sie das glitzernde Aschenputtel der ›descamisados‹ war, die Verkörperung ihrer Hoffnungen und Träume. Die Generäle machten sich Sorgen, daß der in der Zentrale der CGT aufgebahrte Leichnam zum Mittelpunkt eines Perón-Kultes werden könnte, so wie Leichname schon zuvor in der argentinischen Geschichte zu Nationalsymbolen geworden waren. Einige hohe Offiziere schlugen vor, ihn zu verbrennen und die Asche in den Riachuelo-Fluß zu werfen. Andere wollten den Leichnam aus einem Marineflugzeug in den Atlantik werfen. Dr. Ara jedoch, Evitas Einbalsamierer, der sich während der Tumulte beim Sturze Peróns zum Hüter ihres Leichnams gemacht hatte, sagte, er sei unzerstörbar. Er könne weder verbrennen noch ertrinken. Aber drei Monate nach der Revolution verschwand der Leichnam. Er wurde sechzehn Jahre lang nicht mehr gesehen.

Selbst ohne Leiche – oder vielleicht gerade wegen ihres Fehlens – konnte die Mehrzahl der Argentinier nicht vergessen. Der Kult der Heiligen Evita blühte und vereitelte jeden Versuch der Generäle, die Regierungsgewalt wieder in zivile Hände zu legen. Plakate einer ätherischen Evita klebten an den Hauswänden in jeder Stadt und jedem Dorf des Landes. Familien aus der Arbeiterklasse stellten ihr Bild in ihren Häusern auf, auch wenn derartiges Grund zur Verhaftung war. Inschriften an Hauswänden forderten: »Gebt uns Evita zurück.« Und die Generäle antworteten darauf mit Unterdrückungsmaßnahmen. Sie führten Säuberungsaktionen gegen führende Peronisten durch – ließen sogar welche hinrichten. Sie erklärten den Peronismus zur illegalen politischen Bewegung und zerschlugen die peronistischen Gewerkschaften. Sie zögerten nicht, eine Wahl zu annullieren oder einen Coup zu inszenieren, wann immer die Anhänger Peróns Wahlen gewannen, was sie regelmäßig taten, wenn sie die Chance erhielten, für ihre eigenen Kandidaten zu stimmen.

Gleichgültig welchen Kurs die Generäle auch einschlugen – Unterdrückung oder Überredung –, es gelang ihnen nicht, bei Millionen von Argentiniern die Erinnerung auszulöschen, daß es Perón und Evita gewesen waren, die ihnen in ihrem eigenen Land eine geachtete Stellung verschafft hatten. Wie ein Bauarbeiter es ausdrückte: »Unter Perón konnte in diesem Land ein Arbeiter seine Stimme ebenso erheben wie der Werksdirektor. Jetzt haben wir niemanden, der uns verteidigt.« Wenn man die Peronisten daran erinnerte, daß Perón ein korrupter Demagoge gewesen sei, der an der Spitze eines Polizeistaates gestanden habe, in dem es an den fundamentalsten demokratischen Freiheiten mangelte, antworteten sie, sie hätten sich des höchsten Lebensstandards erfreut, den die arbeitenden Menschen je in der Geschichte ihres Landes gekannt hätten. »Als ich 1948 heiratete, waren meine Frau und ich so arm, daß ein Schluck Milch ein Luxus war«, erinnerte sich Saturnino

Astorga, Arbeiter in einem Viehhof, der 1964, neun Jahre nach dem Sturz Peróns, mit Milan J. Kubic, einem Reporter des Magazins ›Newsweek‹, sprach. »Wir konnten uns nicht jeden Monat die paar Centavos für die Busfahrt leisten, um ihre Eltern zu besuchen. Dann kam Perón. Evita gab uns dieses Haus. Mein Lohn stieg um das Fünffache. Wir lebten wie Menschen. Dank den Peróns«, sagte Astorga, sei er in der Lage gewesen, Möbel zu kaufen und einen Kühlschrank, seine Kinder seien in von der Regierung gebaute Schulen gegangen und hätten in von der Regierung subventionierten Kantinen mittags billig gegessen, seine ganze Familie hätte einen fünfzehntägigen bezahlten Urlaub genießen können, und die Arztrechnungen seien vom Staat bezahlt worden. »Keiner der Politiker, die auf Perón gefolgt sind, hat irgend etwas für mich getan«, sagte er. »Ich bin ein hundertprozentiger Peronist und werde es immer sein.«

Den aufeinanderfolgenden Militärregierungen gelang es nicht, diese hartnäckige Überzeugung zu erschüttern. Die Jahre gingen dahin. Die an die Mauern gepinselten Sprüche wurden größer: »Wo ist Eva Peróns Leiche?« – »Gebt uns die Leiche der geliebten Señora zurück.« Die Farbe wurde nie ganz trocken. Terroristen töteten in ihrem Namen. Am Jahrestag ihres Todes gingen Bomben hoch, als seien es Knallfrösche. Ein früherer Staatspräsident, General Pedro Aramburu, der die Macht kurz nach dem Sturz Peróns übernommen hatte, wurde entführt und ermordet, weil seine Entführer erfahren wollten, wo die Leiche Evitas versteckt worden sei. Das Land schwebte am Rande eines Bürgerkrieges. Die Wirtschaft brach zusammen. Firmen gingen bankrott. Die Arbeitslosigkeit schoß in die Höhe, und Staatsstreich folgte auf Staatsstreich. Ein militärischer Schnurrbart (so nannten die Argentinier höhnisch ihre Generäle) folgte dem anderen durch die Drehtür des Präsidentenpalastes. 1972 kapitulierten die Generäle schließlich und entschieden, es sei an der Zeit, daß Perón heimkehre. Aber zuerst gaben sie ihm den Leichnam seiner Frau zurück. In der Parzelle 86, Garten 41 des Musocco-Friedhofs in Mailand, Italien, wurde die Leiche der Maria Maggi, einer in Argentinien verstorbenen Italienerin, exhumiert. Der hölzerne, schwarze Sarg war verrottet, aber der Leichnam befand sich in einem einwandfreien Zustand. Es war die einbalsamierte Leiche der Evita Perón.

Sie war im Laufe der Jahre weit herumgekommen und hatte an ungewöhnlichen Orten gelegen. An jenem Dezemberabend des Jahres 1955, als sie verschwand, hatte der Chef des argentinischen Heeresnachrichtendienstes, Oberst Carlos Mori-Koenig, einen Trupp Soldaten bei einem Unternehmen in der Zentrale der CGT angeführt, bei dem alle zur Geheimhaltung eingeschworen worden waren. Im Zimmer 63 fanden sie, wonach sie suchten. Die Leiche lag in völliger Dunkelheit auf einer mit der blau-weißen Fahne bedeckten Totenbahre. Oberst Mori-Koenig sagte der diensttuenden Marinewache, er habe vom Staatspräsidenten Aramburu den Befehl erhalten, sie christlich zu bestatten. Man legte sie in einen billigen Holzsarg und trug sie hinaus zu einem Heereslastwagen. Dort blieb sie, für die Nacht abgestellt, derweil Oberst Mori-Koenig auf weitere Instruktionen wartete. Aber Präsident Aramburu war sich noch nicht schlüssig geworden, was mit der Leiche geschehen sollte. Er sagte dem Chef des Heeresnachrichtendienstes, er solle sie versteckt halten. Eine Zeitlang wurde sie in der Apartmentwohnung von Major Antonio Arandia, dem Stellvertreter Mori-Koenigs, aufbewahrt.

Die durch das Verschwinden ihrer Heiligen zur Raserei getriebenen Peronisten schickten ihre eigenen Agenten auf heimliche Jagd nach der Leiche los. Aus Angst, das Geheimnis seines stummen Gastes könnte durchsickern, gewöhnte sich der Major an, mit seinem Dienstrevolver unter dem Kopfkissen zu schlafen. Eines Morgens, noch vor Sonnenaufgang, wurde er durch eigenartige Geräusche auf dem Flur vor seinem Schlafzimmer geweckt. Zweimal schoß er auf eine Gestalt, die sich in der Tür zeigte und tötete so seine schwangere Frau, die ins Badezimmer gegangen war. Danach wurde Evitas Leiche auf die vierte Etage im Stabsgebäude des Heeresnachrichtendienstes geschafft und dort in einer Packkiste mit der Aufschrift ›Radiogeräte‹ abgestellt.

Nun übernahm Oberst Hector Cabanillas, Chef des Geheimdienstes der Casa Rosada, die Verantwortung für den Leichnam, nachdem der Präsident schließlich beschlossen hatte, sie außer Landes zu schaffen, bis sich die Leidenschaften in Argentinien abgekühlt haben würden. Im September 1956 wurde die Leiche, noch immer in der Packkiste mit der Aufschrift ›Radiogeräte‹, zur argentinischen Botschaft in Bonn verfrachtet, wo sie, ohne Wissen des Botschafters, im Lagerraum abgestellt wurde. Dann legte man sie in einen Sarg und schickte sie nach Rom, wo sie von einer Laienschwester der Gesellschaft vom Heiligen Paul namens Giuseppina Airoldi in Empfang genommen wurde. Dieser hatte man gesagt, es handle sich um die Leiche einer italienischen Witwe, die in Argentinien verstorben sei und Anweisungen für ihre Beisetzung in ihrer Heimatstadt Mailand hinterlassen habe. Dort wurde Evita unter dem Namen Maggi zur letzten Ruhe gelegt.

Am 2. September 1971 erschien ein Mann, der sich als Carlos Maggi, Bruder der fiktiven Maria, ausgab, mit einer schriftlichen Genehmigung, die Überreste seiner Schwester zu exhumieren, auf dem Friedhof. Er war in

Wirklichkeit kein anderer als der frühere, mittlerweile längst pensionierte Geheimdienstchef Hector Cabanillas. Er wirkte äußerst besorgt und in schrecklicher Eile, als die Leiche in einen von einem Mailänder Bestattungsinstitut gemieteten Leichenwagen geschoben wurde. Er hatte auch allen Grund, besorgt zu sein. Aus Buenos Aires war die Nachricht gekommen, eine peronistische Terrorgruppe habe Agenten auf der Suche nach dem Leichnam nach Italien geschickt. Wenn er ihnen in die Hände fiel, dann würden sie ihn mit Sicherheit als Symbol ihres Guerillakrieges gegen die argentinische Armee, der schon Hunderte von Leben gefordert hatte, verwenden. Ein Versagen Cabanillas', Perón die Leiche zurückzugeben, würde den Versuch der Militärregierung, eine nationale Aussöhnung herbeizuführen, zum Scheitern verurteilen.

Die argentinische Regierung versicherte sich der Kooperation der italienischen, französischen und spanischen Regierungen. Als der Leichenwagen mit seiner wertvollen Fracht quer durch Europa raste, wurde er an den Staatsgrenzen ohne die sonst üblichen Zollformalitäten durchgewinkt. Nachdem er die Nacht in einer Garage in Perpignan verbracht hatte, fuhr Cabanillas nach Spanien hinein und wurde auf der letzten, 725 Kilometer langen Etappe bis Madrid von zwei Wagen voller spanischer Polizisten eskortiert. Um 21 Uhr des gleichen Tages fuhr er durch das Tor der Calle de Navalmanzano Nr. 6 im eleganten Madrider Vorort Puerta de Hierro. An der Haustür warteten auf ihn Juan Perón, seine neue junge Frau, Isabel, die er in einem Nachtclub in Panama zu Beginn seines Exils kennengelernt hatte, sowie Dr. Pedro Ara, der neunzehn Jahre zuvor Evita einbalsamierte.

Sie trugen den Sarg ins Haus. Cabanillas öffnete den Deckel. Zum ersten Male seit sechzehn Jahren blickte

Perón herab auf das Gesicht seiner geliebten Evita. Dr. Ara erwähnt in seinen posthum veröffentlichten Erinnerungen diesen Augenblick. »Obwohl die Frisur nicht im geringsten in Unordnung war, wirkte ihr Haar feucht und schmutzig«, schrieb er. »Die jetzt verrosteten Haarnadeln zerbröselten in unseren Fingern. Die Frau des Generals begann, Evas Zöpfe zu lösen, um das Haar zu lüften und zu trocknen, und um es von Schmutz und Rostspuren zu säubern.« Während Perón zuschaute, schnitten Isabel und Dr. Ara das fleckig gewordene weiße Kleid auf. Eine Fingerspitze war abgebrochen. Ein Ohr war etwas verbogen. Aber davon und von einigen wenigen kleinen Rissen im Plastiküberzug abgesehen, befand sich die Leiche im gleichen Zustand, in dem der Professor sie 1955 zum letzten Male gesehen hatte. Wie er am Morgen nach Evitas Tod Perón versichert hatte, war sie nicht verwest.

Als Perón im darauffolgenden Jahr nach Argentinien zurückkehrte, von den Menschen zur Heimkehr aufgefordert, die ihn mit solcher Leidenschaft gehaßt hatten – militärische Führer, Großgrundbesitzer und bedeutende Wirtschaftsbosse, die meinten, er könne die Wunden heilen, die ihr Land so viele Jahre lang hatten bluten lassen –, wurde Evitas Leiche in Madrid zurückgelassen. Im Alter von 77 Jahren war Perón noch immer eine imposante Erscheinung, das pechschwarze Haar zwar gefärbt, aber dicht wie eh und je, seine 1,80 m große, 90 Kilo schwere Gestalt kerzengerade und sein Lächeln so blendend wie die Sommersonne der Pampas. Seine dröhnende, fesselnde Stimme füllte noch immer den Platz, und das argentinische Volk strömte in größeren Mengen als je zuvor zu seiner Fahne zurück. Mit sieben Millionen Stimmen, einer 62%igen Mehrheit, wurde er erneut zum Staatspräsidenten gewählt. Und diesmal wurde seine

Frau, ohne irgendwelche Einwände seitens der Militärs, zum Vize-Präsidenten gewählt. Aber er war schon zu alt. Vielleicht hatte es ihm schon immer an der Leidenschaftlichkeit Evitas gemangelt, und ohne diese und ohne sie war er verloren. »Ich bin ein vegetarischer Löwe«, sagte er einmal traurig. Er war unfähig, der tatkräftige Führer zu sein, den sein Land so sehr nötig hatte, und er konnte dem erbitterten Kampf zwischen dem rechten und dem linken Flügel seiner Partei kein Ende setzen.

Schon bald schlug er sich auf die Seite der Konservativen, der alten Gewerkschaftsführer früherer Jahre. Die Jungperonisten, mit ihrem Ausruf »Wenn Evita lebte, wäre sie eine Montonera (Guerilla)«, tat er ab als ›Lumpen‹. Aber für die Parteijugend, die nach Evitas Tod Geborenen, war es die tote Evita Perón, nicht der alternde ›caudillo‹ im Palast, die die radikale Revolution, nach der sie für Argentinien strebten, symbolisierte. Das schien eine unwahrscheinliche Verbindung. Evita war ein Materialist, die an Häuser für die Arbeiter und an Juwelen für sich glaubte, und es ist schwer vorstellbar, daß sie irgendwelche Sympathien für die jugendlichen, aus dem Mittelstand stammenden Revolutionäre mit Universitätsbildung (die Montoneros in Argentinien, Tupamaros in Uruguay und MIR in Chile) gezeigt haben würde, deren geistlose Gewalt den Sturz von Demokratien und die furchtbare Unterdrückung der Arbeiter durch Militärregierungen in allen drei Ländern ausgelöst hatte.

Am 1. Juli 1974 erschien die Morgenzeitung ›Crítica‹ in Buenos Aires mit einer Schlagzeile, die die halbe erste Seite einnahm. ›MURIO‹, er ist tot. Wieder einmal stellten sich Hunderttausende von Argentiniern im winterlichen Regen in Achterreihen auf, um von einem Perón Abschied zu nehmen. Sie warteten bis zu 24 Stunden, um einen Blick auf seinen Leichnam werfen zu können, der im

Blauen Saal des Kongresses, in Heeresuniform, mit Orden und Amtsschärpe, aufgebahrt lag. Männer und Frauen brachen in Tränen aus. Rufe wurden laut: »Adios, mi General« und »Chau, viejo« (Auf Wiedersehen, Alter). Und wiederholt ertönte der Singsang »Perón está presente« (Perón ist hier), eine Neuformulierung des Ausrufs, den man 22 Jahren zuvor bei Evitas Tod gehört hatte.

Es war Zeit für Evita heimzukehren. Die Witwe Peróns, Isabel, nunmehr Staatspräsidentin von Argentinien, schickte ein gechartertes Düsenpassagierflugzeug, um sie zu holen. Aber es war eine Rückreise, die fast so eigenartig verlief wie Evitas übrige Odyssee nach dem Tode. Der Leichnam wurde von José Lopez Rega, Isabels Sozialminister, einem Astrologen und Mystiker, begleitet, der behauptete, täglich Verbindung mit dem Erzengel Gabriel zu haben. Als das Flugzeug in Buenos Aires ankam, wurden die ewigtreuen ›descamisados‹ vor dem Flugplatz zurückgedrängt, derweil Lopez Rega und ein Dutzend Leibwächter mit Maschinenpistolen den Sarg in einen Wagen luden und eilends zur Präsidentenresidenz in Olivos schafften. Dort lag er in der Kapelle neben Peróns Sarg, während Isabel und Lopez Rega an den Plänen zum Bau eines riesigen 50 Meter hohen ›Altars des Vaterlandes‹ arbeiteten, der die letzte Ruhestätte für Evita und ihren General sowie alle anderen ›Geister‹ der argentinischen Geschichte, die das Land seit jeher entzweit hatten, werden sollte. Es wurde ein Gesetz unterzeichnet, durch das die Rückführung der Gebeine des ersten Diktators des Landes, Juan Manuel Rosas, aus dem katholischen Friedhof von Southampton genehmigt wurde. »In der ewigen Seligkeit vereint«, so sollte die Inschrift lauten, »wachen wir über die Geschicke des Vaterlandes. Lasset keinen Menschen unser Andenken dazu mißbrauchen, die Argentinier zu spalten.«

Doch es sollte nicht sein. Isabel Perón war nicht Evita. Zwei Jahre lang hielt sie sich an der Macht mit Hilfe der Todesschwadronen der ›Alianza Argentina Anticomunista‹ (Antikommunistische Argentinische Allianz) – das dreifache ›A‹ –, die ihr Freund Lopez Rega organisiert hatte, um das Land von ihren Gegnern mittels vielfachen Mordes zu ›säubern‹. Am 24. März 1976, bei einer Inflationsrate, die sich der 1000-Prozent-Marke näherte und einem drohenden Bürgerkrieg, rissen die Generäle in Argentinien die Macht wieder an sich. Isabel warfen sie ins Gefängnis. Evita begruben sie.

Nachwort

Nun, da die Generäle wieder an der Macht waren, wurden die Peróns zu Un-Personen. Jeder, der dabei erwischt wurde, wenn er ihren Namen an die Hauswände schrieb, wurde auf der Stelle umgebracht. In den Staatsarchiven gaben die Beamten keine Bilder von Evita frei ohne die schriftliche Genehmigung des Innenministers, und diese wurde nie erteilt. »Das müssen Sie verstehen«, sagte ein verlegener Angestellter, »sie ist politischer Zündstoff.« Ein Student, der mit einer Cassette des Musicals ›Evita‹ aufgegriffen wurde, kam als ›Subversiver‹ ins Gefängnis. Er war sicherlich mehr dumm als subversiv, denn nur wenige Argentinier wagten es, eine Kopie dieser Aufnahme ins Land zu schmuggeln. Sie war nicht von Amts wegen verboten; aber der Leiter der Schallplattenfirma, die normalerweise ›Evita‹ importiert haben würde, erhielt einen Telefonanruf von einem hochrangigen Heeresoffizier in der Regierung, der ihm sagte, er riefe nur an, um der Hoffnung Ausdruck zu geben, daß die Firma nicht diesen speziellen Titel auf den Markt bringen würde. Der Direktor versicherte ihm – aufrichtig –, er habe nicht im entferntesten daran gedacht. Einem Freund gegenüber sagte er später: »Glaubt der vielleicht, ich sei verrückt?« Sich öffentlich mit jenen längst vergangenen Tagen des Juan und der Eva zu befassen, war gleichbedeutend mit Entführung oder einer Kugel im Kopf.

Alles, was Evita für ihre ›descamisados‹ errungen hatte, wurde von der Militärregierung unter General

HOMENAJE A EVA PERON

32
Heilige Evita? Kerzenmarsch zu Ehren der Verstorbenen in Buenos Aires.

33
Kultfigur Evita: Riesenstatue des italienischen Bildhauers Tommasi, 1953.

34
Evitas Grabtafel auf dem Friedhof in Buenos Aires.

35
Joss Ackland und Elaine Paige in dem Musical ›Evita‹.

LA MUNICIPALIDAD DE JUNIN
A
JUAN R. DUARTE
QUE VINCULO SU NOMBRE A MUCHAS OBRAS
EN BIEN DE LA CIUDAD
LO RECUERDA EN EL PRIMER ANIVERSARIO
DE SU FALLECIMIENTO
ABRIL 9 DE 1954
1952 - 26 DE JULIO - 1982
"...SIENTO DESEOS IRREFRENABLES DE QUEMAR MI VIDA,
SI QUEMANDOLA PUDIERA ALUMBRAR EL CAMINO Y
LA FELICIDAD DEL PUEBLO ARGENTINO"
"...YO ME GUARDO LA ESPERANZA POR LA GLORIA,
LO UNICO QUE QUIERO ES SERVIR
A LOS HUMILDES Y A LOS TRABAJADORES"
¡VOLVERE Y SERE MILLONES...!
EVA PERON
CONFEDERACION GENERAL DEL TRABAJO
REPUBLICA ARGENTINA

35

Jorge Rafael Videla ausgemerzt. Die Löhne der Arbeiter fielen real auf weniger als die Hälfte von dem, was sie zu ihrer Zeit gewesen waren. Offiziere der Armee übernahmen die CGT. Gewerkschaftsführer wurden entführt und ermordet. Industrieunternehmen erhielten Anweisung, ›Unruhestifter‹ zu melden, damit man sich mit ihnen befassen könne. Wie ›The Times‹ in einem heftigen Leitartikel vom 9. September 1977 bemerkte, befand sich Argentinien »im Würgegriff eines extremistischen Regimes, das einen Terrorkrieg gegen jeden führt, den es verdächtigt, gegen seine Ideen zu opponieren«. Zu Evitas Zeiten war das Gefängnis Villa Devoto zu einem unerquicklichen Zuhause außerhalb der eigenen vier Wände für viele ihrer politischen Gegner geworden, die nicht bereit gewesen waren, das Schiff ins Exil zu besteigen. Aber sie alle kamen lebend heraus. Unter den Generälen wurden Entführung und Mord zur unausgesprochenen Regierungspolitik. Tausende von Menschen wurden von bewaffneten Männern, die einer der unzähligen Sicherheitsbehörden der Regierung angehörten, aus Häusern, Büros und Fabriken davongeführt. Sie wurden zu ›desaparecidos‹, zu Vermißten. Niemand weiß, wie viele es sind – vielleicht ›nur‹ 6000, möglicherweise aber auch 15 000. Die Opfer reichen vom zweijährigen Enkel eines Zeitungsredakteurs, der selbst entführt und ermordet wurde, bis zu einer 63 Jahre alten Großmutter, die auf der Straße in ihrer Heimatstadt ergriffen wurde. Zeitungen brachten jeden Tag Appelle von Eltern, die angaben, sie wollten lediglich wissen, ob ihre Kinder noch am Leben seien. Menschen wurden verschleppt wie etwa »Margarita Erlich, 26 Jahre alt, Kunststudentin, die am 6. April 1976 von fünf schwerbewaffneten Männern, die sich als Beamte der Bundespolizei ausgaben, aus ihrem Haus in Pueyrredón 2458 (10-A) weggeholt wurde. Ihre

Eltern haben einige zehn Eingaben auf Vorführung und Haftprüfung gemacht, über 100 Briefe und Telegramme geschrieben und appellieren jetzt an die Öffentlichkeit um Hilfe bei der Auffindung von Margarita, damit ihre Tage der Ungewißheit und des Suchens ein Ende haben.«

Zu Evitas Zeiten hatten die Argentinier keine Angst, durch die Straßen ihrer Hauptstadt zu gehen. Aber als das Militärregime seinen Würgegriff verstärkte, wurde es zur Alltäglichkeit, wenn man las: »Gestern nachmittag wurden zwei junge Frauen an der Ecke Córdoba und San Martín, im Herzen des Geschäftsviertels von Buenos Aires, von bewaffneten Männern in zwei Wagen gezerrt und davongefahren. Viele Menschen beobachteten voller Überraschung, wie die Frauen um 15.45 Uhr aus einem Hotel auf der Straße San Martín, zwischen den Straßen Córdoba und Viamonte, geholt wurden. Die Männer, in Zivil und bewaffnet mit Pistolen vom Kaliber .45, zerrten die Frauen in zwei Autos. Trotz ihrer Schreie kam kein Mensch den beiden Frauen zu Hilfe. Eine von ihnen rief, ihr Name sei Diana García und bat, jemand solle die Polizei rufen, da sie keine Ahnung habe, warum sie entführt werde.« Keiner mischte sich ein. Hauptsächlich, weil das den sofortigen Tod hätte bedeuten können und auch, weil die Argentinier gegenüber solchen Szenen gefühllos geworden waren.

Auf der überfüllten Corrientes, wo Evita einst versuchte, zu Ruhm und Geld im Schein der Theaterscheinwerfer zu kommen, wurden Entführungen so alltäglich, daß niemand mehr einen zweiten Blick auf die Ford Falcons verschwendete, wenn diese mit ihren hinter Kapuzen unkenntlich gemachten, im Fond sitzenden ›Passagieren‹, mit quietschenden Reifen durch den Verkehr und bei Rot davonrasten.

In Pilar, einem Dorf in der Nähe von Buenos Aires,

wurden die Einwohner kurz vor Tagesanbruch von dem Geräusch auf der Straße anhaltender Autos geweckt. Stimmen waren zu hören, die Menschen befahlen, aus den Autos zu steigen. Dann hörte man Schreie, gefolgt vom Krachen automatischer Feuerwaffen. Nach wenigen Minuten Stille erfolgte eine Explosion, und die Fahrzeuge fuhren mit hoher Geschwindigkeit davon.

Im ersten Morgenlicht entdeckten die Bauern aus dem Dorf die Überreste von dreißig Männern und Frauen, ›desaparecidos‹, die man aus ihren Zellen geholt und, aus Rache für die tags zuvor erfolgte Ermordung eines pensionierten Generals, abgeschlachtet hatte. Einige von ihnen waren durch eine an den Körper gebundene Handgranate zerfetzt worden. Auf einem Schild neben den Leichen stand: »Friedhof der Montoneros. Getötet als Staatsfeinde.«

Dennoch zuckten die meisten Argentinier des Mittelstandes angesichts solcher Greueltaten die Schultern mit der Bemerkung, die ›desaparecidos‹ müßten ›verwickelt‹ gewesen sein, da man sie wohl nicht ohne Grund aufgegriffen habe. Und die militärischen Machthaber des Landes entschuldigten das, was Videla als ein »Übermaß an Repression durch die Ordnungskräfte« eingestand, mit der Begründung, »Argentinien führt Krieg gegen das zerstörerische Evangelium des Terrorismus«. Aber wie ein Leitartikel der englischsprachigen Zeitung ›Buenos Aires Herald‹ nach der Ermordung von fünf Priestern, die in den Elendsvierteln von Buenos Aires tätig waren, hervorhob, war es »in Argentinien für jeden friedliebenden Menschen – außer er liefe mit den Scheuklappen der Voreingenommenheit herum – in zunehmendem Maße klar geworden, daß irgendein seelenloses Frankenstein-Monster Amok liefe«.

Keine andere Zeitung in Argentinien wagte es, so

offen zu schreiben. Aus gutem Grund. Denn während Evita jede Zeitung, die ihr ablehnend gegenüberstand, entweder aufkaufte oder schließen ließ, hatten die Generäle eine viel tödlichere Methode, die argentinische Presse zum Schweigen zu bringen. Die Liste der entführten und ermordeten Zeitungsleute wurde immer länger. Doch ihr Tod löste bei der Weltpresse nichts von der Empörung aus, die sie nach der Schließung von ›La Prensa‹ an den Tag gelegt hatte. Um die Schrecken noch zu vermehren, zeigte sich der latente Antisemitismus, der in Argentinien in Zeiten des Aufruhrs an die Oberfläche hochgespült wird, in Sprengstoffanschlägen auf Synagogen und dem Verschwinden von jüdischen Familien. Jacobo Timermann, jüdischer Eigentümer der angesehenen Zeitung ›La Opinión‹, wurde gefoltert und saß zweieinhalb Jahre im Gefängnis, bevor er zwangsexiliert wurde. Er behauptete, man habe Juden besonders brutal traktiert, und jüdische Mädchen unter den Gefangenen seien viel öfter vergewaltigt worden. In einer Polizeiwache in Buenos Aires war über dem Eingang zum Zellenblock ein großes Hakenkreuz gemalt. Anwälte, sowohl männliche als auch weibliche, die den Mut hatten, gefangene Guerilleros oder als solche Verdächtigte zu verteidigen, wurden selber der Mittäterschaft angeklagt und in vielen Fällen entführt, gefoltert und ermordet.

Doch trotz des Terrors ging das Leben in einer der großen Hauptstädte der Welt, zumindest an der Oberfläche, weiter, als geschähe nichts Ungewöhnliches. Das Opernhaus, die Theater und Restaurants waren abends überfüllt, und die ›porteños‹ schlenderten über die Calle Florida, vorbei an vollen Buchläden und Schallplattengeschäften. Die Wochenenden waren wie immer in Buenos Aires – fanatische Fußballfans saßen dicht an dicht in den Stadien, andere spielten Rugby oder Tennis oder segelten auf dem Tigre oder hockten genüßlich unter freiem Himmel in den Steak-Restaurants.

Das Heer zerschlug die Guerillaorganisationen – Montoneros und ›Ejercito Revolucionario Popular‹ (ERP), die Revolutionäre Volksarmee –, die genauso brutal und mörderisch gewesen waren wie die rechtsgerichteten Terroristengruppen. Morden und Verschleppen gingen aber weiter. Jeden Donnerstag versammelten sich Hunderte von Müttern von ›desaparecidos‹ auf der Plaza de Mayo, um Informationen auszutauschen und sich gegenseitig Trost zu spenden. Einmal war das Schluchzen so laut, daß Präsident Videla, der es in seinem Büro in der Casa Rosada hören konnte, so aus der Fassung geriet, daß er der Polizei befahl, die Frauen zu vertreiben. Dutzende wurden verhaftet.

Nach vier Jahren Militärherrschaft bekannte mißmutig ein hochrangiges Mitglied der Regierungsjunta gegenüber dem amerikanischen Korrespondenten Kenneth Freed von der ›Los Angeles Times‹: »Wenn wir heute Wahlen hätten, würde ein Peronist gewinnen... Es ist eine Frage des Herzens. Argentinier müssen mit dem Herzen regiert werden, nicht mit dem Verstand.«

Die Repression hatte Tausende von Argentiniern das Leben gekostet. Sie hatte nichts bewirkt. Die Armee hatte es wieder einmal nicht geschafft, die in den Herzen der arbeitenden Bevölkerung Argentiniens weiterlebende Legende von Juan und Evita Perón auszumerzen. Wie ein ranghoher Offizier bekannte, war der Slogan »Puto o ladrón, queremos a Perón« (Mieser Hund oder Dieb, wir lieben Perón) noch immer der unausgesprochene Gedanke vieler Argentinier. Schon einmal zuvor – von 1955 bis 1973 – hatten die Generäle versucht, die Arbeiterklasse Argentiniens von ihrer Liebe zu Perón abzubringen. Aber als der Diktator heimkehrte, alt und schwach, wählten ihn sieben Millionen Menschen erneut zu ihrem Staatspräsidenten, wobei nur zwei Millionen seinem nächsten Rivalen ihre Stimme gaben. Als man ihn vor seinem Tode fragte, ob er meine, ein Diktator gewesen zu sein, lachte er herzlich und sagte: »Ich empfinde das Wort Diktator als pejorativ. Es kann keinen Diktator geben, der vom Volk gewählt wurde. Ich wurde in zwei Präsidentschaftswahlen mit 60 bis 70 Prozent der Stimmen gewählt.« Auf die Anschuldigung, er sei ein Demagoge gewesen, antwortete er: »Und wie bezeichnen Sie einen Politiker, der sein Wort hält?« Was die Vorwürfe angeht, er habe Gewalt gegen seine Gegner angewendet, sagte er: »Ich habe nie jemand getötet. Niemand ist in seinen Schuhen gestorben.«

Das konnte man zugunsten der Generäle gewiß nicht behaupten. General Viola folgte auf Videla, und ihm folgte General Galtieri. 1982 lag die Wirtschaft so am Boden wie zu den beängstigenden Tagen der Regierung Isabel Peróns. Die Arbeitslosigkeit kletterte im Gleichschritt mit der Auslandsverschuldung. Um die Aufmerksamkeit abzulenken, ließ sich General Galtieri auf ein Kriegsabenteuer ein: die Besetzung der zu Großbritannien gehörenden Falkland-Inseln.

Anfangs war das ein ungeheuer volkstümlicher Schachzug. Die Malvinas, so der spanische Name der Inselgruppe, waren von den Argentiniern stets als integraler Bestandteil des Staatsgebietes betrachtet worden, und deren praktisch ohne Blutvergießen durchgeführte Eroberung wurde mit großem Jubel begrüßt. Doch der kurze Krieg, der danach folgte, führte zu einer derart demütigenden Niederlage für das argentinische Militär und zu so vielen tragischen Verlusten bei den schlecht ausgerüsteten und ausgebildeten jungen Rekruten, daß die in Mißkredit geratenen Generäle eilends Vorkehrungen trafen, das Land wieder in die Hand einer zivilen Regierung zu legen.

Wieder einmal mühte sich Argentinien zurück in die Demokratie. Aber zum ersten Male seit 1946 verloren die Peronisten eine Wahl. Während des Wahlkampfes gab es eine Massenversammlung zur Erinnerung an den 38. Jahrestag des 17. Oktober 1945, als Evita die Casa Rosada mit ihren ›descamisados‹ umstellte und die Freilassung ihres Geliebten, Oberst Perón, durchsetzte. 380 000 treu ergebene Anhänger drängten sich im Zentrum von Córdoba, um jenes Tages zu gedenken.

Doch dann gaben viele von ihnen ihre Stimme dem Kandidaten der Radikalen Partei, Raul Alfonsin. Es kann sein, daß der peronistische Bannerträger, Italo Luder, zu farblos war, um die Herzen der Peronisten zu erobern. Es kann aber auch so gewesen sein, daß sie einfach der Gewerkschaftsbosse überdrüssig waren, die die Partei fest im Griff hatten, wie sie es der Generäle waren, die das Land regiert hatten. Wie dem auch sei, der wortgewandte, energische Alfonsin errang einen überraschend leichten Sieg.

Eine der ersten Amtshandlungen Präsident Alfonsins war, die Verhaftung der Generäle anzuordnen, die Folter und Mord zur Aufrechterhaltung ihrer Macht in Argentinien sieben Jahre lang eingesetzt hatten. Er versprach »ein neues Argentinien« in dem »wir in Freiheit leben werden«. Es ist eine Versicherung, die man schon oft im Laufe der argentinischen Geschichte gehört hat. Nur zehn der 44 Staatspräsidenten ist es bisher gelungen, eine volle Amtsperiode durchzustehen. Der Grund: Es hat immer Generäle gegeben, die glaubten, es sei ihre Bestimmung, das Land vor der Demokratie zu ›retten‹.

Dennoch, die Narben und die Schande dieser jüngsten Militärherrschaft werden auch diejenigen Argentinier auf Jahre nicht vergessen, die in der Vergangenheit militärische Staatsstreiche begrüßt haben. So gesehen, begann Präsident Alfonsin seine Amtszeit mit besseren Aussichten als die Mehrzahl seiner Vorgänger, die Soldaten in ihren Kasernen halten zu können.

Aber in den ›villas miseria‹, den dichtbevölkerten Elendsquartieren am Rande der Städte Argentiniens, gilt die Hauptsorge der vielen tausend verarmten, arbeitslosen Menschen dem Überleben. Wenn ihr neuer Präsident sie enttäuscht, wird die Erinnerung an Juan Perón und Evita, die ihnen Selbstachtung und auskömmliche Löhne gaben, erneut hell aufleuchten. Sie werden sich an die guten alten Zeiten erinnern, als die ›descamisados‹ die Plaza de Mayo füllten, um ihren Helden mit dem rhythmischen, pochenden Gebrüll »Pee-rón! Pee-rón! E-vi-ta! E-vi-ta!« Beifall zu spenden.

Zeittafel

1919	*7. Mai: Maria Eva Ibarguren Duarte (später verh. de Perón)* als *fünftes Kind der Juana Ibarguren und des Grundbesitzers Juan Duarte bei Los Toldos/Provinz Buenos Aires geboren.*
1925/26	*Tod des Vaters Juan Duarte.*
1928	Hipólito Irigoyen erneut zum argentinischen Staatspräsidenten gewählt (erste Amtszeit 1916–1922).
1929–1932	Weltwirtschaftskrise.
1929	*Umzug der Familie nach Junin.*
1930	7. September: Putsch in Argentinien. Hipólito Irigoyen gestürzt. José Felix Uriburu übernimmt die Staatsgeschäfte. Brasilianische Revolution.
1932	20. Februar: Augustín P. Justo übernimmt das Präsidentenamt in Argentinien.
1933	*Entscheidung Eva Duartes für den Schauspielerberuf.* 30. Januar: Der deutsche Reichspräsident Paul von Hindenburg beruft Adolf Hitler zum Reichskanzler. 4. März: Franklin D. Roosevelt wird Präsident der USA. 19. Oktober: Deutschland tritt aus dem Völkerbund aus.
1934/35	*Eva Duarte geht nach Buenos Aires.*
1935	2./6. Mai: Beistandspakt der UdSSR mit Frankreich und der Tschechoslowakei.

1936	*Juni: Erste Schauspieltournee Eva Duartes durch die Provinz. Abbruch wegen Erkrankung.*
	25. Oktober: ›Achsenvertrag‹ Deutschland/Italien.
	Juan Domingo Perón wird Militärattaché in Berlin (bis 1938).
1937	*Eva Duarte erhält den ersten Filmvertrag.*
1938	20. Februar: Robert M. Ortiz wird Staatspräsident Argentiniens.
	29. September: ›Münchner Abkommen‹ zwischen Chamberlain, Daladier, Hitler und Mussolini.
	Juan Domingo Perón geht als Militärattaché nach Rom (bis 1939).
1939–1945	Zweiter Weltkrieg.
1939	23. August: Deutsch-russischer Nichtangriffsvertrag (›Hitler-Stalin-Pakt‹).
	1. September: Deutscher Angriff auf Polen.
	3. September: Großbritannien und Frankreich erklären Deutschland den Krieg.
1940	April/Mai: Deutschland greift Dänemark, Norwegen, die Niederlande, Luxemburg, Belgien und Frankreich an.
	10. Mai: Winston Churchill wird britischer Premier.
	14. Juni: Deutsche Truppen besetzen Paris.
	22. Juni: Waffenstillstand zwischen Frankreich und dem Deutschen Reich.
1941	April/Juni: Deutscher Angriff auf Jugoslawien, Griechenland und die UdSSR.
	7. Dezember: Japanischer Überfall auf die US-Flotte in Pearl Harbour/Hawaii.
	8. Dezember: Großbritannien und die USA erklären Japan den Krieg.

11. Dezember: Kriegserklärung Deutschlands und Italiens an die USA.

1942 *Eva Duarte beginnt mit der Tätigkeit bei Radio Argentina, dann auch bei Radio El Mundo und Radio Belgrano.*

27. Juni: Ramón S. Castillo wird Staatspräsident Argentiniens.

18. November 1942–2. Februar 1943: Schlacht um Stalingrad.

1943 *Freundschaft Eva Duartes mit Oberst Anibal Imbert.*

4. Juni: Putsch der Militärs in Argentinien. Oberst Juan Domingo Perón ist als führendes Mitglied der GOU (Gruppe Vereinigter Offiziere) am Umsturz beteiligt.

8. Juni: Pedro Pablo Ramirez argentinischer Staatspräsident.

Juli: Eva Duarte nimmt erste Kontakte zu Präsident Ramirez auf.

Juan Domingo Perón wird Minister für Arbeit und Wohlfahrt.

1944 *Eva Duarte lernt Oberst Juan Domingo Perón kennen.*

24. Februar: Militärrevolte. Ramirez tritt zurück.

10. März: Edelmiro Julián Farrell wird Staatspräsident.

5. Juni: Landung der Alliierten in Frankreich.

25. August: Befreiung von Paris. General Charles de Gaulle bildet eine provisorische Regierung.

Juan Domingo Perón zum Vizepräsidenten ernannt.

1945 4.–11. Februar: Churchill, Roosevelt und Stalin auf der Konferenz von Jalta.

27. März: Argentinien erklärt dem Deutschen Reich den Krieg.

12. April: Franklin D. Roosevelt gestorben. Harry S. Truman wird Präsident der USA.

30. April: Selbstmord Adolf Hitlers.

4.–9. Mai: Gesamtkapitulation der deutschen Streitkräfte.

Oktober: Peronisten setzen das Verlagsgebäude der Zeitung ›Critica‹ in Brand.

9. Oktober: Juan Domingo Perón muß auf seine politischen Ämter verzichten.

11. Oktober: Sympathiekundgebung für Perón, angeregt durch Eva Duarte.

13. Oktober: Perón wird von Marineoffizieren verhaftet.

15. Oktober: Eva Duarte organisiert die ›Gegenrevolution‹ (Volksaufstand gegen die Armee).

17. Oktober: Perón wird freigelassen und ins Zentrallazarett von Buenos Aires gebracht.

18. Oktober: Juan Domingo Perón heiratet Eva Duarte. Standesamtliche Trauung in Buenos Aires.

General Avalos und Admiral Lima quittieren den Dienst.

Dezember: Perón wendet sich gegen die Judenverfolgungen.

9. Dezember: Kirchliche Heirat.

1946 24. Februar: Präsidentschaftswahl in Argentinien. Kandidatur Peróns.

28. März: Die Stimmenauszählung erbringt einen Wahlsieg Peróns.

4. Juni: Perón tritt sein Amt als Staatspräsident an.

9. September: In Argentinien wird den Frauen das Wahlrecht zugestanden.

Unter Perón Verstaatlichung der Universitäten, der Banken und der Börse von Buenos Aires.

1947 Januar: Peronisten stecken das Gebäude der Zeitung ›La Prensa‹ in Brand.

Europa-Reise Eva Peróns. Besuche in Madrid, Rom, Mailand, Paris und in der Schweiz.

April: Francisco Franco zeichnet Eva Perón mit dem ›Großkreuz des Ordens von Isabel der Katholischen‹ aus.

Besuch bei Pius XII. Er verleiht Eva Perón das ›Kreuz des Ordens von Papst Pius IX.‹.

23. *August: Eva Perón trifft nach einem Aufenthalt in Brasilien wieder in Buenos Aires ein.*

Der Argentinier Bernardo Alberto Houssay erhält den Nobelpreis für Medizin.

1948 24. *September: Ein von Cipriano Reyes geplantes Komplott zur Ermordung von Eva und Juan Domingo Perón wird aufgedeckt.*

10. Dezember: Internationale Deklaration der Menschenrechte.

1949 *Widerstand der Militärs gegen die Aktivitäten Eva Peróns.*

16. März: Perón gibt Argentinien eine neue Verfassung, die weitgehende Rechte für den Präsidenten vorsieht.

1950–1953 Koreakrieg.

1951 Januar: Streik der Eisenbahn-Bediensteten in Argentinien.

Februar: Die Pan-Amerikanischen Spiele werden in Argentinien abgehalten.

24. August: Offizielle Nominierung Peróns für die Präsidentschaftswahl.

31. August: Eva Perón lehnt eine Kandidatur für die Vizepräsidentschaft ab.

Anfang September: Eva Perón erkrankt an Leukämie.

28. September: Mißglückter Putsch der Militärs gegen Perón.

17. Oktober: Letzte große Rede Eva Peróns an die ›descamisados‹.

6. *November: Krebsoperation.*

11. November: Wiederwahl Juan Domingo Peróns zum argentinischen Staatspräsidenten.

1952 *Eva Perón veröffentlicht ihre Autobiographie ›La razón de mi vida‹ (›Der Sinn meines Lebens‹).*

4. *Juni: Juan Domingo Perón legt seinen Amtseid ab. Letztes Erscheinen Eva Peróns in der Öffentlichkeit.*

26. *Juli: Eva Perón in Buenos Aires gestorben.*

Einbalsamierung des Leichnams durch Dr. Pedro Ara.

1. *August: Papst Pius XII. wird vergeblich gebeten, die Heiligsprechung Eva Peróns in die Wege zu leiten.*

1953 April: Perón entläßt seinen Schwager Juan Duarte aus der Stellung als Privatsekretär. Juan Duarte begeht Selbstmord.

Argentinisch-chilenischer Wirtschaftsvertrag. Beitritt Paraguays und Ecuadors.

1954	Wirtschaftsunion zwischen Argentinien und Bolivien.
1955	20. Mai: Verfassungsänderung in Argentinien. Perón setzt die Trennung von Staat und Kirche durch. 16. Juni: Perón und seine Anhänger werden wegen eines Angriffs auf zwei Bischöfe vom Papst exkommuniziert. Ausbruch der Revolution. 16. September: Neuerliche Revolte der Militärs. 19. September: Juan Domingo Perón gestürzt. Perón geht ins Exil (zunächst in Lateinamerika, 1958 in Spanien). 21. September–13. November: Eduardo Lonardi Staatspräsident. 13. November: Nach dem Rücktritt Lonardis folgt Pedro Aramburu im Amt. *Dezember: Eva Peróns Leichnam wird entführt und bleibt 16 Jahre lang verschollen.*
1956	1. Mai: Die argentinische Verfassung von 1949 wird aufgehoben. *September: Präsident Aramburu läßt Eva Peróns Leichnam heimlich außer Landes bringen.*
1957	Mai: Politische Annäherung Argentiniens an Brasilien, Paraguay und Uruguay. 6. Juli: Abbruch der diplomatischen Beziehungen zu Venezuela.
1958	23. Februar: Neuwahlen. 1. Mai: Arturo Frondizi wird Präsident.
1961	Juan Domingo Perón heiratet in dritter Ehe Isabel (María Estela) Martinez.
1962	28. März: Militärputsch. Sturz und Verhaftung Arturo Frondizis.

29. März: José Maria Guido übernimmt die Regierungsgewalt.

1963 31. Juli: Präsidentschaftswahlen.

12. Oktober: Arturo Umberto Illia wird Staatspräsident von Argentinien.

1966 28. Juni: Staatsstreich der argentinischen Armee.

29. Juni: Beginn der Militärdiktatur Juan Carlos Onganías.

1970 18. Juni: Roberto Marcelo Levingston wird von den Militärs als Präsident eingesetzt.

4. September: Salvador Allende (Gossens) gewinnt die Präsidentschaftswahl in Chile.

1971 *Der Leichnam Eva Peróns – beigesetzt unter dem Namen Maria Maggi auf dem Musocco-Friedhof in Mailand – wird exhumiert.*

23. März: Absetzung Levingstons.

26. März: Alejandro Lanusse Staatspräsident.

2./3. September: Eva Peróns sterbliche Überreste werden heimlich von Mailand zu Juan Domingo Perón nach Madrid gebracht.

1972 17. November–14. Dezember: Juan Domingo Perón besucht Argentinien. Das Oberste Gericht Argentiniens bestätigt die bürgerlichen Rechte.

1973 11. September: Militärputsch in Chile. Tod des Staatspräsidenten Allende. Augusto Pinochet (Ugarte) übernimmt die Macht.

23. September/12. Oktober: Juan Domingo Perón gewinnt die Präsidentschaftswahl. Isabel Perón wird Vizepräsidentin.

1974 1. Juli: Juan Domingo Perón in Buenos Aires gestorben.

Isabel Perón wird Staatspräsidentin von Argentinien und – im September – Vorsitzende der Peronistischen Partei.
Isabel Perón läßt Eva Peróns Leichnam aus Madrid nach Argentinien zurückholen.
Wirtschaftsabkommen Argentiniens mit Brasilien, Bolivien und Chile.

1976 24. März: Militärputsch in Argentinien. Isabel Perón wird gestürzt und gefangengesetzt.
26. März: General Jorge Videla wird Staatspräsident.
Carlos Menem, der spätere Staatspräsident bis 1983 in Haft.
22. *Oktober: Beisetzung Eva Peróns auf dem Friedhof La Recoleta.*

1981 29. März: General Roberto Viola löst Videla als Staaatspräsident ab.
Jahresmitte: ›Multipartidaria‹. Bündnis von fünf argentinischen Parteien zur Wiedererringung bürgerlicher Freiheiten und demokratischer Rechte.
Im Juli Übersiedlung Isabel Peróns nach Spanien.
22. Dezember: General Leopoldo Galtieri wird argentinischer Staatspräsident.

1982 April-Juni: Malvinen-(Falkland-)Krieg zwischen Argentinien und Großbritannien. Nach dem britischen Sieg zunehmend Forderungen aus der Bevölkerung nach demokratischen Reformen.
17. Juni: Rücktritt Galtieris.
1. Juli: General Reynaldo Bignone folgt ihm im Amt.

1983	30. Oktober: Wahlen. Überraschender Sieg des Kandidaten der UCR (Union Civica Radical); Raul Alfonsin wird Staatspräsident.
1984	Ende der Militärdiktatur und Beginn politischer und wirtschaftlicher Liberalisierung. Isabel Perón kehrt aus dem spanischen Exil nach Argentinien zurück.
1985	Viele Militärs, darunter die Generäle Videla, Viola und Galtieri werden zu langen Haftstrafen verurteilt.
1986–1990	Schwere Wirtschaftskrise, die im März 1990 in einer Inflationsrate von 95 % gipfelt.
1989	14. Mai: Der Peronist Carlos Saul Menem wird mit 47,5 % der Stimmen zum Präsidenten gewählt. Fortsetzung der Demokratisierung. Seine gleichzeitige Amnestie der Militärs bleibt in der Bevölkerung umstritten.
ab 1991	Konsequente marktwirtschaftliche Politik und Bekämpfung der Inflation. Die allmähliche Erholung kulminiert kurzfristig in einem Pro-Kopf-Einkommen von 6900 U$, dem höchsten Einkommen aller lateinamerikanischen Länder in 1992.
1993	Normalisierung des Verhältnisses zu Großbritannien.
1994	Die Arbeitslosenquote erreicht 12 %. Gesellschaftliche Unzufriedenheit und Massenproteste. 10. April: Wahlen zur verfassungsgebenden Versammlung, in denen die Peronisten an Boden verlieren.

24. August: Verfassungsänderung, die die Amtszeit des Präsidenten auf vier Jahre verkürzt und eine einmalige Wiederwahl erlaubt.

1995 Wahlen: Menem gelingt ein erneuter Sieg. Weitere Erholung der wirtschaftlichen Situation trotz anhaltend hoher Arbeitslosenzahl.

Quellen- und Literaturverzeichnis

Das Feuer, das vor drei Jahren mein Haus in Los Angeles zerstörte und nicht nur zehn Bände Forschungsmaterial für dieses Buch vernichtete, sondern auch alles, was ich besaß, war der Grund für das Fehlen sowohl eines Quellenverzeichnisses als auch von Fußnoten in der früheren Ausgabe von ›Evita – First Lady‹. Man hat mich kritisiert, weil beides fehlte. Und ich bin betroffen, weil ich den Autoren, deren Bücher mir so viel Geschichtliches und so viel Hintergrundmaterial lieferten, als ich meinen eigenen Bericht über Evita zusammenstellte, hätte Anerkennung zollen müssen. Ohne meine Forschungsunterlagen ist es unmöglich, passende Fußnoten einzufügen. Aber ich habe dieser neuen Ausgabe ein kurzgefaßtes Quellenverzeichnis hinzugefügt in der Hoffnung, daß die betroffenen Autoren sowohl meinen Dank als auch meine Entschuldigung akzeptieren werden. Ich habe Material über Argentinien gesammelt, seit ich 1955, dem Jahr, als Perón gestürzt wurde, das erste Mal dorthin kam, um für den ›Buenos Aires Herald‹ zu arbeiten. Zu meinen umfangreichen Unterlagen gehörten Berichte aus ›The New York Times‹, ›The New York Herald Tribune‹, ›The Christian Science Monitor‹, ›Time‹, ›Newsweek‹, ›The Times‹ (London), ›The Daily Telegraph‹ und ›The Guardian‹. Bedauerlicherweise sind alle diese kostbaren Zeitungsausschnitte durch das Feuer vernichtet worden.

J. B., 1980

ALEXANDER, ROBERT J.: ›An Introduction to Argentina‹, New York, Praeger 1969.

BARAGER, JOSEPH R., Hrsg.: ›Why Perón Came to Power‹, New York, Knopf 1968.

BITTNER, WALTER: ›Vom Anarchismus zum Peronismus‹, Berlin, Schelzky und Jeep 1982.

BRUCE, JAMES: ›Those Perplexing Argentines‹, New York, Longmans, Green 1953.

BUNGE, ALEJANDRO: ›Una nueva Argentina‹, Buenos Aires, Kraft 1940.

BUNKLEY, ALLISON WILLIAMS: ›The life of Sarmiento‹, New York, Greenwood 1952.

CANAL FRAU, SALVADOR: ›Las Poblaciones Indigenas de la Argentina‹, Buenos Aires, Sudamericana 1973.

CHATWIN, BRUCE/THEROUX, PAUL: ›Wiedersehen mit Patagonien‹, München, Hanser 1992.

COOKE, JOHN WILLIAM: ›La Lucha por la Liberación Nacional‹, Buenos Aires, Granica Editor. 1971.

COWLES, FLEUR: ›Bloody Precedent‹, New York, Random House 1952.

DUARTE, ERMINDA: ›Mi Hermana Evita‹, Buenos Aires, Centro de Estudios Eva Perón, 1972.

ENGEL, STEFAN: ›Argentinien. Leben, Sehnsucht und Kampf am Rio de la Plata‹, Essen, Neuer Weg 1993.

FERNS, H. S.: ›The Argentine Republic 1516–1971‹, New York, Barnes & Noble Books 1973.

FISCHER, BERNHARD/HIEMENZ, ULRICH/TRAPP, PETER: ›Argentina. The Economic Crisis‹, Tübingen, Mohr 1985.

FOTHERINGHAM, IGNACIO H.: ›La Vida de un Soldado o Reminiscencias de las Fronteras‹, Buenos Aires, Circulo Militar, 1970.

FRANCO, JUAN PABLO/ALVAREZ, FERNANDO: ›Peronismo: antecedentes y Gobierno‹, Buenos Aires, Artex, 1972.

GOLDWERT, MARVIN: ›Democracy, Militarism and Nationalism in Argentina 1930–1966: An Interpretation‹, Latin American Monographs. Austin, Texas: University of Texas Press, 1972.

GREENUP, LEONARD/ROBINSON, RUTH: ›Revolution Before Breakfast: Argentina, 1941–1946‹, Chapel Hill, N. C., University of North Carolina Press, 1947.

HERRING, HUBERT: ›A History of Latin America‹, New York, Knopf, 1965.

Hirst, W. A.: ›Argentina‹, New York, Scribner's, 1910.

HUDSON, W. H.: ›Far Away and Long Ago‹, Folcroft, Pa., Folcroft 1973.

JOSEPHS, RAY: ›Argentina Diary: The Inside Story of the Coming of Fascism‹, New York, Random House, 1944.

KÜRZINGER, EDITH: ›Argentinien. Die blockierte Entwicklung‹, Berlin, Institut für Entwicklungspolitik, 1988.

LANUZA, JOSÉ LUIS: ›The Gaucho‹, New York, Crown.

MAIN, MARY FOSTER (Maria Flores): ›The Woman with the Whip: Eva Perón‹, Garden City, N. Y.: Doubleday, 1952.

Owen, Frank: ›Perón, His Rise and Fall‹, London, Cresset Press, 1957.

PENDLE, GEORG: ›Argentina‹, London: Oxford University Press, 1963.

PERES ESQUIVEL, ADOLFO/BAYER, OSVALDO u. a.: ›Argentinien. Zehn Jahre Demokratie‹, Stuttgart, Schmetterling 1994.

PERÓN, JUAN DOMINGO: ›La Hora de los Pueblos‹, Buenos Aires, Norte, 1968.

RENNIE, YSABEL: ›The Argentine Republic‹, New York, Macmillan, 1945.

SANTANDER, SILVANO: ›Nazismo en Argentina‹, Montevideo, Pueblos Unidos, 1945.

SCHWARCZ, ALFREDO: ›Trotz allem ... Die deutschsprachigen Juden in Argentinien‹, Wien, Böhlau 1994.

SCOBIE, JAMES R.: ›Argentina: A City and a Nation‹, New York, Oxford University Press, 1964.

SEOANE, MARIA/RUIZ NUNEZ, HECTOR: ›Die Nacht der Bleistifte‹, Stuttgart, Schmetterling 1989.

WHITAKER, ARTHUR P.: ›Argentina‹, Englewood Cliffs, N. J., Prentice Hall, 1964.

WHITE, JOHN W.: ›Argentina: The Life Story of a Nation‹, New York, Viking, 1942.

Register